WERNER BERGENGRUEN
HERZOG KARL DER KÜHNE

Werner Bergengruen

WERNER BERGENGRUEN

HERZOG

KARL DER KÜHNE

ROMAN

IM VERLAG DER ARCHE IN ZÜRICH

Alle Rechte, auch die des auszugsweisen Nachdrucks
und der photomechanischen Wiedergabe, vorbehalten
Copyright © 1950 by Peter Schifferli
Verlags AG «Die Arche» Zürich
Printed in Switzerland by Druckerei Villiger, Wädenswil
Einband J. Stemmle & Co. Zürich
ISBN 3 7160 1067 7

ERSTER TEIL

Die Birne

In Nancy, der lothringischen Hauptstadt, in der Rue St. Michel, stand seit kurzem ein dreistöckiges Haus leer, das dem Finanzrat Vautrin Malhoste gehörte. Es hatte einen Zugang von der Straße her und einen zweiten vom Wohnhause des Eigentümers. Dieser zweite verband die Dachböden beider Häuser und war wenig bekannt.
Nicolas stieg in der Finsternis der heißen Nacht die sehr steile Treppe hinan. Obwohl die Fenster durch Läden verschlossen waren, brauchte er die Vorsicht, kein Licht zu machen. Auch hatte Marcelle, die Frau des Finanzrats, ihn darum gebeten. Auf dem zweiten Treppenabsatz hörte er ihre Stimme:
»Nicolas, du?«
»Marcelle!«
Ein schmaler Lichtstreifen fiel von oben herab. Gedämpfte Schritte sprangen ihm leicht entgegen, dann lagen ihre Arme um seinen Hals.
Sie stiegen zusammen hinauf. Das kleine Zimmer im Dachgeschoß war erleuchtet, das winzige Fenster dicht verhängt.
Das Zimmer war so behaglich eingerichtet, wie es ein Raum, der für gewöhnlich leer steht, nur sein kann.
Ob er ahnt, was mir das für eine Mühe macht, jedesmal? dachte Marcelle.
Sie mußte das Zimmer nachher wieder in den Zustand der Unbewohntheit zurückbringen, ehe ihr Mann von seiner kurzen Dienstreise heimkehrte. Aber nicht nur Vautrin Malhoste, auch die Dienstboten durften nichts merken.
Nicolas legte Mantel und Filzhut auf einen Sessel. Auf dem Tisch stand Wein, Obst, Gebäck.
Er löste ihr das rötlich glänzende Haar mit Bewegungen, deren Zärtlichkeit ihr zur Gewohnheit verhärtet schien.

»Du bist gestern wieder bei Colette gewesen, Nicolas?«
»Ich kann sie doch nicht wegjagen wie einen Hund! Außerdem ist sie wie eine Katze, kommt wieder. Aber glaube mir, ich gewöhne mich ihr allmählich ab.«
»Dich ihr oder dir sie?«
»Ich habe sie mir längst abgewöhnt.«
»Und deine Braut? Wie weit ist es?« Sie hatte die Frage nicht verschlucken können.
Ich habe Marcelle zu groß werden lassen, dachte er. Es hätte nie so weit kommen dürfen, daß sie solche Fragen stellt.
Er antwortete unfreundlich: »Jetzt frage mich bloß noch nach meiner früheren Frau.«
»Denke doch ein wenig an mich, Nicolas! Ich bin immer in Angst. Daß mein Mann noch nichts gemerkt hat, ist ein Wunder.«
»Ach, dein Mann! Ich will ihm wieder eine längere Inspektionsreise verschaffen.«
»Ja? Wirklich? Tust du das?« fragte sie freudig drängend.
Kleinbürgerin! dachte Nicolas gereizt. – Natürlich, sie denkt nicht nur daran, daß wir dann ungestört sind. Sie denkt an die Diäten, von denen sie ihm sicher einen Teil abnimmt. Habe ich nicht genug für diese Malhostes getan?
Sie merkte seine Verstimmung und ärgerte sich über ihr Ungeschick. Sie betrachtete seine elegante Hand, die trommelnd auf der Tischplatte lag. Ihre Blicke stiegen reuevoll und begehrlich zu seinem hübschen Gesicht, in das noch nie ein Gedanke seine Furchen gegraben hatte, zu seinen kühlen und frechen Augen. Sie streichelte behutsam sein gekräuseltes Haar, bettelte mit vertrauten Scherznamen.
Nicolas lachte, noch ein wenig ärgerlich, aber schon mit Versöhnungsbereitschaft. Er hörte sein Lachen gern und ließ es tremulieren, wie man ein Reitpferd kurbettieren und pirouettieren läßt. In kindlicher Selbstverliebtheit genoß er die Fähigkeit seines Lachens, weichenden Groll, Großmut, zuletzt beginnende Zärtlichkeit auszudrücken, bis er sich wirklich von dieser Zärtlichkeit ergriffen fühlte oder doch ergriffen glaubte.
Marcelle erkannte den Augenblick, schmiegte sich an ihn und löschte das Licht.
Bevor er ging, tranken sie miteinander. Sie saß auf seinem Schoß, tauchte Gebäck in ihr Glas, biß ab und ließ ihn abbeißen. Sie biß

in eine große goldfarbene Birne und gab sie ihm zum Weiteressen.
»Ich nehme sie mit und esse sie in meinem Bett vor dem Einschlafen«, sagte er lachend. »Vielleicht träume ich dann von dir. Gar nicht so undenkbar, was?«
Sie küßten sich beim Abschied.
Warum müssen wir uns so oft zanken? dachte Marcelle.
Nicolas begann die Treppen hinunterzusteigen. Er summte eine Melodie, die er bald in sein tremulierendes Lachen übergehen ließ. Auf der ausgestreckten Hand wog er spielerisch die Birne.
Wie gut das alles ist! Jetzt werde ich schlafen, schlafen ... Wahrhaftig, immer wieder Augenblicke, in denen man vergessen kann, daß man nicht mehr in Paris ist. Marcelle, Birne, schlafen ...
Er gähnte vergnügt. Plötzlich spürte er eine Behinderung, sein Mantel straffte sich, der Stoff krachte, der rechte Sporn hatte sich im Mantel verfangen. Nicolas wollte sich bücken – Irrsinn, diese Mode der überlangen Mäntel! –, glitt aus, griff nach dem Geländer, schrie auf und stürzte.
Vinstingen und Haussonville standen, im Warten geübt, im Torweg des gegenüberliegenden Hauses.
Vinstingen fuhr aus seiner Schläfrigkeit auf. »Da! Haben Sie nichts gehört?«
»Nein«, sagte Haussonville und gähnte.
»Doch!«
Sie horchten. Alles blieb still. Eine Weile warteten sie, eine Weile beratschlagten sie. Dann überquerten sie die Straße. Haussonville, dem Nicolas den zweiten Schlüssel übergeben hatte, öffnete die Tür. Vinstingen stolperte über einen Körper und stieß einen leisen Schrei aus. Haussonville machte Licht.
Vor ihnen lag, blutig, beschmutzt – tot? – ja, tot, ihr Herr, den sie auch heute wieder auf seinem nächtlichen Liebesgange hatten begleiten müssen: Herzog Nicolas von Lothringen aus dem Hause Anjou, Titularherzog von Kalabrien, Thronanwärter von Neapel und Sizilien, gewesener Schwiegersohn Ludwigs XI. von Frankreich, Bräutigam der reichsten Erbin Europas: Maria von Burgund.
In der geschlossenen linken Hand hielt er eine angebissene Birne.

Wettreiten

Colette Simonin, die Mätresse des Herzogs, erwachte andern Tages von Lärm und Geschrei. Halb bekleidet lief sie an eins ihrer Fenster, das gleich darauf unter Steinwürfen splitterte. Pferdeäpfel folgten. Draußen, auf dem Platz von St. Epvre, vor dem Hause, das Nicolas ihr geschenkt hatte, johlte die Menge. Eingeriegelt in eine Bodenkammer, brachte Colette angstvoll zwei Stunden hin, bis Herr von Vinstingen sie durch eine Schutzwache abholen und in einem der Gefängnisse der Porte de la Craffe in Sicherheit bringen ließ. Bei Dunkelheit, als ihr Haus schon geplündert war, konnte sie Nancy verlassen.

Die Stadt war sehr unruhig. Der Komet, der nachts wie eine Türkenklinge am Himmel stand, erhitzte jede Erregung bis zum glühenden Ausbruch. Gerüchte liefen um. Es hieß, König Ludwig von Frankreich habe den Herzog durch eine Birne vergiften lassen.

»Es sähe ihm gleich«, meinte einer der Bürger, die auf den Straßen gedrängt beieinander standen.

»Vergiftet? Und warum?«

»Warum? Du fragst noch? Großer Gott, um die Heirat zu hindern! Soll er es leiden, daß Lothringen und Burgund in eine Hand kommen?«

Jemand lachte. »Das waren sie ja schon zu des Herzogs Lebzeiten! Hat unser Nicolas nicht alles gehenlassen, wie die von Burgund es wünschten?«

»Dieses Verlöbnis! Niemand außer Nicolas hat an die Heirat geglaubt!«

»Das ist gewiß, der hat sich zum Narren halten lassen. Gefügig sollte er gemacht werden, da haben sie ihm eingeredet, er dürfte die Prinzessin Maria heiraten. In Burgund kann man andere Schwiegersöhne haben, da wird des Kaisers Sohn kaum gut genug sein!«

Aus allen Toren ritten Boten aus, um die Nachricht vom Tode des Herzogs an die Höfe Europas zu tragen, nach Frankreich, Burgund, zu Kaiser Friedrich, zum Bischof von Metz, nach Bern als dem Vorort der Eidgenossenschaft.

Die abenteuernden Fremden, die der Herzog und sein Vater von ihren launenhaften Kriegszügen in Spanien und Italien mitgebracht hatten, wogen zweifelnd die Aussichten der veränderten

Lage. Einige trauten ihrem Anpassungsvermögen und entschieden sich fürs Bleiben. Andere, durch die Auftritte auf der Place de St. Epvre gewarnt, verließen hastig die Stadt.

Der ansehnlichste unter ihnen, der Graf von Campobasso, seit langem ein heimlicher und schon fast nicht mehr heimlicher Parteigänger Burgunds, hatte, noch in der Nacht vom Ableben des Herzogs benachrichtigt, beim Morgengrauen seinen Entschluß gefaßt. Er ließ drei Dutzend Lanzenreiter vor seinem Mietshause aufmarschieren und befahl seinem Sohn Angelo, für Verpacken und Verladen der beweglichen Habseligkeiten Sorge zu tragen; dann sollte er ihm an den burgundischen Hof folgen, hier scheine die Weide abgegrast.

»Wohin?« fragte Angelo.

»Nach Arras, Hesdin, Brügge, Luxemburg, St. Omer – erkundige dich unterwegs, wo Karl im Augenblick hofhält. Vielleicht ist er noch mit den Truppen in Geldern.«

Campobasso jagte mit vier Begleitern durch die Porte de la Craffe nach Norden. Schon vor Metz hatte er das erste Pferd zuschanden geritten.

Vertreter der Stände versammelten sich, um den Text der offiziellen Kundmachung zu redigieren; noch wichtiger war es, die Rollen des neuen Hofstaates zu verteilen und die Politik des künftigen Herzogs im voraus festzulegen. Man stritt, lärmte und schacherte.

Die Erbfolge war nicht zweifelhaft. Der einundzwanzigjährige Graf René von Vaudémont, des Toten Vetter, war der einzig Berechtigte. Man wußte, daß er sich wieder einmal am Weiberhof von Joinville aufhielt.

Lange bevor sie den ersten Boten an ihn abfertigten, in der Morgenfrühe schon, war Johann Wisse, Amtmann von Deutschlothringen, in Eile nach Joinville aufgebrochen, um sich, erster Überbringer der Nachricht, dem neuen Herzog zu empfehlen.

Als er halbwegs zwischen Nancy und Joinville vor einem Dorfwirtshaus die Pferde füttern ließ, erfuhr er, daß ein an den französischen Hof bestimmter Kurier aus Nancy schon vor zwei Stunden durchgekommen war.

Es wunderte ihn nicht: allenthalben hatte König Ludwig seine Leute. Was das unauffällige Einsammeln von Nachrichten und deren geschwinde Übermittlung anging, war kein Souverän in Europa besser bedient als er.

Weiberwirtschaft

Wisse hielt sich in Joinville nicht länger auf als einen halben Tag. Als er abritt, da war er von René nicht nur in seinem Amt bestätigt, sondern hatte auch seinem Bruder ein Lehen, sich selbst das Marktrecht für zwei seiner Dörfer und einen Pachtvertrag für eines der Salzwerke von Rosières erwirkt.

Er ließ den Weiberhof in Aufregung zurück.

Dieser Weiberhof bestand für gewöhnlich aus drei Damen; die erste war Renés Mutter, die verwitwete Gräfin Yolande von Vaudémont, eine Tochter König Renés I. von der Provence, den Gott zur Erheiterung seiner Christenheit geschaffen hatte; die zweite war ihre uralte Schwiegermutter und die dritte ihre vierzehnjährige Tochter. Allein, immer wieder kam René zu Gast, blieb Wochen, blieb Monate, brachte seine Frau und seine einjährige Tochter mit. War er wieder daheim in seiner Residenz Vaudémont, der riesigen, kaum zu zwingenden Festung auf der Bergkuppe, oder in Vézélize, dem öden Hauptstädtchen seiner Grafschaft, so kam ihm, gleich nach dem Wiedereingewöhnen der ersten Wochen, schon der Gedanke: Die Mutter hat Mühe mit der Verwaltung, ich müßte wieder einmal nach dem Rechten sehen. – Beim Essen, beim Schlafengehen warf er eine Bemerkung hin, wiederholte sie zwei Tage darauf. Das Kind machte: »Da-da, ba-ba«, René stieß seine Frau an und sagte gerührt: »Das hätte Mutter hören müssen!« Und Jeanne, die kleine Jeanne, nickte schwärmerisch und bewundernd zu diesen Worten wie zu allen Worten ihres Mannes, und eines Tages wurde dann wieder gepackt, gesattelt, aufgebrochen.

Alle hießen sie Yolande, Renés Mutter und seine Schwester, und so setzte es sich fort bis zu den Kammerzofen und Küchenmägden, und zum Überfluß hatte René auch seiner kleinen Tochter diesen Namen geben müssen, als verstünde sich das von selbst. Ja, es wäre kein Durchkommen gewesen vor lauter Mißverständnis, hätte nicht in jungen Jahren Renés Vater seine Frau ihrer hellen Singstimme wegen »Drosselchen« gerufen. Der Name war hängengeblieben, und bis auf René, dem das allzu vertraulich erschienen wäre, bedienten sich seiner alle Familienglieder, ja selbst entferntere Verwandte. Freilich, Drosselchen sang schon lange nicht mehr; aber der Name paßte doch gut zu ihren raschen, ruckhaften Kopf-

wendungen, zu den pickenden Bewegungen der spitzen Schnabelnase und zu der vogelmütterlichen Sorgfalt, mit der sie ihre Brut großgezogen hatte. Diese Sorgfalt hatte nicht hindern können, daß der größte Teil der Brut ein zartes Alter nicht überlebte. Um so inbrünstiger glaubte Drosselchen an Renés Zukunft.
Zu verwalten gab es nicht viel in Joinville, deswegen hätte René nicht zu kommen brauchen; alles lief selbsttätig, unverändert seit Jahren. Die Damen stickten, gingen zur Kirche, abends wurde gemeinsam ein Ritterroman gelesen. Thomas von Pfaffenhofen, ein rosiger Greis, den René »Onkel Thomas« nannte, machte den Vorleser. Draußen plätscherte einschläfernd der Regen.
René liebte den Regen von Joinville, welcher nur jetzt selten war, da der Komet, niemals gesättigt, die Feuchtigkeit des Himmels in sich soff, bis die Menschen seinem Höllendurst mit dem aufsteigenden Dampf verdunstenden Blutes Genüge tun würden. Bei schlechtem Wetter, wenn René nicht mit der Mutter, der Frau, der Schwester ausreiten oder jagen konnte, lag er gern in einem der Schloßfenster. In breiten, undurchsichtigen, fast sahnefarbenen Bächen schoß das Wasser zu Tal, und trotzdem blieb die Marne wunderbarerweise ebenso hartgrün wie zuvor. Die Sonne brach durch, plötzlich war es hell und heiß, der Himmel blau wie ein Strauß Gartenblumen, die ganze Welt reingewaschen und klar. Von hier oben sah man weit, auf die smaragdfarbenen Wiesen des breiten, ganz von Bergen eingefaßten Marnetals, auf die Bergkette jenseits des Flusses – grün in allen Farbstufungen, vom Silberweiß der Weide bis zum Schwarz der Tanne –, auf die kleine Stadt, die schutzsuchend, zusammengepreßt den Burgberg hinankroch. Dieser wurde als einziger Berg der Gegend, leichterer Verteidigung halber, unbewaldet gehalten. Jährlich einmal, auf St. Remigiustag, mußten die Hospitalinsassen ihn von Buschwerk und Gestrüpp säubern, wofür sie mit einem halben Ochsen belohnt wurden. Es gab mehrere Hospitäler in Joinville, Drosselchen schenkte und stiftete gern, nur durfte die Schwiegermutter es nicht merken; und doch war Drosselchen hier die Herrin, die Herrschaft Joinville ihr Witwensitz.
René liebte es, durch die Stadt zu spazieren, in der es grob, warm, behaglich nach Heu, Kuhmist, Gerberlohe und Wagenschmiere roch. Die Leute grüßten ihn, er plauderte mit Handwerkern und genoß ohne Eitelkeit das Beliebtsein. Unfähig zu widerstehen, ver-

sprach er jedem Klagenden Abhilfe, brachte die Sache vor, wenn er mit der Mutter beim Schachbrett saß, und die zutrauliche Sicherheit seines Bittens fand beinahe immer Gehör. Drosselchen lächelte: »Mein Kleiner.« Manchmal wies sie ihn zurecht. Dann empfand er wohlig, daß er hier keine Verantwortung hatte, wie sie daheim in Vaudémont täglich andrängte. Anstandshalber zog er ein Gesicht wie als Knabe, wenn man ihn gescholten hatte, und forderte Jeanne oder seine Schwester zum Ballspiel auf.
Oder er ging in die Zimmer seiner Großmutter, nachdem er sich durch Pfaffenhofen, in welchem sie eine Art Zeremonienmeister sah, hatte anmelden lassen. Die Dreiundachtzigjährige saß im Lehnstuhl, winzig, unter Pelzdecken, lächelte höflich und bot ihm steinhart gewordenes Konfekt an. Dann sprach sie von Familien, Wappen, Turnieren, die sechs Jahrzehnte zurücklagen.
»Ritterlichkeit, mein Kind, Ritterlichkeit.«
Dies gehörte zu Joinville wie der Regen.
Sie wurde lebhaft, sie zischte, die rechte Gesichtshälfte der Halbgelähmten begann zu zucken. Sie erzählte Beispiele von Rittertugenden, sprach über Großmut und Freigebigkeit. René hatte noch nie ein Geschenk in Talerswert von ihr erhalten.
Und in dieses Joinville war jetzt Johann Wisse mit seiner Botschaft gekommen.

Große Politik

René lief herum, glühend und befangen zugleich. – »Herzog! Herzog!« rief seine Schwester hinter ihm her, holte ihn ein, hängte sich lachend an ihn. »Nimmst du mich mit nach Nancy? Ins Schloß?«
Jeanne lächelte ihn verzückt an, ihn, Helden und Herzog. Die Großmutter bestellte Messen, für die sie dem Pfarrer die Gebühren schuldig blieb – Drosselchen mußte sie nachher bezahlen –, humpelte an zwei Stöcken, von Pfaffenhofen untergefaßt, durch die Säle und bekundete neuerwachte Lebenskraft im Auszanken der Dienstboten. Drei Stunden mußte René, dem die Beine vor Ungeduld zuckten, neben ihrem Lehnstuhl sitzen, Konfektgestein zerkrachen und von der alten Pracht seines Hauses erzählen hören, Dinge, mit deren sicherer Kenntnis er groß geworden war: von dem Ahnherrn Hektor und dem Ahnherrn Julius Cäsar, der in den

lothringischen Forsten Bären und Sauen gejagt hatte, von den herzoglichen Vorfahren, den erlauchten Verwandtschaften und Verschwägerungen.
Sie stellte ihm seinen Großvater René I. vor Augen, der sich König von Neapel, Sizilien und Jerusalem nannte und in der Provence glanzvoll hofhielt; aber sie wußte nicht, daß Europa über den vertrottelten Schäferkönig lachte, der Verse schrieb, Leinwand beschmierte und als einziger in der Christenheit die Kinder seiner Mätresse d'Albertatz für die seinen hielt. Sie sprach zu René von seiner Tante, der Königin Margarete von England, und wußte nicht, daß sie Mann, Krone, Sohn und Freiheit an Eduard von York verloren hatte und im Tower gefangen lag. Sie sprach von den Rittern der Artusrunde, in denen er die zuverlässigsten Kriegsvorbilder finde, und wußte nicht, daß Frankreich und Burgund seit Jahren stehende Söldnerheere hielten und daß alle Welt mit Kanonen und Faustrohren schoß. In den Ritterbüchern müsse er Belehrung suchen, ein Ritterfürst werden, Ritterlichkeit, Ritterlichkeit, strahlend wie die Burgunderherzöge, deren Beispiel er blind nachzueifern habe. Sie wußte nicht, daß Drosselchen über des Sohnes Außenpolitik bereits entschieden hatte.
Drosselchen spürte flatternde Glutwellen im Körper bei dem Gedanken, daß ihrem Sohn, ihrem einzigen Sohn, zugefallen war, was ihr Mann in vieljährigen Kriegen vergeblich umworben hatte. Sie saßen im Erkerzimmer, Drosselchen, René, Jeanne. Und Drosselchen, klar innerhalb ihrer Enge, hämmerte dem Lenksamen ihren Gedanken ein: Frankreich, Frankreich!
Lothringen lag zwischen zwei Todfeinden, Ludwig von Frankreich und Karl von Burgund, es mußte wählen. Nicolas, der Törichte, hatte für Burgund entschieden, René mußte sich auf Frankreich stützen.
Jeanne kauerte zwischen den beiden, sah bald den Sohn, bald die Mutter ehrfurchtsvoll an: den Sohn, weil er Herzog, ihr Mann, schlechthin René war; die Mutter, weil sie abgründige Staatsweisheiten aussprach, als seien es Kinderstubendinge.
Drosselchen hielt inne, seufzte und strich der Schwiegertochter über das hübsch gewölbte Kinn.
»Daß es dich gibt, Kleine, das ist mir ein Trost«, sagte sie mit bedeutungsreichem Lächeln.
Jeanne küßte ihr die Hand, zärtlich und dankbar, weit entfernt,

Drosselchens Gedankengang verstanden zu haben. Dieser Gedankengang hieß: Gut, daß René schon verheiratet ist, sonst würde Karl von Burgund ihn mit der Hand seiner Tochter ködern, wie er Nicolas und ein Dutzend anderer Fürsten mit ihr geködert hat.
Drosselchen sprach dringlich und zwingend, allein sie brachte keine Gründe bei: Gründe waren nicht ihre Sache. Chiffron, Renés vertrauter Ratgeber und rechtskundiger Sekretär, pflegte lächelnd zu sagen, aus keiner anderen Ursache sei die Gräfin Burgunds Feindin, Frankreichs Anhängerin, als weil sie Yolande hieß. Yolande nämlich hieß auch König Ludwigs Schwester, die verwitwete Herzogin von Savoyen. Daß diese freilich mit ihrem Bruder zerfallen, mit Karl dagegen im Verständnis war, dies, meinte Chiffron, genüge nicht, um eine Gräfin von Vaudémont irrezumachen.
Warum nur konnte René ihn jetzt nicht zur Stelle haben, den zartgliedrigen, heiteren, gescheiten Mann! René hatte ihn in seine provenzalische Heimat beurlaubt, wo er, der Junggeselle, eine seiner Nichten verheiraten wollte.
René schickte ihm einen Botenreiter, aber als Chiffron endlich in Joinville eintraf, da war es schon zu spät.

Frankreich

Die Bürger von Joinville hatten zu staunen, zu reden, zu gaffen. Plötzlich hatte der Ort Bedeutung, Besucher mit Gefolge ritten an, Gastwirte und Händler verdienten.
Aus Nancy kam prächtig der Herold, überbrachte die Kundmachung der Stände, deren feierliche Abordnung, hundert Pferde stark, zwei Tage darauf eintreffen sollte. Allein, noch vor diesem Zug aus Osten ritt eine eilige Kavalkade von Westen ein, an ihrer Spitze Kammerherr Jean de Paris und Maître Marrazin, Räte des Königs.
René schluckte mit Behagen Ludwigs Glückwünsche, aber eine Beklommenheit sagte ihm, daß es mit den Glückwünschen nicht getan sein werde.
Es war nicht damit getan. Die Herren brachten Bündnisvorschläge mit, waren zum Abschluß bevollmächtigt.
Jean de Paris sprach klug, klar und höflich. Immer wieder appel-

lierte er an Renés eigenen Verstand. Es ließen sich kaum Einwände denken. Dazwischen wandte der Kammerherr sich an den kurzatmigen Marrazin, der mit Schnaufen seine Hasenscharte benagte. Marrazin hatte die gelehrten Argumente zu liefern, Juridisches zu formulieren, Beispiele aus dem Altertum anzuführen. Die beiden, seit Jahren aufeinander eingespielt, hatten eine bewunderungswürdige Art, sich gegenseitig mit lässiger Eleganz die Stichworte zuzuwerfen.

Dies sah René ein: Lothringen lag wie ein Keil zwischen den nördlichen und südlichen Gebieten Burgunds, riegelte Bourgogne und Franche-Comté von Luxemburg und den niederländischen Besitzungen ab. Aus der Barriere eine Brücke zu machen, mußte Ziel aller burgundischen Staatskunst sein. Und nun ein Ländersammler, ein Krieger wie Karl! Wußte René denn nicht, mit welchen Plänen der Tolle umging? Wiedererrichtung des alten sagenhaften Königreichs Burgund – Marrazin griff beflissen ein mit geschichtlichen Daten –, einheitliche Ländermasse von der Rhein- bis zur Rhonemündung, Burgund als Vormacht der Christenheit! Doch, doch, René hatte davon gehört.

»Glauben Sie, Monseigneur, in solchen Konstellationen wird Raum bleiben für ein selbständiges Lothringen?«

René meinte unsicher, dies seien Träume, Wünsche, Pläne.

»Gut, bleiben wir beim Nächstliegenden. Noch sind wir mit Burgund im Waffenstillstand, übers Jahr aber läuft er ab, und wer bürgt bei Herzog Karls Gemütsart dafür, daß die Feindseligkeiten unversehens nicht schon früher beginnen? Wollen Sie Ihr Land dem Herzog als Durchmarschstraße öffnen, Monseigneur? Sie wissen, das heißt geleerte Scheunen, zerstampfte Felder, weggetriebenes Vieh, ausgeräumte Stadtkassen, erschlagene Bauern. Und meinen Sie im Ernst« – der Kammerherr lächelte nachsichtig –, »es bliebe beim Durchmarsch?«

Renés klares, einfaches Gesicht wurde nachdenklich und besorgt. Ungeschickt spann er die Gedanken der französischen Herren weiter und erwähnte die vorderösterreichischen Lande, die Herzog Sigmund von Österreich-Tirol vor vier Jahren pfandweise Burgund überlassen hatte: den Sundgau, die Schwarzwaldstädte, die Landgrafschaft im Oberelsaß. Damit gab er selbst den Verhandlungsgegnern ein Argument, das diese sich bis jetzt aufgehoben hatten.

»Ich sehe, Sie sind im klaren, Monseigneur. Lothringen ist nahezu umklammert. Die einzige offene Seite ist die französische.«
»Habe ich das nicht gesagt? Habe ich das nicht gesagt?« unterbrach Drosselchen.
René nickte verlegen. – Nichts hat sie gesagt, hat nur immer gerufen: Frankreich, Frankreich! dachte er.
»Wissen Sie, Monseigneur, daß vor fünf Tagen das Bündnis zwischen Burgund und dem Bischof von Metz unterzeichnet wurde?«
Nein, René hatte das nicht gewußt.
»Damit ist die Bedrohung Lothringens abermals verstärkt –«
»Siehst du, siehst du!« bellte Drosselchen.
»Und wenn Burgund den Durchzug erzwingen will, glauben Sie, daß ich mit meinen Streitkräften –«
Wie sonderbar das war, in solchen Dingen »ich« zu sagen, »meine«!
»Ich bitte, Monseigneur!« rief der Kammerherr. »Craon, unser Statthalter in der Champagne, steht mit fünfhundert Lanzen bereit, die Lanze zu acht Mann gerechnet. Sind Sie erst im Bündnis, so kostet es Sie nur einen Kurier, und in sieben Stunden ist Craon an Ihrer Seite.«
Der Abend verging, der größere Teil der Nacht verging. René war es, als würde immer das gleiche wiederholt. Nur daß er es, ähnlich der Mutter, auch mit den gleichen Worten wiederholte; der Kammerherr und der Rat fanden stets neue.
Als die Herren abritten, war der Vertrag unterschrieben. Drosselchen küßte den Sohn. Es war ihre stolze Stunde. Jeanne betrachtete ihn großäugig: Er, René, Bundesgenosse des sehr christlichen Königs! Pfaffenhofen lächelte rosig, wohlig gekitzelt vom Dunstkreis der Weltpolitik.
»Jawohl, mein Alter, Könige kommen zu dir.« Er lachte glucksend. »Und vorgestern, vorgestern bist du noch auf meinen Schultern gesessen.«
René schüttelte sich, als fröre er im Bade.

Burgund

Die Abordnung der Stände kam, an ihrer Spitze der alte Rheingraf von Salm, Marschall von Lothringen; neben ihm die großen Namen des Landes, die Raville, Vinstingen, Lützelstein, Lichtenberg,

Haussonville, Lennoncourt. Es gab Ansprachen, Gottesdienste, Bankette. In zwei Wochen möge es der Hoheit gefällig sein, den Einzug in Nancy zu halten, mit den Vorbereitungen zum Empfang sei begonnen.

Johann von Salm, der weißbärtige Rheingraf, sprach mit seinem volltönenden Baß von den bewährten Bahnen, die des Herzogs Vorgänger eingeschlagen habe, deutete auf Burgund, den großen Schirmherrn aller Ritterschaft.

Burgund! Burgund! schwirrte es durch die Tafelgespräche. Arme Männer aus altem Stamm fühlten sich von Märchen verklärt, wenn das Wort fiel. Vom Goldenen Vlies strahlte überirdischer Glanz. Mit leuchtenden Schilden standen St. Andreas und St. Georg, Patrone des Rittertums, über der armseligsten, verschuldetsten Burg, seidene Wappenfahnen knatterten im Morgenwind, höfisch-ritterliche Sitte formte rohen Lebensstoff zum Gebilde.

Die Prälaten und Städtevertreter hielten sich zurück.

»Und was wird aus Maria?« fragte Espolin, der Nancyer Bürgermeister, und zwinkerte, um zu zeigen, daß er sich für schlau hielt.

»Es hat sich nichts geändert, mein Lieber«, antwortete, geduldig belehrend, der Abt von Luxeuil. »Freier wie den hochseligen Herzog hat sie schockweise gehabt und wird sie schockweise haben. Aber Karl gibt sie nicht aus der Hand, seinen stärksten Trumpf. Er will markten.«

»Diesmal wird er sie hergeben.«

»Wem? Dem Kaiser für seinen Sohn? Sie meinen, Karl und der Kaiser werden einig?«

»Ich spreche oft Kaufleute aus dem Reich, Hochwürdigster. Trotz der Verlobung mit Nicolas haben die Verhandlungen keinen Augenblick geruht. Wie man hört, hat Karl dem Kaiser neue Vorschläge übermittelt.«

»Wen hat er hingeschickt?«

»Hagenbach, seinen Statthalter im Oberelsaß.«

»Ein gewandter Mann! Er könnte manches erreichen. Wenn die Vorschläge danach sind –«

Der Abt schnalzte mit der Zunge. Es klang wie fernes Rohrdommelgeschrei.

»Unbegreiflich, daß Nicolas das Verlöbnis ernst nehmen konnte.« Dann sprach er über die Schulter zum Schenken: »Rotwein von Beaune? Ja, bitte. Welcher Jahrgang?«

Burgund! Burgund! lärmten die Ritter. Karl wird den Kreuzzug führen! Gottes Grab in Freiheit! Jedem zweitgeborenen, drittgeborenen Sohn eine Grafschaft im Morgenlande!
In der Nacht lag René durch zwei Stunden wach. – Ich muß es ihnen sagen, ich muß es ihnen sagen.
Aber morgens, als sie an der Tafel saßen und wieder von Burgund redeten, da waren ihm die Lippen verklebt.
Ich hätte es ihnen sagen müssen, dachte er, als sie fort waren.
René saß mit den Damen nach der Abendmahlzeit im Musikzimmer. Seine Schwester spielte Harfe, unbeholfen und mit Stockungen. Die Großmutter sah stolz um sich, als führe sie Fremden eine Meisterschülerin vor.
Pfaffenhofen watschelte aufgeregt herein, winkte, ächzte, gluckste. Kaum brachte er seine Meldung heraus.
Der Baron von Clessy war gekommen, um René die Glückwünsche Herzog Karls von Burgund zu übermitteln. Unglaublich, dies riesige Gefolge, diese Pferde, Pracht und Eleganz des Aufzuges!
»Clessy, Clessy?« rief die Großmutter gierig. »Von welchen Clessys? Den weißen oder den roten? Ist seine Mutter vielleicht eine Beauffremont de Charny?«
»Die Burgunder haben kein Glück bei dir, René«, kicherte Onkel Thomas. »Denke dir, was dem armen Baron geschehen ist. Sie haben in der Stadt Quartier genommen, in der ›Goldenen Sonne‹. Clessy steigt die Treppe hinauf, die Wirtin hat scheuern lassen, er gleitet aus und bricht Knochen. Jetzt liegt er unten. Wenn er zu dir will, wird er sich tragen lassen müssen.«
Bedauernd, gutmütig, kein Freund strengen Zeremoniells, erklärte René sofort, den Bettlägerigen aufsuchen zu wollen. Er rief einen Pagen und ging, obwohl die Mutter ein solches Entgegenkommen für überflüssig, ja für unmöglich hielt.
»Vergiß nicht zu fragen, ob er von den Clessy d'Avur oder den Clessy d'Engourgelles ist«, rief die Großmutter ihm funkelnd nach. »René ist courtois, meine Liebe, echt ritterlich! Er, der Herzog, geht zum Gestürzten.«
Die Hoheit möge die Gnade haben, sich einen Augenblick zu gedulden. Der Baron werde sofort zum Empfang fertig sein.
René wartete einige Minuten im Flur. Vom Hof kamen Geräusche: Klirren, Pferdestampfen, hastiges Herumlaufen.
Clessy lag in seinem Bett, das Gesicht durch den verblichenen

Stoff des Betthimmels beschattet. Er machte eine Bewegung, als wolle er sich zum Gruß aufrichten, ächzte und sank zurück. Dabei hatte sich die Decke verschoben, René glaubte, ohne dies recht in sein Bewußtsein aufzunehmen, einen spornbewehrten Panzerschuh zu erblicken.

»Welche Güte, Hoheit, sich zu mir zu bemühen! Nie hätte ich das zu hoffen gewagt.«

Diese Stimme? René tritt überrascht näher und erkennt Campobassos Sohn Angelo.

»Sie, Graf Campobasso?«

Campobasso lacht mit seinem herrlichen Raubtiergebiß. »Der Herzog von Burgund hat mir die Baronie Clessy verliehen. Der bisherige Inhaber konspirierte mit Frankreich. Der Herzog ließ ihn vom Kapitel aus dem Orden des Goldenen Vlieses stoßen, leider entkam er über die Grenze.«

Draußen schrillen, rasch hintereinander, drei Pfiffe. Campobasso schleudert die Decke zurück und springt auf.

»Ihren Degen, Herzog! Sie sind mein Gefangener.«

Plötzlich ist das Zimmer voll von Menschen. Die Kerzen werden ausgeblasen, René ist von Armen umschlungen, ein Knebel erstickt seinen Schrei, ein Riemen verknotet seine Handgelenke. Er fühlt sich aufgehoben, sie poltern die Treppe hinunter. Die Pferde stehen bereit, aufgesessen die Reiter, René mitten unter ihnen, Galopp!

Der Posten am Stadttor wird überritten. Gebunden, geknebelt liegt Renés Page hinter verschlossener Tür auf Campobassos Bett.

Es dunkelt. Sie verlassen die Straße, reiten schmale Waldwege, verlieren die Richtung. Einmal glaubt René in der Ferne Hufschläge zu hören. Dann wird es wieder still. Die Reiter finden sich zurecht und erreichen kurz vor Tagesanbruch eine Waldblöße, auf der sie von Männern mit frischen Pferden erwartet werden.

Dreimal hat der junge Campobasso den Gefangenen um sein Ehrenwort gebeten, jeden Hilferuf zu unterlassen, dann werde der Knebel augenblicklich entfernt. René schüttelt wütend den Kopf.

Campobasso war reich an Entschuldigungen.

»Es blieb uns keine Wahl, Monseigneur, es ist nur eine Schutzmaßnahme für Sie. Sie waren von Verräterei umgeben, König Ludwig wollte sich Ihrer Person bemächtigen, wir bringen Sie in Sicherheit.«

»Halt! Wer? Wohin?«
Geschrei, Lanzenstöße, dann klirrten sie weiter.
Die Rasten waren kurz, Ortschaften und Brücken wurden umgangen, Flüsse durchschwommen.
In Lothringen standen Burschen und Mägde in der prallen Sonne beim Weizenschnitt. Kinder bombardierten sich mit unreifen Äpfeln; Hüterbuben trieben Vieh, Gutsherren stiegen den Rehböcken nach. In Wirtshäusern wurde von Mißgeburten geredet, Mesner läuteten, Männer lagen bei Weibern. Niemand wußte, daß der Herzog, ein stummer Gefangener, inmitten der vorbeijagenden Lanzenreiter im Sattel schwankte.

ZWEITER TEIL

Botschaften

Spät abends, als Karl seinen Schachpartner entlassen hatte und, im Bette liegend, auf den Vorleser wartete, auf Plutarch und Livius, ritt Peter von Hagenbach, sein Statthalter im Oberelsaß, vom kaiserlichen Hofe zurückkehrend, im Luxemburger Schlosse ein, erschöpft und staubig von dem mehrtägigen Gewaltritt.
Der Vorleser wurde abbestellt, und Hagenbach, der rotborstige Mann mit der weißen Haut und der weichen Stimme, saß drei Stunden an Karls Bett. Des Herzogs Nasenflügel zitterten während des Berichtes, und seine langen Hände spielten ohne Sinn mit den Goldquasten des pelzbesetzten Damastschlafrockes.
Das silbergesäumte Hemd, oben geöffnet, ließ unter dem gebräunten Halse die schneeweiße Haut über Schlüsselbein und Brustbein sehen. Die Stichnarbe an der Kehle, Erinnerungszeichen an die Schlacht bei Montlhéry, verdeutlichte dem Statthalter mit weinfarbener Röte die Erregung seines Herrn.
Kaiser Friedrich, der zähe Zauderer, schien für den Heiratsplan gewonnen. In einigen Wochen wollte er mit Karl in Trier zusammentreffen, zu mündlicher Aussprache und Verhandlung. Einstweilen blieb er noch bei seinem Schwager in Baden, besuchte dann das breisgauische Freiburg, Basel, Straßburg, Metz.
Als Hagenbach gegangen war, fiel es Karl ein, daß er vergessen hatte, ihm für die getane Diplomatenarbeit zu danken. Der Herzog schlief wenig in dieser Nacht; weniger noch als sonst. Die Krone schien nahe.
Nach der Frühmesse sollte Herr von Eptingen, der Gesandte des Herzogs Sigmund von Österreich-Tirol, empfangen werden. Karl saß im großen Galasaal, erhöht unter dem brokatflimmernden Baldachin, auf einem Armsessel, dessen vergoldete Lehne oben spitz zulief. Rechts von ihm stand die Geistlichkeit, vierzig ausgesuchte Männer, die den wandernden Hof überallhin begleiteten, jeder

achte ein Bischof. Linker Hand, symmetrisch geordnet, mit feierlichen, gleichgültigen oder gelangweilten Gesichtern, die weltlichen Würdenträger. Eptingen, den seine Beobachtung selten verließ und am wenigsten jetzt, da er sich als Anlaß und Mittelpunkt der Zeremonie fühlen durfte, Eptingen gewann fast die Ansicht, es müsse der Ausdruck jedes einzelnen zur Erzielung einer Gesamtwirkung von der höfischen Regie vorgesehen sein. Es waren die klirrendsten Namen abendländischen Rittertums: der Großbastard Antoine von Burgund, Karls Halbbruder, ihm ähnlich, doch runder von Gliederbau, auch war die schmale Langschädeligkeit der echten Linie bei ihm der Vierecksform angenähert; neben ihm Hagenbachs rotweißer Kopf und das rissige Holzgesicht des derben Grafen von Romont aus dem Hause der savoyischen Herzöge; der Graf von Nassau, die Herzöge von Cleve und Ravenstein; gelbhäutig, dunkel und fett der Graf von Campobasso (sein Sohn Angelo war noch nicht aus Lothringen zurück, doch kannte keiner von den Herren die Ursache seiner Abwesenheit). Alle überragte, schwer faßbare Würde in der Haltung, Chateau-Guyon, Karls reichster Vasall – seine Besitzungen erstreckten sich von Hochburgund über den Jura bis ins savoyische Land –, das winzige, fast kinnlose Köpfchen mit den halbgeschlossenen Augen steif aus dem Zobelkragen reckend. Hinter ihm stand, hübsch und frech, sein Knappe La Sarraz, der als einziger Mann in Burgund über Chateau-Guyon zu lachen wagte.

Oben auf den Galerien saßen unbeteiligt, dazwischen miteinander tuschelnd, die Gesandten der frondierenden französischen Territorialfürsten, die am burgundischen Hofe aus und ein gingen, die Vertreter des kaiserfeindlichen wittelsbachischen Hauses, Mailands, Savoyens, Venedigs, Englands; unter ihnen, ruhig zurückgelehnt, der Schultheiß von Bern, Adrian von Bubenberg, ein Mann, dessen noble Schlichtheit stärker wirkte als der Prunk der ihn Umgebenden. Sein ernstes, klares Gesicht schien leidenschaftslos und gesammelt. Alle diese Herren kannten einander seit Jahren in Neigungen und Abneigungen und begegneten sich immer wieder, denn kein Souverän hatte Überfluß an Männern, die Französisch sprachen, burgundischer Hofsitte mächtig waren und Karls Augen ohne Schlottern ertrugen. Manche von ihnen rangen seit Wochen um Geduld, aber Karl ließ sich ja von niemandem den Zeitpunkt für eine Antwort, eine Entscheidung oder einen Empfang vorschreiben.

Unten im Saal bewegten sich buntschillernd Toison d'Or, der Wappenherold von Burgund, Vorbild und Lehrmeister aller Herolde der Christenheit, und Sieur Olivier de la Marche, Zeremonienmeister und Befehlshaber der Garden, ehrfurchtsvoll dem Gottesdienst höfischer Etikette obliegend.

Nichts als das häufige Einsaugen der Wangen verriet Karls Ungeduld, während sich die umständliche Feierlichkeit des Gesandtenempfangs abspielte. Eptingen legte kniend sein Beglaubigungsschreiben in die Hände des Kanzlers, deklamierte ehrerbietige Grüße seines Herrn, des Herzogs Sigmund von Österreich-Tirol, überreichte wertlose und empfing kostbare Geschenke. Sigmund beglückwünschte durch ihn den Herzog zur Eroberung der Länder Geldern und Zütphen. Der Kanzler antwortete an Karls Statt.

Der junge La Sarraz gähnte dreist hinter Chateau-Guyons Rücken, obwohl Graf Engelbert von Nassau, der zufällig seinen kahlen, zitronenförmigen Schädel wandte, das sehen konnte. Dann stierte er auf die Wappenpfeiler, die mit Flor verhüllt waren, der Hof trauerte um den Tod des Herzogs von Lothringen. Zuletzt spähte er nach der Galerie hinüber und suchte vergeblich dem Blick des bernischen Schultheißen zu begegnen, um ihm zuzublinzeln. Bubenberg hatte in zweiter Ehe seine Schwester zur Frau, allein, da La Sarraz mit seinem Herrn erst gestern aus dem Geldernschen Feldzuge zurückgekehrt war, so hatten sie sich noch nicht sprechen können. Übrigens würden sie sich nicht sehr viel zu sagen haben.

Endlich gaben de la Marche und der Herold die vorgeschriebenen Endzeichen. Karl entfernte sich langsam, mit einem Winken, schon in der Tür, sich Begleitung verbittend. Draußen auf dem Korridor verstärkte sich plötzlich sein Schritt. Er ging in sein Privatkabinett, jagte den Kammerdiener hinaus und nahm hastig ein Pulver.

Im Saal wurde nach der Sitte Eptingen beglückwünscht, von den Hofleuten mit Würde, von den Gesandten mit vertraulichem Spott. »Dieser Teil unserer Missionen pflegt der leichteste zu sein«, sagte lächelnd Panigarola, der den Herzog Galeazzo Maria von Mailand vertrat.

Im Korridor – Eptingen hatte kaum den Saal verlassen – trat Herr de la Marche zu ihm, der Meister der Verbeugung.

»Der Herzog erwartet Sie, Messire.«

»Spreche ich ihn allein oder im Beisein des Kanzlers?« fragte der Gesandte und wurde sich bewußt, daß er ein Alleinsein mit dem

Herzog fürchtete, obwohl Karl aus Ungeduld sich manchmal leicht zu nutzende Blößen gab, während des Kanzlers diplomatische Überlegenheit schwer auszuhöhlen war.
Karl empfing ihn ohne Zeugen in einem kleinen einfenstrigen Raum mit grüngoldner Wandbespannung. Er sagte rasch:
»Sehen Sie einen Beweis meines guten Willens darin, daß ich mich Ihnen heute schon zur Verfügung stelle, eine Viertelstunde nach Ihrer Akkreditierung.«
Eptingen verneigte sich. »Für diesen Beweis von Wohlwollen bin ich um so dankbarer, als ich mir erlauben möchte, ihn als Vorzeichen zu nehmen.«
»Wofür?«
»Meinem Herrn wäre viel an weiteren Beweisen Ihrer freundlichen Gesinnung gelegen, Monseigneur.« Und schnell, als fürchte er, von einer spöttischen Frage unterbrochen zu werden, begann er vom eidgenössischen Bunde zu sprechen, zunächst noch ohne der Klagen zu gedenken, zu denen das burgundische Regiment in den verpfändeten vorderösterreichischen Landen Anlaß gab.
»Sie werden sich erinnern, Monseigneur, wie lange mein Herr zögerte, als er sich nach dem letzten unglücklichen Krieg mit den Schweizern an Eure Hoheit gewandt hatte und Sie ihm die pfandweise Abtretung seiner linksrheinischen und schwarzwäldischen Besitzungen nahelegten. Wenn er endlich einwilligte, so geschah es, weil Sie ihm zusicherten, ihm die alte Stellung des Hauses Habsburg in den Alpen wiederzugewinnen.«
»Nun«, sagte Karl, »hier muß Ihre Darstellung sich wohl eine Korrektur gefallen lassen. Wenn ich mich recht erinnere, verpfändete Ihr Herr mir seine Vorlande, weil er erstens Geld brauchte, um den Eidgenossen die Kriegsentschädigung zu zahlen, bei deren Ausbleiben sie ihre langen Spieße wieder aus den Kammern geholt hätten. Und weil er zweitens immer Geld braucht, um so leben zu können, wie es ihm Freude macht – was mich übrigens nichts angeht. Jedenfalls hat er außer der Pfandsumme Jahr für Jahr pünktlich seinen Zuschuß erhalten und in Gesundheit verzehrt. Worüber also klagt er?«
»Er klagt nicht, Monseigneur, aber er wünscht Eurer Hoheit in Erinnerung zu bringen, daß Sie ihm eine Unternehmung gegen die eidgenössischen Orte in Aussicht stellten, die ihm die an die Schweizer verlorenen Besitzungen seines Hauses wiederbrächte, Rheintal, Thurgau, Aargau ...«

Und um die Notwendigkeit eines Präventivkrieges zu erweisen, begann Eptingen klug und mit Sachkenntnis den steten Zustand kriegerischer Erregung zu zeichnen, den das sieggenährte, reizbare Selbstvertrauen der Eidgenossen bei ihnen erzeugt habe und der nur eines zufälligen Scheinanlasses bedürfe, um plötzlich wie ein Hochwasser über die Ufer zu treten. Allein Eptingen, der ein nüchterner Mann von Erfahrung in Kriegs- und Staatsgeschäften war, Eptingen hatte während dieser kaum anfechtbaren Ausführungen mit einem Male jenes Gefühl, das er schon vorhin befürchtet hatte: das Gefühl nämlich, es sei diese Unterredung keineswegs so wichtig, wie Herzog Sigmund glaubte, wie er selbst bis vor kurzem noch geglaubt hatte und wie zu glauben Karl von Burgund sich wenigstens im Augenblick noch den Anschein gab.
»Mein Vetter Sigmund soll mich nicht drängen!« rief Karl mit Hitze und verfiel in Laufschritte. »Vergißt er, daß ich meine Armee nicht von den französischen Grenzen entfernen kann? Vergißt er, daß ich meinem Schwager England das Versprechen gegeben habe, ihn in Reims zum König von Frankreich salben zu lassen? Sigmund hat das beste Geschäft von der Welt gemacht. Er stand vor der Wahl, die Landgrafschaft im Oberelsaß, den Sundgau, die Grafschaft Pfirt, Breisach und den Schwarzwald, das heißt seine am meisten gefährdeten Gebiete, entweder für immer an die Schweizer zu verlieren oder sie pfandweise – auf Zeit! – mir zu überlassen. Gegen Pfandsumme und Jahrgeld, die nicht kleinlich bemessen wurden, bei Sankt Andreas! Was für Ambitionen hat er plötzlich? Die Welt ist nicht so beschaffen, daß Größe und Vergnüglichkeit im Leben desselben Mannes Raum hätten. Sagen Sie ihm das, wenn Sie wieder in Innsbruck sind.«
Eptingen senkte den Kopf, Eptingen versteckte sich hinter seinem Bart, Eptingen dachte: Es gibt noch ganz andere Dinge, die ich meinem Herzog nicht sage.
Karl, besänftigt von der Wirkung, die er, ohne zu prüfen, seinen Worten gewohnheitsgemäß zuschrieb, fuhr ruhiger, fast verbindlich, fort:
»Ich weiß, daß ich von Ihrer Heimat spreche, Herr von Eptingen, aber Sie sind zu klug, um nicht Heillosigkeiten zu erkennen, ohne sich von Gefühlen beirren zu lassen. In was für einem Zustand habe ich diese Gebiete übernommen? Städte voll heimlicher und offener Bündnisse mit den Eidgenossen, ein aufsässiger Adel, überall Tot-

schlag, nirgends Sicherheit der Märkte, nirgends Gewöhnung an Gehorsam! Dazu das Steuersystem einer Bettlerprovinz, und das in der Rheinebene, die der Herzog von Mailand um ihre Fruchtbarkeit beneiden könnte! Diesem Lande sollte ein Krieg zugemutet werden? Erst lassen Sie mich und Herrn von Hagenbach dafür sorgen, daß meine neuen Besitzungen auf die Höhe der alten gebracht werden.«

Eptingen fand es geraten, einen kummervoll gedämpften Ton zu wählen: »Die Hoheit spricht von Besitzungen, als wären es nicht Pfandgebiete, die mein Herr jederzeit wieder einlösen könnte.«

Karl nahm vertraulich seinen Arm. »Ich bin gern offen, Herr von Eptingen. Ich kann es mir allerdings nicht vorstellen, wie Sigmund je wieder in den Besitz der Pfandlande kommen sollte. Woher nähme er die Lösungssumme? Hunderttausend Goldgulden Pfandgeld, dazu Erstattung aller Aufwendungen, die ich für die Länder gemacht habe! Es gibt nur eine Schatzkammer auf der Welt, die ihm diesen Klumpen Gold vorstrecken könnte.« Karl deutete auf das geöffnete Fenster, das über Schloßbrücke, Fischmarkt und Oberstadt den Blick nach Westen freigab und eben die Klangwellen der Dominikanerkirche ins Zimmer fließen ließ. »Aber zu diesem Geldleiher möchte ich ihm nicht raten, denn eine Annäherung Ihres Herrn an Frankreich könnte mich veranlassen, augenblicklich nach meinen und meines Herrn Vaters alten Freunden von der Eidgenossenschaft zu rufen, deren Spieße Ihnen ja wohl noch im Gedächtnis sind.«

Daß Eptingen Sigmunds großen Trumpf nicht ausspielen durfte – übrigens war die Stechkraft dieses Trumpfes noch nicht sicher –, darüber war er sich klar. Indessen überlegte er doch, ob er nicht wenigstens ein winziges Eckchen der Trumpfkarte in seiner Hand sehen lassen sollte, nur so viel, daß Burgund merkte: Herzog Sigmund, dieser beleibte, behagliche, wohllebende Herr, der mit seinen vielen Mätressen so gern Karten spielt – es müssen schöngemalte elfenbeinerne Kartenblätter sein –, dieser Herzog Sigmund ist im Besitz eines Trumpfes, den man noch nicht kennt. Ja, die Versuchung war für Eptingen besonders groß, denn er selbst hatte sich um die Erlangung dieses Trumpfes gewisse Verdienste erworben; und dieser Trumpf bestand in einigen vorsichtigen, vertraulichen und bis jetzt noch gänzlich unverpflichtenden Verständigungsfühlern zwischen dem Hause Habsburg und den Eidgenossen,

und zwar erfreuten sich diese tastenden Versuche der eifrigsten Förderung König Ludwigs, der hier als eine Möglichkeit naher Zukunft die Umrisse einer großen antiburgundischen Koalition sich abzeichnen zu sehen meinte.
Während aber Eptingen noch sorgfältig nach einer geeigneten Form suchte, die nichts zu verraten und keinesfalls als Drohung, unbedingt indessen als Antrieb zu wirken hatte, trat eine aufs äußerste überraschende Wendung ein.

Tapisserien

Es verschwanden nämlich plötzlich alle Erregungsfalten aus Karls Gesicht, und er hatte mit einem Male ein schönes und unschuldiges Lächeln wie ein Knabe, dem es gelungen ist, einen verehrten, einen willig anerkannten Lehrer ein wenig hinter das Licht zu führen. Mit zwei Sprungschritten war er an der Tür, riß sie auf und rief mit seiner klingenden Stimme: »Olivier! Oll-lli-vier!«
Draußen nahmen viele Stimmen, helle und dunkle, den Ruf auf und warfen ihn einander zu wie ein Seidentuch beim Pfänderspiel, nur daß sie ihn abwandelten: »Olivier! Sieur de la Marche! Messire!«
Dieser Herzog hat mit mir gespielt, er spielt immer, man hätte ihn nie mündig sprechen dürfen, fuhr es Eptingen durch den Kopf.
Herr de la Marche trat ein, etwas außer Atem, kleine Schweißtröpfchen unter den grau werdenden Schläfenhaaren.
»Monseigneur befiehlt?«
»Olivier, sind die Kuriere fort?«
»Welche Kuriere, Monseigneur?« fragte Olivier ehrfürchtig.
»Die Kuriere mit den Bestellungen für Arras, Gent und Brügge.«
Olivier war kein Rätsellöser, Olivier gehörte zu den Menschen, deren Eifer deutlicher Worte bedarf. Aber sein jahrelanger, hingebungsvoller Dienst um die Person des Herzogs hatte ihm, sobald es sich um Karl handelte, einen erratenden Instinkt für die leisesten Andeutungen gegeben.
Olivier also hatte erfaßt, daß Karl Herrn von Eptingen eine Freude machen wollte. Herr von Eptingen sollte glauben dürfen, durch Zufall hinter ein wichtiges Geheimnis gekommen zu sein.
Darum stellte Olivier sich unwissend und fragte:

»Von welchen Bestellungen spricht Monseigneur?«
Der Ton seiner Frage drückte die flehentliche Bitte aus, Monseigneur möge seine sträfliche, seine schwer entschuldbare Unwissenheit zu verzeihen geruhen.
»Von den Teppichen natürlich, mein Schwachkopf!«
»Ach, von den Prunkteppichen für Trier? Jawohl, die Kuriere sind fort. Monseigneur, an Gold- und Silbertapisserien wird alles aufgekauft werden, was greifbar ist.«
Nun durfte Olivier eine seiner kunstvollen Verbeugungen machen und sich wieder entfernen.
Eptingen hatte Mühe, sein Gesicht unverändert zu halten, obwohl ihm ein mit Schwindel gepaartes Hitzegefühl vom Herzen durch die Kehle in den Kopf sprang. Prunkteppiche für Trier. Trier ist beschlossen? Karls Begegnung mit dem Kaiser, über die so lange verhandelt wurde? Jene Begegnung, an deren Zustandekommen Eptingen nicht mehr geglaubt hat, Eptingen nicht und Sigmund nicht?
Wir haben Luft geredet, denkt Eptingen.
In der Tat ist die Lage völlig verändert. Führt die Trierer Zusammenkunft zum Ziel, das heißt zum Verlöbnis zwischen Maria und dem Kaisersohn Max, so fällt der Vorteil Burgunds ohne weiteres mit dem des habsburgischen Gesamthauses zusammen. Sigmund hat auf zwei Dutzend Bastarde kein eheliches Kind, Max ist sein Erbe, wie Maria Karls Erbin ist, also kehren die verpfändeten Lande in österreichischen Besitz zurück, wenn auch auf einem kleinen Umwege. Aber dies wenigstens hat Sigmund von seinem kaiserlichen Vetter gelernt, daß Habsburg nicht mit geringen Zeitmengen seine Rechnung machen darf. Also wird Burgund, wenn die Trierer Einung gelingt – und das wird sie, denn wie hätte sonst der zögernde, schwer sich entschließende Kaiser sich zu einem solchen Schritt des Entgegenkommens bereit finden lassen –, allmählich ganz von selber dazu kommen, entweder Habsburg gegen die Eidgenossen zu schützen oder diesen sogar die eroberten habsburgischen Besitzungen wieder zu entreißen, ohne daß man darum zu betteln braucht.
Es gelingt Eptingen, den beobachtenden Karl seine Überraschung nicht merken zu lassen. Während er seine Gedanken ordnet, verhält er sich schweigsam und läßt, ohne genau hinzuhören, den Herzog reden, der bei Unterhandlungen keine Gesprächspausen

liebt, da er sie für Zeitverschwendung hält. Die kleine mit Olivier aufgeführte Komödienszene hat Eptingen natürlich durchschaut, nur täuscht er sich darin, daß er sie für verabredet hält. Sie mutet ihn kindlich an, wie denn manchmal ein Flöckchen Bubenhaftigkeit gleich einer verlorenen Vogelfeder über des Herzogs düsterem Draufgängertum liegt. Eptingen denkt: So etwas hält Karl nun für Diplomatie, und es ist doch nichts als Kinderei oder Zeitvergeudung.

Aber Eptingen ist sehr glücklich darüber, daß Karls zeitvergeudende Kinderei ihn vor einem Hinweis auf das Dasein jener Trumpfkarte bewahrt hat. Denn dieser Hinweis hätte den Herzog verstimmen können, und die Trumpfkarte würde ja nun, aller Wahrscheinlichkeit nach, nicht mehr ausgespielt werden. Darum lächelt Eptingen jetzt mit Ehrerbietung und Verbindlichkeit und bedient sich der ersten Gelegenheit, um Karl mit einer jener kleinen Schmeicheleien zu erfreuen, denen dieser Feind der Schmeichelei so zugänglich ist.

Dennoch möchte Eptingen dieses Gespräch und Karls gute Laune zu einem Vorstoß gegen das scharfe Regiment des Statthalters von Hagenbach ausnutzen, welcher der anfangs gestreichelten vorderösterreichischen Ritterschaft bald ebenso verhaßt geworden ist, wie er es vom ersten Tage an den vorländischen Städten und den benachbarten eidgenössischen Orten war. Unter der Härte seiner Steuerzugriffe haben auch Eptingens eigene Besitzungen zu leiden gehabt.

Karl erwiderte mit einer fortschiebenden Handbewegung.

»Alles für den Adel, aber er muß gehorchen lernen«, sagt er dann. »Auch die vorländische Ritterschaft wird wählen müssen zwischen Größe und Vergnüglichkeit.«

Er hat sich der vorhin gefundenen Formulierung erinnert, und sie gefällt ihm so wohl, daß er eine Weile bei ihr verharrt. »Ich werde ihr die Wahl erleichtern. Ich werde ihr den Weg zur Größe ebnen, wie Sigmund ihr den Weg zur Vergnüglichkeit geebnet hat.«

Eptingen versagt sich jede Bemerkung, erinnert sich jedoch der Rückschritte, die in den letzten, von kostspieligen Kriegen erfüllten Jahren die einstmals so berühmte Vergnüglichkeit der flandrischen Städte gemacht hat.

Später, da Eptingen sich hartnäckig zeigt, kommt dem Herzog wieder ein listiger Knabeneinfall: »Wissen Sie was? Es trifft sich

gut, daß Hagenbach seit gestern abend wieder hier ist. Vielleicht sprechen Sie selbst mit ihm. Sicher werden Sie sich verständigen.«
Die Aussicht, sich mit dem schwer anpackbaren, stets durch seinen Herrn gedeckten Statthalter zänkerisch herumärgern zu sollen, ist Eptingen so zuwider, daß er sich in seine Würde flüchtet.
»Mein Herzog hat mich hergeschickt, um mit einem Herzog zu verhandeln, nicht mit einem seiner Diener«, antwortet er stolz.
Karl will aufbrausen, denn diese Worte scheinen nach der unerträglichen Formel »Herzog gleich Herzog« geprägt. Allein, zugleich erinnern sie ihn an die bevorstehende Erhöhung, den brünstigen Traum, aus seinen fünf Herzogtümern und acht Grafschaften das alte burgundische Königreich aufzurichten, dessen Ruhm ein Jahrtausend überdauert hat und von ihm, an Strahlungskraft verhundertfacht, über weitere Jahrtausende wie ein Fehdehandschuh dem Jüngsten Tage entgegengeworfen werden soll. Mit rauschenden Schwingen stürzen sie wieder auf ihn ein, die großen Königsvögel seiner Träume, die ihn nachts aus dem Schlafe fahren, aufspringen und nach seinen Mitarbeitern rufen lassen: Lothringen sein eigen, das ganze Elsaß sein eigen, über die Alpen wie Hannibal, sein Abgott! Zerrissen auch die Form seines Lebensverhältnisses zu Frankreich, wie er längst dessen Wesen zerriß, Frankreich zerschlagen in Kleinstaaten, die von ihm abhängen, in Paris sein englischer Schwager, König dem Namen nach, meinetwegen, in der Tat ein Lehensmann Burgunds, Ludwig mit geschorenem Kopf ins Kloster gesperrt, *ein* Reich von der Nordsee zum Mittelmeer, er selber Vikar des Kaisers links des Rheines, römischer König, endlich Träger der Kaiserkrone, die er Enkeln vererbt, Kindern seiner Tochter und des Kaisersohnes! Er, er, er ist es, der das Heilige Grab befreit, die Türken aus Europa jagt, Gott hat ihm einen Namen gegeben, der über alle Namen ist. Lämmer weiden bei Löwen, Schwerter werden zu Pflugscharen umgeschmiedet, jeder wohnt sicher bei Weinstock und Feigenbaum, Friedenskaiser der Welt, Abbild Gottes auf Erden, von Jesajas verheißen, von Virgil und Dante verkündet!
Karl webt glühend am Riesenteppich seiner Träume, während sein Körper unbeweglich am Fenster lehnt und seine Hand die Augen beschattet, vor denen es scharlachfarb lodert.
Eptingen genoß es, endlich Gehör gefunden zu haben und nicht mehr unterbrochen zu werden; er ahnte nicht, daß er ins Leere

sprach. Jeder seiner Sätze war gedacht, war gesetzt. In geschickter Gruppierung, unter Heben und Senken der Stimme, schilderte er aufbauschend oder nicht, schwer erträgliche Vorkommnisse aus Altkirch, Thann, Breisach, Hauenstein und Säckingen, Übergriffe und Gewalttaten des burgundischen Statthalters Hagenbach und seiner landfremden Amtsleute.
Plötzlich spürte Karl einen Schub Zugluft. Er sah auf. In der Tür stand der diensttuende Kammerherr.
»Was ist, Lalaing?« fragte der Herzog heiser.
»Der junge Graf Campobasso ist zurückgekehrt, Monseigneur.«
»Allein?«
»Nein, Monseigneur.«
Eptingen wurde verabschiedet.

Crèvecœur

Im ersten Stock des luxemburgischen Schlosses gab es einen Korridor, der einen quadratischen Innenhof umschloß. An seiner Außenseite hatte er riesige unverglaste Bogenfenster, an seiner Innenseite befanden sich Türen, darunter auch jene, die zu den Gemächern des Herrn von Chateau-Guyon führte. Vor dieser Tür stand Nicod de La Sarraz, drei Ellen hinter einer der rechtwinkligen Korridorbiegungen. Endlich hörte er Schritte. Sein hochmütiges, rassiges Jagdhundgesicht nahm einen überraschenden Ausdruck von Innigkeit an.
Als Maria sich der Ecke näherte, hinter welcher Chateau-Guyons Tür lag, beschleunigte sie ihre Gangart, so daß der vorgeschriebene Sechsschritteabstand zwischen ihr und Frau von Halewyn, ihrer Ehrendame, sich rasch verschob. Maria war im dunkelgrünen Reitkleid, der Reiherhut saß schräg auf dem kastanienbraunen Haar. Der Kragen, um welchen eine dreifache Perlenschnur lief, war vorne so kunstvoll nach oben geschwungen, daß er, ohne die Symmetrie der Kleidung zu stören, zwei widrige Erbstücke des burgundischen Zweiges der Familie Valois verdeckte: das sehr lange Kinn und den zu großen Mund.
Als Maria um die Ecke bog, hatte sich der Abstand zwischen ihr und Frau von Halewyn auf zwölf Schritt vergrößert. Marias lebhafte, neugierige, ein wenig listige Augen bekamen einen Aus-

druck, der zwischen spitzbübischer Kindervergnügtheit und frühgeweckter, aber spielerisch gebliebener Leidenschaft die Mitte hielt. Sie deutete stumm mit dem Silberknauf der Reitgerte nach rückwärts. Dann legten sich ihre Lippen auf Nicods Mund und beharrten dort genauso lange, wie die kurzatmige Hofmeisterin brauchte, um ein Dutzend Schritte zu machen. Als sie um die Ecke bog, war Maria schon an La Sarraz vorüber, und La Sarraz verbeugte sich mit blasierter Höflichkeit vor Frau von Halewyn. Diese kurze Begegnung sollte beiden bestätigen, daß die trennenden Wochen des Geldernschen Feldzuges nichts geändert hatten.
Nicod lehnte sich gegen die Tür und spürte, wie jedesmal, aus der Ängstlichkeit dieser gestohlenen, dieser gefährdeten Sekunden eine vom Herzen ausgehende Wärme rasch durch seine Glieder springen und in einem Zittern der Fingerspitzen enden; und wie jedesmal verband sich ihm die beglückende Wärme dieses Gefühls mit der beglückenden Kühle eines Gedankens.
Ich, Nicod de La Sarraz, Sohn des ärgsten Geizhalses der waadtländischen Ritterschaft, ich werde meinen Weg machen, selbst wenn es mir nie gelingen sollte, von meinem Vater und meinen Brüdern so viel Geld zu bekommen, wie ich zum Ankauf eines neuen Sattels brauche. Es gibt an diesem ganzen reichen Hof keinen Menschen, der für seine Zukunft ein solches Unterpfand in der Tasche hat wie ich. Ich liebe Maria, Maria liebt mich, ich bin der erste Mann, der sie hat küssen dürfen. Sie wird den Sohn irgendeines Souveräns heiraten, mag es nun der Dauphin von Frankreich sein oder Philibert von Savoyen, der Prinz von Tarent oder Max von Habsburg, aber bis an ihren Tod wird sie sich mir kraft dieser Erinnerung verbunden fühlen. Mir werden Ämter und Lehensgüter zufallen wie keinem anderen.
Diese Gewißheit, die ihn übrigens keineswegs hinderte, oft genug in völligem Vergessen aller Berechnungen an Marias zärtlichen und zugleich herzhaften Gesichtsausdruck zu denken, diese Gewißheit gab ihm etwas Federndes und Stolzes; gab ihm jenes Überlegene, das von vielen als die Arroganz des verschämten Armen gedeutet wurde. La Sarraz hatte wenig Freunde; nur seine Redensarten wurden gern belacht und weitergetragen.
Die große Treppe, welche den Korridor in die oberen Stockwerke fortsetzte, kam schnell ein dunkel gekleideter Mann hinunter. Marias kurzsichtige Augen hatten ihn noch nicht erkannt, als Frau

von Halewyn ihr schon voll Ehrfurcht zuraunte: »Der Herzog.«
Karl trug schwarzen Samt und als einzigen Schmuck die Halskette mit dem Ordenszeichen des Goldenen Vlieses, dem winzigen Widderfell, einem schönen Stück Antwerpener Goldschmiedekunst. In diesem Anzuge, der die düstere Schönheit seiner Haare und Augen unterstrich, hatte ihn Rogier van der Weyden gemalt, und das Wohlgefallen, das Karl an dem Bilde gefunden hatte, bestimmte von da an häufig die Wahl seiner Kleidung. Übrigens entsprach dem Vlieszeichen als Schmuck der oberen Leibeshälfte ein kurzer Dolch als Goldschmuck des Unterkörpers.
Maria, immer von neuem dem Eindruck seiner noch jugendlichen Männlichkeit untertan, lief ihm entgegen. Karl fing sie auf und winkte Frau von Halewyn, sich zu entfernen.
»Kaiserin, kleine Kaiserin«, unterbrach er plötzlich Marias Jagd- und Pferdegeplauder.
Maria ließ seinen Arm los und blieb stehen. Die Heftigkeit dieser Bewegung gab den Vater zu erkennen, dessen Züge auch ihr Gesicht, obwohl gemildert und gelöster, widerspiegelte.
»Sie gehen nach Trier? Sie werden ein Ende machen? Sie werden nicht länger Handel treiben mit mir?«
»Sie vergessen, Kind, daß dies Endemachen nicht von mir allein abhängt.«
Maria empfand die Rolle, die sie in den Plänen ihres Vaters spielte, bald als demütigend, bald als Anlaß zu leidenschaftlichem Stolz. Sie war ein Gegenstand, allein kein Mensch kam an Wichtigkeit diesem Gegenstande gleich.
Karl streichelte ihre Hand, die mit hellem Leder bekleidet war.
»Werden Sie mit Max zufrieden sein, Kleine?« fragte er.
»Ja«, antwortete Maria fest, ohne sich einen Augenblick zu bedenken. »Und nicht nur, weil er einmal Kaiser sein wird.«
Max war vor einigen Jahren mit Herzog Sigmund in Hesdin Gast des burgundischen Hofes gewesen.
Dann, als wollte sie die Wärme ihrer Worte vergessen machen, sagte sie spöttisch, aber mit einer Andeutung von Bitterkeit: »Sie haben eine geübte Braut aus mir gemacht.«
Sie gingen im Korridor auf und ab. An den Säulen zwischen den Bogenfenstern hingen bunt die Wappenschilde der fünfundzwanzig Ritter vom Orden des Goldenen Vlieses.

Plötzlich blieb Maria stehen.
»Ach was!« rief sie. »Geben Sie mir Crèvecœur zum Manne!«
»Bist du toll? Er hat Frau und Kinder.«
»Sein Wappen haben Sie mir längst gegeben.«
Sie deutete auf die Helmzier des Schildes, darauf zwei gepanzerte Arme zwischen den Händen ein Herz zerdrückten.

Die Mauer

Als Maria gegangen war, um sich nach dem Ritt umzukleiden, stieg Karl ins Erdgeschoß hinunter und trat aus der steinernen Kühle in den sonnendurchflammten Garten, der zwischen dem Schloß und der Münsterabtei lag und auf zwei Seiten mit schroffem Gemäuer gegen die tief unten geschlängelt fließende Alzette abfiel. Karl hatte den Garten mit großem Kostenaufwande herrichten lassen und ihn dann vergessen. Es war ihm, was nicht häufig geschah, leicht und hell ums Herz, seit der Kammerherr Lalaing ihm gemeldet hatte, daß die Entführung des jungen Lothringerherzogs gelungen war. Und Trier lag vor ihm! Alles schien sich nach seinem Willen schicken zu wollen. So trieb ihn jetzt eine Anwandlung sanfter Glücklichkeit, ein Bedürfnis nach Freundlichem in den starkfarbigen Duftbezirk der Rosengänge.
Aus dem Lusthäuschen, in welchem die Herzogin sich gern aufhielt, kam eine vorlesende Frauenstimme, und im Nähertreten fand Karl Oliviers ein wenig nüchterne Verse in der jungen Stimme des Fräuleins von Rubempré auf eine wunderbare Art verklärt. Eine Weile hörte er ungesehen den sorgfältig zusammengetragenen Metaphern des »Befreiten Ritters« zu, dann trat er ein.
Die Engländerin Margarete, Karls zweite Frau, hob den blonden Kopf von der Handarbeit und wandte ihm die schöne rosige Kühle ihres Gesichtes zu. Fräulein von Rubempré war verstummt, und Karl beantwortete ihren fragenden Blick mit einer gütig verabschiedenden Handbewegung. Er pflückte eine der starkriechenden Blüten, die durchs offene Fenster hereinwucherten, roch lange an ihr und begann dann unvermittelt von Max und Maria zu sprechen, vergessend, vergessen wollend, daß Margarete nie etwas anderes betrieben hatte als die Vermählung der Stieftochter mit einem ihrer englischen Verwandten.

»Sie teilen meine Freude, Madame, das weiß ich!« rief er zuversichtlich.
»Ich freue mich immer, wenn Sie in Ihren Unternehmungen Glück haben, mein Freund«, antwortete Margarete.
Das Wort Glück verstimmte den Herzog, der noch nie das Glück als Erklärung für seine Erfolge hatte gelten lassen.
Margarete verbesserte: »Ich möchte mich über jede Blume freuen können, die Ihre Gärtnerkunst zum Aufblühen bringt. Aber wie oft geschieht es denn, daß Sie mich wissen lassen, was Sie gepflanzt haben? Meist verlangen Sie von mir eine Glückseligkeit über das Treiben einer bestimmten Tulpe – und ich habe doch kaum gewußt, daß Sie die Zwiebel in den Boden steckten.«
Sie sprach sanft, und ihr Lächeln erleichterte es ihm, den Vorwurf ihrer Worte zu überhören.
Karl atmete Blütengeruch, Karl folgte dem Sonnenstrahl, der durch das grüne Rankenwerk des Fensters nach der goldenen Spindel ihres Kopfschmuckes griff. Er stand geneigt vor ihr, das schlanke federnde Bein im engschließenden schwarzen Samt hatte er auf den Bankplatz an ihrer Seite gestemmt.
Unversehens legte er seine Hand auf ihre entblößte Schulter, die sich glatt anfühlte, kühl unter einer Schicht von Hitze wie sonnenbeschienener Marmor. Einen Augenblick lang berührte er den flaumigen Haaransatz in ihrem gesenkten Nacken.
Sie ist schön, dachte Karl atemlos. Sie ist schön, ich möchte wohl einen Sohn von ihr haben.
Margarete sah ihn an, sie spielte zärtlich mit seiner Linken, sie fuhr flüchtig streichelnd über seine schmale Hüfte.
Plötzlich wurde sein Gesicht leer, als sei die belebte Außenseite nach innen umgestülpt worden. Wieder war er gegen die Mauer geprallt, die sich immer erhob, wenn er sekundenlang an Frauenzärtlichkeit gedacht hatte.
Nein, es war unmöglich. Er verabschiedete sich hastig, ging durch die Baumreihen und suchte, was eine rätselhafte Unzulänglichkeit seiner Natur war, mit weitgreifenden Überlegungen rechtfertigend zu erklären.
Ein Sohn? Ein Sohn würde alles zerstören. Welchen Wert hätte Maria, wenn als Thronerbe ein Bruder neben ihr stünde? Daß ihr Schoß der einzige Zugang zu Burgund war, das machte sie zum unvergleichlichen Werkzeug, mehr noch: zum Zaubergerät.

»Ja, später, später!« flüsterte er geheimnisvoll. »Bin ich König, bin ich Kaiser, sind die Türken verjagt, ist das Grab befreit, dann...! Dieser Sohn wird Max schachmatt setzen, dieser Sohn wird Kaiser sein von Brügge bis Jerusalem, von Riga bis Trapezunt.«
Margarete sah ihm, kaum noch enttäuscht, nach. Dann glättete ein rascher Willenszwang ihr Gesicht, sie zog ein Schreibtäfelchen aus der Gürteltasche und begann zu rechnen: »Siebzig Transportschiffe... das Schiff mit Takelung... siebenhundert Goldkronen ... die Heuer für die Matrosen... Zur Überfahrt, mittleres Wetter vorausgesetzt, drei Tage einschließlich Verladezeit...« Wie oft hatte sie diese Rechnungen angestellt, und doch konnte sie ihrer nicht satt werden. Was gingen sie Burgund und Habsburg an? Eduard von York, ihr Bruder Eduard, sollte über Frankreich herrschen, in Reims gesalbt.
Sie wußte, daß unter Karls zahllosen Plänen auch dieser war, und hielt ihn irrigerweise für den wichtigsten. Sie hatte Karls Zusage und durfte dennoch nicht wagen, ihn zu erinnern und zu drängen. Aber die Stunde mußte kommen, sie hielt sich bereit.
Später schluchzte sie noch einmal auf, böse und gehässig, als sie, ins Schloß zurückkehrend, einen der Hundewärter mit seinem Mädchen vor dem Rüdenzwinger stehen sah. Und als sei es damit noch nicht genug, gewahrte sie von weitem den über den Hof kommenden Hagenbach, wie er im Vorbeigehen einer Dienstmagd über die Brüste fuhr, gleichgültig, unbewegt das weiße Gesicht, als streiche er gedankenlos seinen Jagdhund.

Kleidungswechsel

Mit dem Augenblick der Grenzüberschreitung hatte der junge Campobasso aufgehört, in René einen Gefangenen zu sehen. Knebel und Fesseln wurden entfernt, Campobasso gab ihm mit einer ehrerbietigen Verbeugung seinen Degen zurück und ritt nun an seiner linken Seite, achtungsvoll um eine halbe Pferdelänge hinter dem Herzog zurückbleibend. Immer wieder versuchte er es mit Entschuldigungen und Komplimenten. René gab keine Antwort, René stellte keine Frage, René sah weder ihn noch seinen Begleiter an, René war wütend entschlossen, Gefangener zu bleiben und die Eindeutigkeit seiner Lage nicht durch ein verlogenes Gast- und

Respektsverhältnis fälschen zu lassen. Er nahm nicht einmal den ihm gereichten Degen in Empfang, und Campobasso mußte die Waffe, als schmücke er einen Toten, an Renés Wehrgehänge befestigen, bedauernde Ergebenheit im Gesicht.

Wie ein starrsinniges Bauernkind hob René auch jetzt nicht die Augen vom Pferdehals, als sie den aschenfarbenen Bockfelsen hinanritten und über die Zugbrücke ins Luxemburger Schloß kamen.

Die Zimmer, in die Campobasso ihn führte und über die er ihn zu verfügen bat, zeigten jene Mischung von Luxus und Eile, die mit Ausnahme der großen Standschlösser von Brüssel, Gent, Dijon und Hesdin den meisten Rastorten des ambulanten Hofes zu eigen war. Ein Imbiß stand bereit, ein Bad mit Mandelkleie war hergerichtet, Pagen und Kammerdiener erbaten Befehle. René nahm nach kurzem Zögern im Stehen ein paar Bissen und einen Schluck Wein und wünschte, man hätte ihn gebunden ins Verlies geführt und dort bei Wasser und Brot gelassen, bis er, Karl gegenübergestellt, ihm seine Wut ins Gesicht speien könnte.

Mit Säcken und Paketen beladen, erschienen Schneider, Schuster, Weißzeugnäher, Kürschner, Hut- und Handschuhmacher, Juweliere und Waffenschmiede.

»Wir sind beauftragt, für Monseigneurs Garderobe zu sorgen.«

»Schert euch zum Teufel!« schrie René. »Ich brauche nichts. Ich habe kein Geld.«

»Es ist uns verboten, von Monseigneur Zahlungen entgegenzunehmen«, erklärte einer.

Abgerissen vom Kampf, schmutzig von der Reise, tagealte Bartstoppeln im Gesicht, ohne die verschwitzte Wäsche gewechselt zu haben, in der Heuhälmchen und Laubreste juckten, so wollte er der Eleganz des burgundischen Hofes gegenübertreten, mit solchem Zustande als Zeugen der erlittenen Gewalttat nicht sich, sondern Karl und seine Willensvollstrecker schändend.

Es war schwer, sich der Handwerker zu erwehren; schon die sprachliche Verständigung machte Mühe: meist waren es Flamen, die zur Hofbedienung gehörten, oder Luxemburger, vor deren Mundart Renés deutsche Kenntnisse versagten. Er scheuchte sie weg, sie waren wie ein Fliegenschwarm, er schrie sie an, sie schienen nicht zu hören, packten aus, nahmen Maß, änderten, stellten zusammen. Renés Abneigung, geringe Leute zu schlagen, machte ihn wehrlos.

Ein Page meldete Herrn de la Marche.

René wollte den Eintretenden übersehen, allein die vielen Spiegel warfen ihm von allen Seiten das Bild des Zeremonienmeisters entgegen.

»Es steht mir nicht an, die Hoheit um Verzeihung zu bitten oder willkommen zu heißen«, sagte die angenehme, fast zärtlich ergebene Stimme. »Monseigneur mein Herzog wird das als erster selbst tun. Ich darf nur bitten, es mich wissen zu lassen, wenn die Hoheit ihre Toilette beendet haben wird. Monseigneur mein Herzog bittet um den Vorzug, die Hoheit noch vor der Tafel aufsuchen zu dürfen.«

René gab keine Antwort, Herr de la Marche genoß die eigenen Verbeugungen und ging.

Als René nach dem Bade das kühle holländische Leinenhemd übergestreift wurde, da spürte er sich mit Schrecken von dem Gefühl überrumpelt, es sei vielleicht gar nicht so toll, gar nicht so unmöglich gewesen, was man ihm angetan hatte.

»Befehlen Hoheit den Gürtel nicht eine Schnalle weiter?« fragte einer in leidlichem Französisch.

Es wäre lächerlich gewesen, vor diesen Leuten den Märtyrer zu spielen.

Die Begegnung

Um jene Tageszeit, da es sich bereits entschieden hat, daß es auch heute wieder Abend werden soll, trat Karl ins Zimmer, René war es plötzlich, als habe er sich mit der verwahrlosten Kleidung das widerstandsfähigste Stück seines Ingrimms entlisten lassen. Dennoch wirkte der hundertfach wiederholte Entschluß noch fort, René sprang auf, stürzte Karl entgegen und schrie: »Wie durften Sie das wagen? Sie haben gehandelt wie ein Straßenräuber!«

Herzog Karl, dem man nachsagte, er habe noch nie ein tadelndes Wort, geschweige denn eine Kränkung zu ertragen vermocht, Herzog Karl, dem man nachrühmte, er sei wohl häufig aus Ungestüm, nie aber aus Vorsatz ungerecht gewesen, Herzog Karl stand ruhig da, und René hatte die Empfindung, sich etwas Vollkommenem gegenüberzusehen. Herzog Karl senkte fast unmerklich den Kopf wie in einem stolzen Schuldbewußtsein.

»Ich weiß, Herr Vetter, daß ich Sie um Verzeihung zu bitten habe«, sagte er. »Aber wer ein Ziel will, der wird nicht auf Gartenwegen bleiben können. Es war ein böses Spiel. Wenn ich Sie trotzdem um gute Miene bitte, so bitte ich um etwas Großes. Aber Sie werden mir diese Bitte erfüllen.«

René schüttelte feindselig den Kopf, aber er tat es fast schon mit dem schlechten Gewissen eines im Eigensinn beharrenden Kindes.

»Ich hoffe, Sie haben unterwegs nicht zu klagen gehabt?« erkundigte sich Karl besorgt.

»Von Ihrer Grenze an nicht mehr«, erwiderte René mit bitterer Schärfe.

»Wenn Sie sich an mir zu rächen wünschen«, sagte Karl, »so gibt es nur eins: Sie müssen vom Tisch da eine von den Waffen nehmen, die ich Ihnen bringen ließ, jetzt, diesen Augenblick noch, und damit über mich herfallen. Sagt Ihnen das nicht zu – mir an Ihrer Stelle würde es vielleicht zusagen –, so müssen Sie auf Rache verzichten. Nicht heute schon, bestimmt aber morgen. Oder glauben Sie, Ihre Ritterschaft zieht ein einziges Packpferd aus dem Stall, wenn Sie zum Kampf gegen Burgund aufrufen? Verzeihen Sie, ich habe Sie nicht beschämen wollen«, setzte er leiser hinzu. »Aber Sie können es sich nicht leisten, mit einem unfruchtbaren, wenn auch begreiflichen Zorn zu spielen.«

»Ich wünsche keine Vorschriften von Ihnen entgegenzunehmen«, sagte René. »Ich erwarte Ihre Rechtfertigung.«

Karl zog ein Schreiben aus der Brusttasche und hielt es ihm hin. Ohne zuzufassen, erkannte René eine Abschrift seines mit Ludwig geschlossenen Vertrages.

Der Anblick des oft gesehenen Schriftstückes schoß Karl auch dieses Mal wieder als Aufreizung ins Geblüt, dessen Hitzigkeit immer gegen die Helle seines Verstandes auf der Lauer lag.

»Sie bringen es fertig, einen solchen Vertrag zu unterschreiben!« rief er. »Sie wissen, daß ganz Luxemburg voll burgundischer Truppen steckt, und dabei begnügen Sie sich mit allgemein gehaltenen Hilfsversprechungen, statt Ludwigs Bündnispflichten genau festzulegen. Bilden Sie sich ein, Sie, gerade Sie könnten ungerupft aus einem Abkommen mit Ludwig Valois hervorgehen? Er will Ihnen zu König Renés Erbschaft verhelfen, Bar, Provence, Anjou? Glauben Sie im Ernst, Ludwig werde beim Tode Ihres Herrn Großvaters noch König von Frankreich sein? Mit mir werden Sie sich zu verständigen haben, mit mir!«

René ließ Lippen und Zähne sich miteinander balgen. Er antwortete nicht.
»Es muß Ihnen jemand die Wahrheit sagen«, fuhr Karl schonungslos fort. »Was sind Sie bisher gewesen? Ein kleiner Landbesitzer, dessen Haus einmal groß war und mit großen Häusern verwandt ist. Plötzlich stirbt Ihr Vetter. (Woran, will ich nicht untersuchen.) Macht Sie das zum Genie? Wie dürfen Sie sich einbilden, regieren zu können? Nein, fahren Sie nicht auf, ich lasse mich nicht unterbrechen. Sie sind mein Gast. Ein besseres Gastgeschenk als die Wahrheit gibt es nicht. Sie haben Anlagen. Sie werden regieren lernen. Aber zuvor begreifen Sie, wo Ihr Vorteil liegt.«
»Ich habe Sie nicht um Belehrungen gebeten«, warf René ein, aber Karl überhörte das.
»Ich habe Sie eben gescholten. Schön. Aber Ludwig lacht über Sie. Nur reicht Ihr Gehör nicht weit genug, um dieses Lachen zu vernehmen. Und Ihr Verstand – ich spreche vom politischen, zu dem Erfahrung gehört, nicht vom natürlichen, den die Geburt gibt –, Ihr Verstand genügt nicht, um das Echo dieses Lachens aus seinen Bündnisvorschlägen herauszuhören. Glauben Sie im Ernst, der sehr Christliche werde Ihretwegen einen neuen Krieg mit mir anfangen? Jetzt, da ich eben Zütphen und Geldern genommen habe und meine Ordonnanzkompanien marschbereit, meine Milizen noch auf Kriegsfuß sind? Wenn ich pfeife ... Mit mir werden Sie sich verständigen müssen, mit mir!«
»Sie haben eine sonderbare Art gewählt, diese Verständigung einzuleiten.«
»Ich habe Sie um Verzeihung gebeten, Monseigneur, ich weiß, daß Sie nicht ungroßmütig genug sind, diese Bitte zu vergessen.«
»Mit der Verzeihung ist nichts getan«, antwortete René und hatte das Gefühl, unritterlich gegen ein Gebot der Großmut zu fehlen. »Eine Handlungsweise wie die Ihre verlangt Genugtuung.«
»Kann es eine bessere Genugtuung geben, als daß ich Sie einer Verstrickung entreiße, die Sie zum Sklaven eines Intriganten machte? Daß ich Ihnen die Straße öffne, die unter Ihrer Führung die ganze lothringische Ritterschaft zu reiten wünscht?« Karl fiel seine Gegenüberstellung von Größe und Vergnüglichkeit ein, aber er schluckte sie hinunter. »Kommen Sie, lieber Vetter, wir wollen zu Tisch gehen«, sagte er statt dessen und hatte plötzlich das bezaubernde Lächeln eines Siebzehnjährigen.

Vir Innocens

Nach dem Essen standen kleine Gruppen beisammen. Erst jetzt fand Nicod de La Sarraz die Gelegenheit, den um zweieinhalb Jahrzehnte älteren Schwager Bubenberg zu begrüßen. Er fragte, etwas nebenher, nach dem Befinden der Schwester. »Und was macht mein großer Stiefneffe, Adrianus Secundus?«
Bald darauf kam er, zu Bubenbergs Unbehagen, auf den Mitgiftstreit zu sprechen. Nicods Vater, Wilhelm von La Sarraz, savoyischer Landvogt in der Waadt, hatte Bubenberg die Mitgift der Tochter vorenthalten. Obwohl sich mehrere große savoyische Grundherren als Trauzeugen für die Zahlung dieser zweitausend Gulden verbürgt hatten, war es Bubenberg nicht einmal gelungen, die Zinsen in die Hand zu bekommen. La Sarraz war unerschöpflich in Ausflüchten; es hatte Jahre gedauert, bis er sich bequemte, dem Schwiegersohn eine auf neunhundert Gulden lautende unsichere Forderung an das savoyische Herzoghaus zu zedieren; allein, Bubenberg hatte diesen Anspruch noch nicht zu Geld machen können.
Nicod sprach von dieser Angelegenheit ruhig und geschäftsmäßig. Dennoch glaubte Bubenberg jenen Ton von Gönnerhaftigkeit zu hören, den alle Leute, vielleicht zu Unrecht, aus La Sarraz' Worten zu vernehmen meinten, wenn er einmal auf ihre Sorgen einging.
»Lieber Adrian, ich wollte dir gern für jetzt und später meine Hilfe versprechen, aber das wäre nicht mehr wert als ein Kreuzzugsgelübde. Wie ich meine Leute kenne, wird mein Vater einmal alles Wertvolle meinen Brüdern hinterlassen, die nach ihm geraten sind. Mich wird er ebenfalls mit einer faulen Forderung an das Haus Savoyen abfinden.«
»Ach, laß doch«, sagte Adrian. Glaubte man ihm denn einen Gefallen zu tun, wenn man immer wieder an seine Sorgen rührte?
Nicod lachte: »Ich verstehe nicht, daß man sich bei euch in Bern über die Geschichte hat wundern können. Mich hat etwas ganz anderes gewundert: daß nämlich mein Vater nicht Brautstaat und Perlenkette, kaum daß Johanna nackt im Hochzeitsbett lag, heimlich hat einpacken und nach La Sarraz zurückschaffen lassen.«
Bubenberg wünschte das Gespräch abzubrechen. »Erzähle von dir. Wie ist dein Dienst? Wie war es in Geldern? Was macht Herr von Chateau-Guyon?«

»Was er immer macht: er stinkt vor Dummheit, bloß riecht es niemand außer mir«, antwortete La Sarraz unbefangen. »Er wohnt sicher in der Würde seiner vierundsechzig Ahnen wie ein kleiner glitschiger Wurm hinter den sieben Häuten einer Riesenzwiebel. Aber höre, wenn du magst, kann ich bei ihm etwas für dich ausrichten. Schließlich verwaltet mein Vater nicht umsonst ein Gebiet, das an Chateau-Guyons Herrschaft grenzt. Da ist er durch seine Stellung gezwungen, auf ihn zu hören.«
»Danke. Ich bin durch meine Stellung gezwungen, mir ein Antichambrieren bei Chateau-Guyon zu versagen.«
»Liegt dir daran, mit Romont in Beziehung zu kommen? Er ist plump, aber nicht ungefällig.«
Der Graf Jakob von Romont, Großmarschall der burgundischen Heere, hätte manches in dieser Sache vermocht – als Schwager der verwitweten Herzogin Yolande von Savoyen und als Vormund des kleinen Thronerben Philibert.
»Lieber Junge, zu Romont brauche ich keinen Vermittler, du weißt ja, daß seine Besitzungen an bernisches Gebiet stoßen, da spielen zahllose Verhältnisse über die Grenze hin und her; wir stehen freundschaftlich mit ihm. Meinst du, wenn ich hinginge und von ihm eine Gefälligkeit verlangte, er könnte sie mir abschlagen?«
»Dann geh doch!«
Bubenberg sah den Schwager verwundert an, nicht ohne Strenge. Diesen Ausdruck hatte er oft, wenn junge Leute sprachen.
»Nein, gerade darum kann ich nicht gehen. Am wenigsten, solange ich Schultheiß bin. Soll es heißen: Bubenberg nutzt sein Amt, um die eigenen Angelegenheiten in die Richte zu bringen?«
La Sarraz zuckte die Achseln mit der Gebärde des Besserwissenden, des Helfenwollenden, der sich unfähig sieht, den Eigensinn des Hilfsbedürftigen zu verbiegen.
Die Musik begann wieder zu spielen. Der Kammerherr Gruithuysen bat Bubenberg zum Herzog, der durch die Erinnerung an gemeinsam hingebrachte Knabenjahre mit dem bernischen Schultheißen verbunden war.
Karl schien den kleinen Lothringer schon vergessen zu haben. Er nahm Bubenberg am Arm und zog ihn aus dem überhitzten, im gelblichen Kerzenlicht schimmernden Saal auf den Balkon.
»So ist es besser, als wenn dies ganze Pack tuscheln kann: Bern ist in Audienz empfangen worden«, sagte Karl lächelnd.

Die Augustnacht war warm und klar, manchmal von Sternfällen durchzuckt. Der rötliche Komet stand an der anderen Schloßseite. Karl fragte mit Herzlichkeit nach Bubenbergs Familie und sprach oft weiter, ohne die Antwort abgewartet zu haben.

»Deine Mutter ist immer noch frisch, Adrian? Wenn du sie wiedersiehst, versichere sie meiner Verehrung. Und dein Sohn? Willst du ihn nicht zu mir schicken? Ich sehe dich noch, wie dein Vater dich herbrachte. Du warst unbändiger als ich, trotz deines Alters – wer glaubte das heute? Ich hatte die Leidenschaft zum Denken... Sohn, Adrian«, bat er.

»Sie wissen, Monseigneur, daß das nicht möglich ist. Es ist Sitte geworden, daß die Berner Optimaten ihre Kinder zum Pagendienst nach Frankreich geben. Es ist das äußerste, daß ich den Brauch nicht mitmache und meinen Sohn im Hause behalte.«

Karls Ton verlor seine Wärme. »Es gefällt mir nicht, daß Berner Edelleute, wie die Diesbach und Scharnachthal, von meinem Vetter Frankreich Rats- und Kammerherrentitel nehmen. Ich fürchte, sie nehmen noch etwas anderes von ihm.« Er geriet ohne Übergang ins Schreien. »Dies tückische kleine Schwein! Mein Vater nahm ihn auf, als er flüchtig war, mit dem eigenen Vater zerfallen. Zum Dank verhetzte er Herzog Philipp und mich! Und ich erlaubte ihm, meine Tochter über die Taufe zu halten! Die Hände möchte ich mir abhacken, wenn ich daran denke. Adrian! Du, gerade du hast in den bernischen Pakt mit Ludwig einwilligen können?«

»Ich bitte Sie, seien Sie Ihrem Ärger nicht zu Willen, Monseigneur«, erwiderte Bubenberg. »Sie wissen, daß es ein Neutralitätsvertrag ist, wie man ihn mit jedem eingeht. Glauben Sie im Ernst, ich hätte meine Hand dazu gegeben, wenn die Abmachungen eine Spitze gegen Burgund enthalten hätten?«

»Du bist nicht nur Adrian. Du bist auch Bern.«

»Ich bin beides. Dafür danke ich Gott«, antwortete Adrian ruhig.

»Ich kann dein Gesicht nicht sehen, Adrian.«

»Dann fragen Sie mich bei Tage das gleiche.«

Karl empfand den Wunsch, die Vertraulichkeit zu enden. »Wir haben die eidgenössischen Beschwerden geprüft, Herr Schultheiß«, sagte er kalt. »Wir können nicht finden, daß Herr von Hagenbach seine Vollmachten überschritten hätte. Nachbarliche Reibereien sollen nicht aufgebauscht werden. Sie werden nicht zu klagen haben, sobald Sie Sorge tragen, daß Übergriffe von seiten Ihrer Bundesverwandten unterbleiben. Wir haben keinen Statthalter bestellt, damit er der Nachbarschaft zu Willen wäre, sondern damit er täte, was uns gefällig ist. Und bei Gott, Adrian, was sind es denn für Leute, deren Anwalt du machst!« fuhr er mit Heftigkeit fort. »In einem Grenzort ist Kirmes, einem besoffenen Schweizer Bauern wird das Nasenbein eingeschlagen, und schon kommen andern Tags tausend Bewaffnete zusammengelaufen, ohne Kampfansage, ja gegen den Willen ihrer eigenen Obrigkeit, und wollen über die Grenze! Haltet eure Raubtiere an der Kette oder verlangt nicht, daß ich einen Mann mit Samthandschuhen in meine Pfandlande setze. Siehst du, Adrian, Hagenbach – das ist mein leerer Harnisch, nichts weiter. Ich kann nicht überall zugleich sein. Ich muß mich begnügen, manchmal den leeren Harnisch zu schicken. Ist das Visier geschlossen, so meint man, ich stäke drin.« Er lachte. »Er ist mein Harnisch, wie der Teufel der Affe Gottes ist. Und sage doch endlich deinen Klotzschädeln, sie sollen begreifen, daß ich mit ihnen im Guten leben will, wie es mein Vater getan hat! Bourgogne und Franche-Comté brauchen Nachbarn, die burgundische Weine trinken, burgundisches Korn essen, mit burgundischem Salz würzen und dafür Vieh und Käse liefern. Wißt ihr denn nicht, daß mir Sigmund seit Jahren um einen Krieg mit euch in den Ohren liegt und daß ich ihn jedesmal abfahren lasse? Glaubt ihr denn im Ernst, ich hätte mich am Oberrhein festgesetzt, um ein Ausfalltor gegen eine Steinwüste und ein paar Kuhbauern zu haben? Eine Klammer um Lothringen legen – das wollte ich, und das hat jeder Tuchmacherlehrling in Flandern begriffen, und nur eure Melkerburschen in ihrem wahnsinnigen Kriegshochmut wollen es nicht glauben! Nein, nein, Adrian, laß gut sein, diese Worte habe ich dir auf dem Balkon gesagt und nicht im Audienzzimmer. Übersetze sie in ein höfliches Latein, und dann trage sie zum Berner Rat und zur eidgenössischen Tagsatzung. Diese Übersetzung nimmst du vor, mir zuliebe, Adrian, ja?«

Er ergriff Bubenbergs Arm, und da der Schultheiß nicht gleich antwortete, machte er seine ungeduldige wegschiebende Handbewegung, atmete tief und sagte: »Erzähle mir von dir, Adrian. Hast du noch immer Sorgen? Was macht dein Streit mit den La Sarraz? Ich hülfe dir ja so gern, aber ich weiß, daß ich dir nichts anbieten darf, und wenn es nur ein Freundschaftsgeschenk wäre, ein Darlehen meinetwegen, ohne jede Verpflichtung.«

Adrian ergriff Karls Hand und küßte sie. »Nein, Monseigneur«, sagte er.
So ist Karl, dachte Bubenberg, selbst diese Streitigkeit hat er nicht vergessen, unter allem, was ihn beschäftigt. Zweitausend Gulden! In einer Woche frißt seine Hoftafel das Doppelte.
»Soll ich mich deinetwegen bei Savoyen verwenden? Herzogin Yolande ist meine Bundesfreundin geworden. Es gibt keine Fürstin, die ich lieber um einen Dienst bitte als sie, obwohl sie Ludwigs Schwester ist.«
»Nein, Monseigneur«, sagte Bubenberg wieder. »Ich darf Ihnen nichts verdanken.«
Karl schwieg. Bubenberg wußte nicht, ob er den Herzog verletzt hatte.
Nach einer Weile sagte Karl: »Das ist mein Fluch, daß ich nicht jedem Menschen sein Recht schaffen darf. Dilexi justitiam et odi iniquitatem, sagt der Psalmist. Aber ich kann nicht immer gerecht sein.«
»Es hat jeder von uns einen Feind der Gerechtigkeit unter dem Hemde sitzen«, sagte begütigend Bubenberg, welcher der Meinung war, Karl spiele auf die Hemmnisse an, die sein ungezähmtes Blut seinem Gerechtigkeitswillen in den Weg schleuderte.
»Das habe ich nicht sagen wollen«, entgegnete Karl empfindlich. »Ich dachte daran, daß mein Gerechtigkeitsarm noch nicht weit genug zu greifen vermag, noch nicht.«
Aus dem Saal hinter ihnen kam Musik. Dort drinnen wurde getanzt, französisch, flämisch, oberdeutsch. Die Landschaft unten lag unbeschreiblich still. Eine Sternschnuppe schnitt durch die unbewegte schwarzblaue Luft.
Plötzlich sagte Karl: »Adrian, hast du mich je verstanden? Anders verstanden als alle die Handlanger, die sich meine Freunde nennen?«
Adrian empfand jene Beklommenheit, in die klare und einheitliche Naturen durch schwierige Seelenerörterungen versetzt zu werden pflegen. Er gab keine Antwort.
Karl antwortete an seiner Statt: »Nein, Adrian, du verstehst mich nicht. Verstündest du mich ganz, so könnte ich dir nicht so vertrauen, wie ich dir vertraue.«
Wieder entstand eine Pause. Dann fragte der Herzog: »Adrian, warum liebst du mich?«

Und Adrian antwortete erschüttert:
»Du bist schutzlos gegen dich selbst, mein Hannibal. Darum muß man dich lieben.«

Der Ritter im Berge

René wiederholte sich unablässig: Ich bin ein Gefangener, ich bin ein Gefangener, alles andere ist Lüge. Ich muß meine Freilassung verlangen, ich muß mich nach Fluchtmöglichkeiten umtun.
Solche Möglichkeiten, so durfte er sich bald entschuldigen, gab es nicht. Er konnte gehen und reiten, wohin er wollte, es blieb für Begleitung gesorgt. In jedem Dorfe lag Einquartierung, auf allen Straßen ritten Bogenschützen. Auch schien Lothringen sehr entfernt zu sein, Lothringen, wo ihn Schadenfreude, Vorwürfe, Hohn und Feindseligkeit erwarten mußten.
Einige Male noch forderte er angestrengt seine Freilassung. Dann lächelte Karl, erklärte René für seinen lieben Gast, den er unmöglich ziehen lassen könne, und verwies ihn auf das Beispiel anderer Fürsten des Römischen Reiches, die seine Gäste seien und nicht an Aufbruch dächten. Ja, er deutete an, daß große und unabhängige Herren reichsfürstlichen Geblüts von weit her sich seinem Hofe zugesellt hatten und ihm dienten, nur um den eigenen Glanz durch den Glanz des burgundischen Namens erhöht zu sehen.
Der Kanzler legte René den Entwurf eines Bündnisvertrages vor: der Herzog von Lothringen verzichtet darin auf jede Verbindung mit Frankreich, er gestattet Burgund jederzeit ungehinderten Durchmarsch gegen bare Bezahlung aller Truppenbedürfnisse; er erhält ein ansehnliches Jahrgeld, »zur Deckung besonderer Regierungsausgaben«, wie es vieldeutig heißt.
René weicht aus, nimmt sich Bedenkzeiten, wendet ein, erst mit den lothringischen Ständen ratschlagen zu müssen. Diesen Wunsch freilich läßt er fallen, wie ihm angedeutet wird, man sei gern bereit, den Grafen Salm und andere Adelsführer nach Luxemburg zu bitten. Renés Rücksicht auf die Stände von Lothringen wird für löblich erklärt. Karl und sein Kanzler spielen darauf an, daß René den französischen Vertrag ohne Vorwissen seiner Stände geschlossen hat und daß Burgund es sich angelegen sein ließ, diese Tatsache zur Kenntnis des letzten und waldverborgensten lothringischen Krautjunkers zu bringen.

René sucht Karl aus dem Wege zu gehen. Dies erweist sich oft als möglich, denn Karl ist mit seinen Gesandten, seinen Gerichtstagen, seinen Heeresbesichtigungen beschäftigt; Karl verbringt viel Zeit beim Gottesdienst; Karl muß sich von Hannibals und Alexanders Taten vorlesen lassen; Karl übt mit seinen Musikmeistern, verhandelt mit den Malern Bouts und Memling, die er plötzlich nach Luxemburg befohlen hat, über Entwürfe zu einem Reisealtar und arbeitet in den Nächten mit dem Großbastard, mit Romont, Campobasso und Herrn de la Marche an dem großen neuen Reglement für seine Truppen.
Niemand scheint in Renés Anwesenheit etwas Besonderes zu sehen; die Gemeinschaft aller dieser Herzöge, Fürsten, Grafen und eleganten Frauen hat ihn mit Selbstverständlichkeit in sich gesogen.
»Haben Sie für morgen früh schon etwas vor, Monseigneur? Wollen Sie mit den Damen Federball spielen, oder schließen Sie sich uns zur Jagd an? Der Herzog hat eine neue Motette komponiert, wollen Sie sie hören? Übermorgen in der Liebfrauenkirche. Wie fanden Sie gestern die Figuralmesse? Der Sängerchor soll wieder verstärkt werden, es heißt, die jungen Leute bekommen nur noch rohes Fleisch, das macht die Stimmen geschmeidig. Heute nacht wollen die Damen Krebse fangen. Sind Sie mit von der Partie? Es kann sehr hübsch werden.«
Oder er muß mit Chateau-Guyon Schach spielen, eine Unterhaltung, die Chateau-Guyon jeder anderen vorzieht. Dann sitzt er René gegenüber, stumm und ernst, das kaum wahrnehmbare Kinn in der langen vornehmen Hand geborgen. Chateau-Guyon verliert regelmäßig, aber immer hat der Gewinner das Gefühl, Chateau-Guyon sei im Grunde der bessere Spieler, nur heute sei er unachtsam infolge der tiefsinnigen Staatsgedanken, die hinter seinen unbewegten Zügen arbeiten.
Manchmal, in der Nacht, bei Tisch, mitten in einer geselligen Unterhaltung, schrickt René auf und zittert beinahe. Pfaffenhofen hat in Joinville von Rittern vorgelesen, die in Feenbergen verzaubert lagen. Und René spürt, wie die Bezauberung auch von ihm Besitz ergriffen hat: die Bezauberung durch die große Form des Lebens, die jede Verrichtung adelt. Der ganze Tag ist ein Kunstwerk, das Leben hat einen Glanz wie das Amtieren des Priesters vor dem Altar.
René erfährt viel Ehre, viel Rücksicht, viel Freundlichkeit. Seinetwegen ist die Hoftrauer aufgehoben worden. Um ihm eine be-

schämende Erinnerung zu ersparen, hat Karl den jungen Campobasso gleich am Tage seiner Ankunft mit einem gleichgültigen Auftrage fortgeschickt.

Die feine Geschliffenheit der Gespräche, das Parfüm der Damen, die Festlichkeit der Mahlzeiten, die maßvollen Äußerungen einer unbemessenen Heiterkeit – das sind Dinge, gegen die man sich nicht hinter eingebildeten Gefangenenketten verschanzen kann. Die Frauen zeichnen René aus. Als er Maria vorgestellt wurde, da hat sie ihm mit einem mutwilligen Lachen die Hand hingestreckt. »Ich freue mich sehr, daß Sie hier sind, das müssen Sie mir schon glauben«, hat sie gesagt. »Ich weiß ja, daß Sie eine Frau und eine Tochter haben, da brauche ich keinen Freier in Ihnen zu befürchten.«

Allein, mit wieviel Liebenswürdigkeit, ja, mit wieviel Güte sie ihm auch alle entgegenkommen, René, der an Rat gewöhnte, hat dennoch niemanden, mit dem er über seine Not reden kann. Wäre Chiffron zur Stelle – Chiffron hätte den Ausweg gewußt! Manchmal prüft er die Gesichter, die der heiter Genießenden, der höfisch auf Vorteil Bedachten, der unbedingten Soldaten. Aber da ist keiner, dem er sein gequältes Herz zu öffnen vermöchte. Einen ausgenommen: das ist Adrian Bubenberg, der Schultheiß von Bern, dessen klares und kraftvolles Gesicht ein unbegrenztes Zutrauen herausfordert. Hin und wieder sucht René seine Nähe, sie sprechen ein paar Worte miteinander, und René begegnet einer höflichen Gleichgültigkeit, hinter der ihm ein verständnisloses Sichwundern verborgen scheint; es ist, als verweigere es dem Schultheißen seine Natur, sich in Renés zweideutige Lage hineinzudenken. Zudem erfährt René bald, daß Bubenberg, seiner eidgenössischen, seiner bernischen Führerstellung unbeschadet, für Karls nächsten Freund gilt, denn sie sind ja zusammen an Herzog Philipps Hof aufgewachsen. Auch hat Bubenberg mit eidgenössischen Reisläufern an Karls Seite gegen König Ludwig die Schlacht bei Monthléry geschlagen, jene Schlacht, deren noch häufig in den Hofgesprächen gedacht wird, obwohl sie viele Jahre zurückliegt. Diese Schlacht ist es gewesen, die den feldzugsunlustigen Jäger Karl Geschmack am Kriegführen gelehrt und ihm den Glauben an seine Unbesiegbarkeit gegeben hat. Seit Monthléry nimmt der Herzog in kriegerischen Dingen keinen Rat mehr an, so gern er oft gegeben würde. René möchte Rat nehmen, allein, er bleibt ihm versagt.

Das Goldene Vlies

In diese Tage fiel der Beginn der alljährlich wiederkehrenden Schobermesse, die Karl auf Oliviers Vorschlag mit einer von diesem entworfenen höfischen Festlichkeit zu eröffnen befahl. Der ganze Adel des Herzogtums Luxemburg stellte sich ein.

Die Wandteppiche der geschmückten Kirche zeigten die Taten des Herkules, der als Ahnherr der Burgunder galt und selbst zum Goldenen Vlies in eine wunderlich gelehrte Beziehung gesetzt wurde. Beim Hochamt in der Frühe war die gewöhnliche Rangordnung geändert. Karl erschien nicht als Herzog von Burgund, sondern als Großmeister des Ordens vom Goldenen Vlies, gefolgt von den Rittern in ihren langen hermelingefütterten Scharlachmänteln, in die das goldene Feuerzeug – Stein und Stahl – gestickt war. Karls Vater Philipp, der Ordensgründer, hätte, um seine Friedensliebe und Kriegsbereitschaft auszudrücken, kein bedeutsameres Symbol finden können als den Stein, der die Flamme in sich verschlossen hält, solange er nicht angerührt wird, aber Funken sprüht, sobald der leichteste Schlag ihn trifft.

René folgte atemlos der sakralen Würde dieses Schauspiels. Nach dem Agnus Dei verlas der Ordenskanzler das Statut, welches das Leben von fünfundzwanzig auserwählten Rittern dem Ruhme Gottes, der Verherrlichung seiner glorreichen Mutter, der Ehre des gnädigen Herrn Sankt Andreas, der Erhöhung der heiligen Kirche und der Übung aller männlichen Tugenden dienstbar machte. In mächtigen Falten flossen, während die Ordensglieder den Leib des Herrn empfingen, die Mäntel der brüderlich nebeneinander Knienden über die Stufen des erhöhten Altarraums. Von den Schultern flammte das Gold der aus kleinen Feuerzeugen zusammengesetzten Kette und des Widderfells, Burgunds Reichtümer ebenso glanzvoll bekundend wie des Großmeisters länderüberspringenden Argonautensinn.

Der Gedanke an diese Körperschaft, die seit einem Menschenalter von ganz Europa bewundert wurde, gewann für René die Kraft einer unheimlichen Lockung. Mit Schrecken erkannte er seinen verborgen schwelenden Wunsch, Karl möge ihn beim nächsten Todesfall dem Ordenskapitel zur Wahl vorschlagen. Immer wieder im Laufe des Tages öffneten sich, dem eigenen Entschlusse zum Trotz, seine Lippen zu Fragen nach zahllosen Einzelheiten aus den

Satzungen und Gebräuchen dieses zauberhaften Zusammenschlusses.

Nach dem Gottesdienst begann das Turnier. René hatte die Teilnahme abgelehnt: allzu deutlich hätte sie die Tatsache unterstrichen, daß er nicht mehr unversöhnter Gefangener, sondern williger Gast war. Er dankte der Abwesenheit des gewohnten Turnierpferdes und der gewohnten Rüstungsstücke, die ihm den Entschluß leichter gemacht hatte.

Auch hier hatte er Niegesehenes zu bewundern, auch hier strahlte aus mythologischen Verkleidungen der Glanz des Vlieses als des Inbegriffes aller irdischen und jenseitigen Lebensgüter.

Die Kämpfe selbst waren in Schauspiele gekleidet, die Ritter hängten ihre Schilde an einen goldenen Baum, sprachen Verse, die Olivier geschaffen hatte, es gab wilde Tiere, Riesen, Zwerge, zu befreiende Prinzessinnen. Wohl wußte jeder, daß Karl als ein Liebhaber des römischen Altertums diese hergebrachten Artusmythen verachtete; allein, so ergeben hütete der Herzog die Überlieferungen ritterlicher Form, daß er nicht einmal den eigenen Neigungen gestattete, sie zu durchbrechen. Und selbst die läppischen Späße der Hofnarren meinte er, seines Ekels ungeachtet, dulden zu müssen.

In den Kampfpausen spielte Musik. Unter dem Schutz ihrer Klänge wandte die Herzogin sich verzweifelt zu der neben ihr sitzenden Maria.

»Ich weiß keinen Rat mehr! Du kennst ihn besser.«

Besser? Wer kannte ihn überhaupt? Was war das für eine Lage, in der ein siebzehnjähriges Mädchen der Stiefmutter Ratschläge für den Umgang mit dem eigenen Vater geben sollte!

»Reize ihn nicht. Dränge ihn nicht. Habe Geduld.«

»Und früher? Mit deiner Mutter?«

»Ich weiß es nicht, ich war noch zu klein. Er war damals ruhiger, aber du brauchst die Schuld nicht bei dir zu suchen. Damals lebte der Großvater noch ... Sprich ihm nicht zu viel von England. Denke weniger an England.«

»An was soll ich mich denn halten? Andere Frauen haben Kinder oder wenigstens einen Mann!«

Dies Wort »Mann« hatte sie beinahe geschrien.

Die Trompetenbläser, Oboisten, Violaspieler zerschmetterten Marias Antwort. Margarete sah nur, daß sie rot geworden war und heftig atmete. Dann hörte sie: »... du glaubst, ich verstehe das nicht, weil ich noch mit keinem Manne im Bett gelegen habe, aber...«

Margarete fiel ihr ins Wort: »Und ich? Und ich? Ganz Europa hat von unserer Hochzeitsfeier gesprochen, Holzschnitte sind verkauft worden bis nach Estland und Malta! Aber ich selbst – glaubst du, ich wüßte mehr von dieser Hochzeit, als was auf den Holzschnitten zu sehen ist?« Sie zeigte mit einem bitteren Lachen auf die gefesselte Prinzessin dort unten auf dem Schauplatz, die zugleich das Goldene Vlies als den leuchtenden Preis ritterlichen Strebens bedeuten sollte: »Es ist schwer, Maria, Herzogin von Burgund zu sein.«

Das Festliche des Essens war noch dadurch verstärkt, daß Karl den Berner Schultheißen zu ehren wünschte, der am nächsten Morgen den Heimweg antreten wollte. Eptingen war schon tags zuvor aufgebrochen, um nicht mit Bubenberg zusammen reisen zu müssen; er war dem Schultheißen mit vielleicht zu deutlich betonter Absicht aus dem Wege gegangen, einmal, um vor der Welt die doch im geheimen schon preisgegebene Unveränderlichkeit der österreichisch-eidgenössischen Feindschaft darzutun, dann aber auch, weil gerade Bubenberg nicht zu den Beförderern der heimlichen Annäherung gehörte und weil Sigmund mit Frankreichs Hilfe hinter des Schultheißen Rücken bereits andere Fäden nach Bern gesponnen hatte.

An diesem Tage fühlte René sich Burgund verfallen. Er konnte seine Blicke nicht losreißen vom Herzogstisch, an dem er sonst selber sitzen durfte, der aber heute den Ordensrittern vorbehalten war, den Schlüsselbewahrern des reichen, schönen, formverklärten Lebens. Sie saßen nicht nach ihrem Range, sondern nach dem Zeitmaß ihrer Zugehörigkeit zum Kapitel. Einige Sitze waren leer und trugen die Wappen der Abwesenden, wie der Könige von England, Ungarn und Dänemark. Vorschneider legten von jedem Gericht vor sie hin, und Pagen in den Livreefarben der Abwesenden brachten die Speisen zu den Almosenempfängern in den Schloßhof. Vor zwei Stühlen trug die Damastdecke des Tisches schwarzes Brot, Wasser und einen Strick; auf diesen Sitzen standen die zerbrochenen Wappenschilde des Bastards Johann von Burgund und des Barons von Clessy, die zu Frankreich übergegangen waren.

Der Großbastard brachte in seiner lebhaften, lauten Art einen Trinkspruch auf den Ordensmeister aus, unbekümmert den von Olivier entworfenen Text verlassend. Karl redete und trank auf den

Orden und auf Herrn von Bubenberg. Jedesmal, wenn ein neuer Wein gereicht wurde, brachte der Mundschenk auch ihm einen anderen Pokal und goß ihm aus einer anderen Kanne ein. Dabei wußte jeder, daß diese Metallgeräte nur Wasser enthielten, denn Wein hätte Karls Adern zum Springen gebracht; der Schein des Weintrinkens aber forderte seinen Raum im Rhythmus des Diners.
René schräg gegenüber saß Graf Nicolo von Campobasso, Angelos Vater. René fühlte dazwischen die kugeligen Augen des schwarzbärtigen, zur Fettleibigkeit neigenden Mannes, der unermüdlich und genußvoll Gang um Gang mit seinen gelben Pferdezähnen zerriß. Er empfand Campobassos aufmerksamen Blick, der inmitten des Stimmengesumms, des gebändigten Gelächters, der Musik wie ein beharrlicher Anspruch wirkte, als lästig. Es fiel ihm ein, daß Campobasso ihn gemieden hatte. Ja, auch jetzt hatte er ihm kein einziges Mal zugetrunken, obwohl die Höflichkeit es gefordert hätte; denn Campobasso war ein ehemaliger Parteigänger seines Großvaters René von der Provence, und René selbst war ihm des öfteren begegnet.
Es gab Gerichte, deren Behandlung René so fremd war, daß er vorsichtig die anderen beobachten mußte, bevor er zuzugreifen wagte. Zwischen den Speisen wurden morgenländische Früchte in Gewürz und marokkanischem Zucker gereicht. Nach jedem Gange gab es warmes Wasser zum Händewaschen, mit aromatischen Essenzen parfümiert; und zwar mußte – das Entwerfen solcher Dinge gehörte zu Oliviers berühmtesten Künsten – der Wohlgeruch seine Entsprechung in dem eben beendeten Gange haben, und sei es auch nur auf dem Umwege über eine Namensähnlichkeit oder eine Allegorie. Diese Feinheit wirkte auf René im Sinne einer Beschämung. Hatte er denn bisher leben können wie ein Tier? Mit glühender Bewunderung sah er den Sommelier und Panetier kniend die Serviette küssen, bevor sie Karl zum Händetrocknen übergeben wurde. Der Vorschneider küßte andächtig das Heft des herzoglichen Messers, der Speisenprüfer bekreuzte das silbergefaßte Einhornstück, das die Giftlosigkeit jedes einzelnen Gerichtes zu erweisen hatte. René empfand, daß man so leben mußte. Er war entschlossen, den Vertrag zu unterzeichnen. Es ging nicht an, daß er sich von seiner Mutter bevormunden ließ. Seine Ritterschaft würde er hinter sich haben.
Nach der Tafel betrachtete man die Schaugerichte. Es gab da eine

fast mannshohe Kirche mit Glasfenstern und läutenden Glocken, in deren Schiff winzige Musikanten Orgel und Streichinstrumente spielten. Aus den Brüsten einer Frau floß Gewürzwein. Ein lebensgroßer nackter Knabe pißte Rosenwasser, und die vom Wein erhitzten Damen, deren weitgeöffnete Blicke sich bisher kaum von Karl hatten lösen können, liebkosten ihn ungeniert und mit Gelächter. Während René Kunstwerke dieser Art beschaute, hörte er hinter sich ein scharfes Flüstern.
»Es ist dringend nötig, Monseigneur, daß ich Sie ohne Aufsehen spreche.«
Als er vorsichtig den Kopf drehte, sah er Campobasso, der sich in diesem Augenblick beflissen den Damen zuwandte.

Die Schobermesse

Die heimliche Unruhe der Menschen, von zwei Kometenjahren genährt, pochte von innen gegen die Haut wie verdorbene Körpersäfte, die den Ausweg im Geschwür suchen. Die Hitze hatte das Korn teuer gemacht, um so billiger den Kometenwein, welcher des Menschen Leidenschaften zur Gewalt entzäumt. Reiche, aufsässige Städte besannen sich auf entrissene Gerechtsame. Bauern raunten von alten Freiheitsbriefen, die der Herrenstand unterschlagen habe. Die neue Art des Vervielfachens von Büchern speiste die Begierden mit verworrenen Ahnungen. Predigermönche stachelten zur Buße. Allerorten liefen Prophezeiungen um, Gerüchte von Heuschrecken, Mondfinsternis, Blutregen. Die armen Seelen im Fegefeuer waren unruhig. Gegen des Reiches Südostgrenze schnellte das Morgenland seine Menschenfluten. Portugiesische Karavellen suchten nach Ophir und Indien. Überall brannten Hexen. Männer, die mit ihren Kindern spielten, ließen die Kleinen plötzlich vom Schoß gleiten und rannten zu Nachbarn, in Zunftstuben und Gasthäuser. Hier und da gingen Heilige, noch unerkannt, durch die Menge.
Für das Land zwischen Maas und Mosel waren die zwei Wochen der Luxemburger Schobermesse des Jahres wichtigster Abschnitt. Vor der Dominikanerkirche von St. Michael klebten die Buden aneinander wie Schubfächer und zogen sich weit in die Straßen und Plätze der Nachbarschaft. Bis nach Grund, Pfaffental und

Klausen griffen Lärm und Gedränge in die Unterstadt. Mehr als sonst hatte dieses Mal die Gier nach Austausch und Neuigkeiten auch Nichtkäufer hergetrieben. Die Leute stießen sich um Kalenderblätter und Holzschnitte.

Der Besuch des Hofes eröffnete den Jahrmarkt. Gents dreitausend Webstühle hatten Tuche geworfen, Brabant, Limburg, das Ardennenland den Pferde- und Zuchtviehmarkt beschickt, von Brügge kamen zyprische Weine, morgenländische Spezereien, russische Felle, böhmische und ungarische Edelmetalle. Huren zogen Betrunkene auf die Seite, braune Männer fraßen Feuer und Waffen, sprangen auf Seilen und ließen Tiere sehen. Hausfrauen zeterten, Bauern schlugen sich mit Wagenrungen; ein Krämer aus den österreichischen Vorlanden, die jetzt Pfandlande hießen, gleich als sei es seit Erschaffung der Welt ihre Bestimmung, an Burgund verpfändet zu sein, zeigte Rheinkiesel, die bei Breisach gefunden waren und mit phantastischen Färbungen große Geschehnisse vordeuteten.

Die Menge war in Dunst und Hitze so eng gepfercht, daß keine Menschengruppe sich ungetrennt behaupten konnte. René hatte seine Begleiter verloren, als er Campobasso erblickte, der mit Stößen auf ihn zuruderte und ihm winkte.

Da Campobasso seine Zeichen verstanden sah, wandte er sich seitwärts. René folgte ihm, bis sie sich endlich an den Ausläufern des Markttreibens in einer rohbretternen Weinschenke zusammenfanden.

An den Tischen lümmelten sich würfelnde Bauern mit rotgetrunkenen Köpfen, sonst war niemand zugegen; dennoch hielt Campobasso es für richtig, sich des Italienischen zu bedienen. René beherrschte die Sprache, er war ja in der Schule des gelehrten Giorgio Vespucci zu Florenz geplagt worden, während sein Vater einen seiner sinnlosen Kriege um die Krone von Neapel und Sizilien führte, auf die er seit seiner Heirat mit Yolande von Anjou ebensogut wie ein Dutzend anderer Fürsten einen Anspruch zu haben meinte.

»Es war mir ein Schmerz, Monseigneur, daß gerade mein Sohn diesen unglücklichen Auftrag ausführen mußte«, begann Campobasso und fuchtelte mit den fetten und kurzen Händen. Dann sprach er wie immer von seiner Anhänglichkeit für das Haus Anjou, um derentwillen er seine Heimat habe verlassen müssen.

Wollte man ihm glauben, so mußte sie ein Gartenparadies gewesen sein, diese verlorene Grafschaft Campobasso, da irgendwo hinter Neapel, in der es doch, wie jeder wußte, nichts gab als sonnenglühende Steinwüsten, magere Ziegenherden und räuberische Bauern, vor denen sich jeder Steuereinnehmer fürchtete.

René hörte ihn gelangweilt an und hatte doch das Gefühl, es komme dieser Unterredung eine noch nicht erkennbare Bedeutung zu.

»Ich habe mich Ihnen fernhalten müssen, Monseigneur. Sie wissen ja, daß viele von den Herren am Hofe den Italienern mißgünstig sind, weil der Herzog unsere Kriegskunst schätzt. Ich kann aber die Mitteilung, die ich Ihnen zu machen habe, nicht länger aufschieben, denn morgen reise ich ab, um in Venetien und der Lombardei Panzerreiter für Burgund zu werben.«

Er machte eine Pause und schloß für eine Sekunde die Augen, um René die Wichtigkeit des Kommenden ins Bewußtsein zu bringen. Dann leuchteten die gelben Fresserzähne zwischen den vertraulich lächelnden Lippen.

»Monseigneur, Sie sind frei. Der Herzog hat gestern befohlen, wenn Sie fortwollen, solle Ihre Abreise nicht gehindert werden. Er hat nur strengstens verboten, diese Weisung zu Ihren Ohren kommen zu lassen, um Sie nicht zum Aufbruch zu ermutigen. Ich weiß, Sie werden mich nicht verraten.«

»Was bedeutet das?« fragte René fast bestürzt.

Campobasso gab mit Händen, Kopf und Augenlidern seine völlige Unwissenheit zu verstehen. Dann fuhr er unbefangen fort: »Es ist erstens meine alte Anhänglichkeit, die mich zwingt, Ihnen das mitzuteilen. Und dann ... Ihr verstorbener Herr Vetter hatte die Gewogenheit, mir die Nutzung der verpfändeten Meierhöfe des Stifts Remiremont zu überlassen. Jetzt erklärt Ihr Staatsrat, das habe nur für die Lebenszeit des Herzogs Nicolas gegolten, und sperrt mir die Einkünfte. Wenn Sie die Güte hätten ... das burgundische Hofleben ist nicht billig.«

Er seufzte erwartungsvoll.

»Danke, es ist in Ordnung«, sagte René und wurde sich in diesem Augenblick bewußt, als wie wohltätig er in den Luxemburger Tagen das Fehlen der schamlosen heimischen Bettelei empfunden hatte.

René schob sich verstört durch die fettig riechenden Budengassen, aus denen der Dampf gebratener Fische und Rostwürste stieg. Seine Wut fälschte ihm den Sachverhalt. Er, er sollte vom Glanz des Vlieses unbestrahlt bleiben, weil ein Gieriger ohne ein paar Stiftswiesen und Kuhställe nicht schlafen zu können meinte! Brauchte er etwas gehört zu haben? Wer, zum Teufel, konnte ihn nötigen, aus heimlichen Zuträgereien die Folgerung eines Entschlusses zu ziehen?

Herr von Bubenberg ging im Gespräch mit dem heitergelaunten Großbastard an ihm vorüber. Und wieder begegnete René der kühlen Verwunderung seiner Augen. Unter der Wirkung dieses Blickes blieb René plötzlich stehen, von Scham und Selbstvorwürfen bedrängt. Er senkte den Kopf wie ein stößiges kleines Stierkalb, dann kehrte er um und zwängte sich durch das Getümmel. Nur mit Karl nicht mehr zusammentreffen, nur keinen Scharlachmantel und kein Widderfell mehr sehen!

Er stieg zum Schloß hinauf. Die Höfe waren wenig belebt. Er rief einen Reitknecht an und gab ihm Befehl zum Satteln. Das Herz pochte ihm, aber er zwang seine Stimme zur Festigkeit. Mochte der Reitknecht sein glührotes Gesicht dem Weg bergan durch die Sonnenhitze zuschreiben!

Von niemandem beachtet, ritten sie ab; alle Hofleute waren drunten auf dem Meßplatz. Unterwegs war es René zumute, als reise er in Verbannung und feindliche Öde. Aber an der Grenze dünkte es ihn plötzlich, die Wälder hätten einen anderen Geruch als im Luxemburgischen. Er schickte den Reitknecht mit den Pferden zurück, nachdem er sich im ersten lothringischen Meierhof ein paar Silberstücke für das Trinkgeld geliehen hatte.

Am nächsten Tage, beim Weiterreiten, wurde er mit Glockengeläut empfangen. Es kostete ihn Überwindung, den Vertretern der Ritterschaft, deren Gesichter übrigens nichts als Ergebenheit ausdrückten, die Hand zu reichen. Ein alter wallerfangischer Bauer sagte: »Wir wissen schon, Herzog, was sie mit dir angestellt haben. Mußt dir nichts draus machen. Bist noch jung, Herzog, wirst auch besseres Glück erleben.«

René griff mit einer raschen Bewegung nach der ackerfarbenen Hand mit den dunkelblauen Adern und den schwarzen eckigen Fingernägeln. Dann schenkte er dem Alten das letzte der geborgten Silberstücke.

Bald darauf kannte René die Zusammenhänge. Seine Mutter hatte noch am Abend der Entführung einen Eilboten an Ludwig gesandt, und Ludwig hatte sofort einen Neffen des Kaisers verhaften lassen, einen jungen Mann aus dem markgräflich badischen Hause, der an der Pariser Universität studierte. Ein höfliches Schreiben an Burgund machte die Freilassung des Kaiserneffen von der des Lothringers abhängig, und Karl, der gerade jetzt den Kaiser nicht verstimmt zu sehen wünschte, hatte geantwortet, René sei als Gast bei ihm, und es stehe ihm jederzeit frei, seinen Besuch zu beenden.

DRITTER TEIL

Basel

Während sich die Abordnungen des Rates, des bischöflichen Domkapitels und der Universität, welche den Kaiser an der Wiesenbrücke einholen sollten, bereits auf dem Basler Kornmarkt versammelten, stritten sich noch im Herrenzimmer des Goldenen Löwen die eidgenössischen Boten, ob man sich an der Einholung beteiligen oder dem Kaiser erst folgenden Tages die Aufwartung machen solle. Hans Waldmann, der Vertreter Zürichs, und der bernische Altschultheiß Niklaus von Diesbach, zwei schöne und leidenschaftliche Menschen, gerieten aneinander. Zürichs alte Hinneigung zu Österreich verlangte die Einholung. Diesbach rief ungeduldig: »Ist es denn schwer zu begreifen? Es darf doch nicht aussehen, als hätten wir uns einschüchtern lassen, weil der Kaiser sich mit Burgund zusammentun will! Wer etwas zu erreichen denkt, der darf sich nicht selber wohlfeil machen.«
Der lahme, massige Schultheiß Heinrich Haßfurter lärmte mit rotem Kopf dazwischen, um zu zeigen, daß auch Luzern eine Meinung habe, nicht schlechter als Zürich und Bern. »Der Kaiser ist der Kaiser, wie ich Schultheiß in Luzern bin! Wo kommen wir hin, wenn wir dem gemeinen Mann das Beispiel der Unehrerbietung geben?«
Der Weltmann Diesbach wußte mit überraschender Verbindlichkeit die beiden Vertreter der habsburgfeindlichen Waldorte vorzutreiben, die bisher, zurückhaltend und wenig beachtet, an ihrer Tischecke gehockt hatten, den Amtmann von Schwyz und Arnold ab der Halden von Uri. Bern war, außer in Kriegszeiten, nicht gewohnt, auf die Waldorte viel Rücksicht zu nehmen, die seinen politischen Strebungen mit Mißtrauen fernstanden, von Frankreich und Burgund unklare Vorstellungen hatten und durch ihre ewigen Händel mit Mailand, auf dessen Kosten sie kriegerisch ihr Gebiet weiteten, den übrigen Orten als unerwünschte Belastung der Außenpolitik galten.

Wenn wir das Steuer einmal herumwerfen, werden diese Dickschädel am schwersten zu bereden sein, dachte Diesbach.
Mit ein paar Worten schmeichelte er ihrem verjährten, von ihm für zwecklos gehaltenen Ruhm. Zögernd, dann aber hartnäckig machten die beiden sich seine Argumente zu eigen: »Nein, nein, wir haben Österreich so oft geschlagen, wir tun dem Kaiser keine unnötige Höflichkeit an. Nein, nein, er darf nicht glauben, wir hätten Furcht bekommen.«
Die Weigerung entschied. Die Boten würden sich begnügen, dem Einzug des Kaisers von ihren Gasthoffenstern aus zuzusehen.
Unten staute sich schon jetzt die Menge.
Die wilderregte Aufmerksamkeit der Menschen, die stets von den Entschlüssen der Schwerbeweglichen herausgefordert wird, krallte sich gierig an Friedrichs Zug in den Westen des Reiches. Dieser Mann hatte eines Vierteljahres bedurft, um die angebotene Krone zu ergreifen, zweier Jahre, bis er sich in Aachen, mehr als zweier Jahrzehnte, bis er sich in Rom krönen ließ. Daß er sich jetzt entschlossen hatte, Karl von Burgund binnen kurzem in Trier zu begegnen, das hatte selbst den Kometen zu einem gleichgültigen Wetterzubehör erniedrigt, wäre nicht zwischen dem Kometen und Trier ein verborgener Zusammenhang erwittert worden.
Die dampfig stäubenden Landstraßen lagen im Geglotz bäuerlicher Leute, die noch nichts Erhabeneres gesehen hatten als das verschlissene Meßgewand ihres Dorfpriesters und den schäbigen Prunk ihres verschuldeten Grundherrn. Vielleicht hatten manche vom Kommen des Kaisers Regen erwartet.
Zurückhaltender waren die Städte, welche Kaiser Friedrich durchzog, sorglich – manchmal nicht vergebens – bemüht, ihren Huldigungsformeln einen verpflichtenden Sinn zu unterschieben, sie in Treuegelöbnisse übergleiten zu lassen, die das übliche Maß reichsstädtischer Schuldigkeit hinter sich ließen. Empfang und Bewirtung kosteten viel Geld, das Gefolge trug Händel und Krankheiten durch die Stadttore.
Der Zug funkelte von Metall und Seide, aber viele Gesichter waren bleich, Leiber schwankten in Sätteln wie Wollballen. Die Ruhr stürzte in die aufgeregten Bürgerhäuser. Jeder durchrittene Ort bewahrte für Wochen, mancher für ewig, krank zurückgebliebene Herren und Knechte auf. Dennoch vermochte niemand sich zu mäßigen, niemand in der trockenen Glut des Spätsommers den

Lockungen des Obstes, des kalten Wassers, der weitbauchigen Weinkannen zu widerstehen. Fiebernde schleppten sich gierig von Gastmahl zu Gastmahl. Der Kaiser, verharrend in gewohnter, ohne Zwang aus dem ruhigen Gleichfluß des Blutes stammender Mäßigkeit, sah die Minderung seines Gefolges weder mit Staunen noch mit Tadel. Nur Max ritt, trinkend und essend, seines geschmeidigen Körpers wie seines sechzehnjährigen Lebens gewiß, unangefochten und strahlend durch die gefährliche Zeit.

Des Kaisers Besuch in Basel hatte, dies fühlte jeder, noch eine andere Bedeutung als der Aufenthalt in den übrigen Städten, durch die sich bisher der Zug bewegt hatte. Für die Eidgenossen war Friedrich nicht nur der Römische Kaiser, nicht nur der Herr des heiligen Reiches, das auch sie umschloß, sondern zugleich der habsburgische Landesfürst, dessen Haus in zweihundertjährigen Kämpfen manche seiner alpenländischen Besitzungen an sie verloren hatte, ohne jemals in einem förmlichen Friedensschluß diese Gebietsverluste als unwiderruflich und zu Recht bestehend anerkannt zu haben. Basel war, obwohl der Eidgenossenschaft nicht angehörig, ihr benachbart und, gleich manchen anderen oberdeutschen Städten, eng befreundet. Eidgenössischen Boden konnte der Kaiser nicht gut betreten; aber daß er hier an der Schwelle der eidgenössischen Lande erschien, das deutete darauf hin, daß er in seiner bedächtigen Art einen endlichen Ausgleich nicht für durchaus unmöglich hielt. Mochte anderen die uralte Todfeindschaft zwischen Habsburg und der Schweiz als ein unumstößlicher Sachverhalt gelten, als ein Fundamentalsatz aller Staatsbetrachtung, der Kaiser war gewohnt, auch das am unverbrüchlichsten Überlieferte ruhig und ohne Voreingenommenheit auf seinen Sinn zu prüfen. Und so hatten, manchem Widerstande zum Trotz, die eidgenössischen Orte den Beschluß gefaßt, eine Abordnung nach Basel zu entsenden, die zu Unterhandlungen nicht ermächtigt war, indessen gleichsam in unverbindlicher Erfüllung einer Höflichkeitspflicht in Friedrich zwar nicht das Haupt des Hauses Österreich, wohl aber das gekrönte Haupt des Reiches begrüßen sollte.

Unter dem Gedröhn, Geheul, Gekläff und Gezwitscher der Glocken von St. Klara, St. Alban, St. Leonhard, St. Peter, der Münster- und Barfüßerkirche gelangte der Zug über die Rheinbrücke in die Stadt, deren rote Mauern und Häuserwände Hitze auswarfen wie Backsteinherde.

Viele der Einreitenden machten sich nicht einmal die Mühe, ihren Ärger hinter höflichen Gesichtern zu verhehlen. Daß erst noch Straßen und Plätze dieses verfluchten Brutofens durchzogen werden mußten, ehe man sich zu Wannen kalten Wassers und Kannen kalten Weines in die Quartiere zerstreuen durfte!

»Welcher ist es?« fragte am Gasthoffenster der Amtmann von Schwyz. »Der Große da vorn?«

»Da die Bürgermeister Bärenfels und Roth neben ihm hertrotten und seinen Gaul am Zügel führen, so möchte man es fast meinen«, knurrte Haßfurter nachtragend.

Die vier elsässischen Ritter, welche mit zusammengebissenen Zähnen den schweren Baldachin trugen, mußten die Arme fast steif nach oben strecken, um den Brokathimmel hoch genug über des Kaisers riesiger Athletengestalt zu wölben. Friedrich winkte und nickte dazwischen mit schläfriger Freundlichkeit. Neben ihm ritt Max, lachend und frisch trotz der Hitze, mit seinen lebhaften Augen Häuser, Menschen, Ehrenpforten aufmerksam einsaugend.

Der Zug war fast sechshundert Pferde stark. Hinter dem Kaiser kamen Reichsfürsten, Mainz, Bayern, Baden, Brandenburg, mit kaum abgeblendeter Ironie durch Prunk und Aufwand ihrer Begleitung des Kaisers eigenes Gefolge bloßstellend. Die Basler waren erfahren genug, die Pracht des Zuges ihnen und nicht dem Kaiser anzurechnen.

»Da guck! Die Berberhengste gehören Brandenburg. Mailänder Arbeit, die Harnische, das kann nur der Bayer bezahlen! Ein Mohr! Wo kommt der her? Laß ihn, der ist getauft. Ja, ein Sohn vom türkischen Kaiser, sie haben ihn einmal an der Donau gefangen.«

Vom Kaiser sprach niemand.

Vor dem Rathause wurde gehalten, und die Majestät wurde innerhalb der Mauern willkommen geheißen. Der Bischof und der Rektor der Universität, Geyler von Kaiserberg, sprachen lateinisch, der Bürgermeister von Bärenfels deutsch. Verlegene Mädchen übergaben Sträuße; Ratsherren von der Hohen Stube und von den Zünften wölbten vor Stolz über ihre Töchter die schweißtriefenden Brustkästen. Dann wurden die Ehrengeschenke überreicht. Der Kaiser erhielt ein goldenes, mit tausend Basler Gulden gefülltes Trinkgefäß, dazu eine Anweisung auf zehn Faß Wein und hundert Sack Hafer, Max die Hälfte; für die übrigen bis zum letzten Hofpagen war der Wert der Gaben sorgsam nach unten gestuft. In der Menge wurde höhnisch gelacht. Jemand rief laut: »Das könnte mir auch gefallen! Reitet herum wie ein Bettler und läßt sich überall beschenken!«

Viel gespottet wurde über des Kaisers persönliches Gefolge. Es waren wenige Kriegsleute, ein paar Kanzleischreiber, magere Chymisten und Astrologen, endlich Vogelsteller mit ihren Gerätschaften und Gärtner, die sonderbare Fahrzeuge begleiteten: riesige Karren, mit Erde gefüllt, über deren Ränder fremdartige Blattpflanzen wucherten.

Endlich lagen Fürsten und Hofleute, stöhnend vor Behagen, im kalten Wasser der Holzwannen; andere litten, schweißüberronnen und zitternd, die blutigen Ausscheidungen ihrer Körper, während der Kaiser sich im Münster vom Bischof eine Messe lesen ließ und selbst mit seiner klaren Baritonstimme Versikel und Kollekt sang. Später empfing er im Prunksaal des Bischofsschlosses, Bittstellern, Klägern, Vorschlägern mit gleicher Geduld zuhörend. Das Leben war lang, kaum zu erschöpfen, wer das wußte, bedurfte keiner Eile.

Erzherzog Max besprach derweil mit alten Patriziern und Landedelleuten leidenschaftlich die Jagdverhältnisse im Baselgebiet und im Rechtsrheinischen. Er suchte Professoren der Hochschule auf, um mit ihnen über Mathematik, Mechanik und kriegerische Ingenieurkunst zu streiten und sich dunkle Stellen aus dem Vitruv deuten zu lassen. Sein Gehaben, zwischen kindlichem und jünglingshaftem noch unbefangen und ohne Ausgleich schwankend, war dennoch nicht unberührt geblieben von der Bedeutsamkeit seiner Person für die Entscheidungen der Zeit.

Achtzig Reiter, grau und weiß livriert, Tannenzweige an den Helmen, trabten zu vieren durch das Spalentor in die Stadt, rasselten den Spalenberg hinab, dann am Birseckbach hinauf, Peter von Hagenbach an ihrer Spitze. Alle Zimmer der »Krone«, Ställe und Hof dazu, füllten sie mit Schreien, Schimpfen, Bestellen und Befehlen in ihren kaum verständlichen flämischen und niederdeutschen Mundarten. In die Armbinde trug jeder drei Würfel gestickt, dazu Hagenbachs drohende Devise: »Je guette!« Die Anzahl der Würfelaugen war nach dem Range verschieden, Hagenbachs eigene Binde zeigte deren siebzehn: Nur Karl von Burgund, sollte das besagen, darf höheren Wurf tun.

Keiner von den Reitern kümmerte sich um die feindlich erregte Menge, die sich vor der »Krone« sammelte. Schon tags zuvor war nach Basel die Nachricht gekommen, daß Hagenbach soeben in Thann eine Revolte niedergeworfen und vier angesehene Bürger kurzerhand auf dem Marktplatz hatte köpfen lassen. Es wurde drohend gemurrt, als Hagenbach selbst eine halbe Stunde darauf mit zehn Gefolgsleuten zur Bischofspfalz hinaufritt, um den Kaiser zu begrüßen. Karl hatte ihn bestimmt, Friedrich von Basel aus nach Trier zu geleiten und unterwegs in den Pfandlanden als sein Vertreter den Wirt zu machen.

In Basel war tagelang geschlachtet, gebacken, gezapft worden. Die Apotheke am Steblinsbrunnen hatte Mengen von Konfekt, Gewürzwein und Ruhrarznei angefertigt. Die Frauenhäuser auf der Lys hatte der Rat neu herrichten und schmücken lassen. Sundgauischer, sausenbergischer, hauensteinischer Adel war in die Stadt geflutet, genuß- und streitsüchtig, auf den Straßen mit Haß angestarrt, in Wirtshäusern und Läden gern bedient. Um die Garküchen auf Kornmarkt und Kohlenberg gellte die Musik der Fahrenden, das Gekreisch und Gelächter der Dirnen. Bewaffnete waren aufgeboten, um für Ordnung zu sorgen. In der Schwüle, die den Nüchternen schlaff machte, den Trunkenen aufreizte, wurde gefressen, gesoffen, gehurt, gebrüllt und zugeschlagen.

Leuchtkugeln und Raketen sprangen, sekundenlang grünglasierte Backsteine glitzern lassend, über den Rhein in die Schwärze, der Komet schien ein Schornsteinfunken gegen sie. Auf dem Petersplatz gab die Stadt ihren Gästen ein Nachtessen. Der Kaiser saß unter der berühmten alten Eiche und trank Hagenbach mit Güte zu, nachdem er ihm den Nachmittag über als Karls Bevollmächtigtem und Vertreter ein maßvolles Wohlwollen zu erkennen gegeben hatte.

In der Frühe des nächsten Morgens betraten die eidgenössischen Boten den im Glanz aller Würdenträger schimmernden Empfangssaal, Diesbach und Waldmann als Vertreter Berns und Zürichs mit Selbstverständlichkeit an der Spitze. Gleich jenseits der Schwelle knieten sie nieder. Der hinkende Haßfurter brauchte eine Weile, bis er die vorgeschriebene Stellung zuwege brachte.

Der Kaiser sah sie an, strich sich über sein langes, schlichtes Haar, das immer noch keine Spur von Grau zeigte, und winkte ihnen, sich zu erheben. Dann stand er selber auf und ging ihnen entgegen.

Wahrhaftig, Friedrich von Österreich, gekrönter Römischer Kaiser, dessen Großvater bei Sempach von den Eidgenossen erschlagen worden war, ging den Boten der acht Orte entgegen.
In diesem Augenblick sagte Hagenbach halblaut, im Tone sachlicher Feststellung: »Der Kaiser geht den Kuhbauern entgegen.«
Es ist nicht anzunehmen, daß der Kaiser diese Worte gehört hat. Gehört wurden sie in jedem Falle von Herrn von Bärenfels, dem Basler Bürgermeister, und von Peter Roth, dem Altbürgermeister, die in Hagenbachs Nähe standen. Roth nahm sich vor, Hagenbachs Äußerung unmittelbar nach dem Empfange den eidgenössischen Boten zu Ohren zu bringen, glücklich darüber, ihrem Grimm gegen den burgundischen Statthalter damit einen neuen Stachel ansetzen zu können.
Der Kaiser redete, die hellen, aber glanzlosen Augen langsam über jeden einzelnen der eidgenössischen Abgesandten hingehen lassend. Von den habsburgischen Alpengebieten sprach er nicht. Wohl aber lobte er in abgewogenen Worten die Eintracht, die, wie er höre, in den eidgenössischen Orten zu Hause sei, und gab damit zu erkennen, daß er vom Frieden allenthalben höher dachte als vom Streit. Er fragte nach Gewerbe, Märkten und Handel. Zuletzt gedachte er mit unbefangener Anerkennung des Rufes, den sich die schweizerischen Söldner, unter welchen Bannern auch immer es sei, erworben hätten.
Diesbach antwortete: »Es ist unsere Gepflogenheit, den jungen Leuten, die soldweise zu fechten wünschen, in der Wahl ihrer Kriegsherren alle Freiheit zu lassen. Ich meine wohl, viele würden es sich zur Ehre rechnen, einmal, wenn die Gelegenheit es gäbe, auch unter der Sturmfahne des heiligen Reiches und unter den Augen der Majestät jenen Ruf zu bewähren, dessen Kaiserliche Majestät eben so huldvoll gedacht hat.«
Friedrich sah ihn unter den langhängenden Lidern eine geraume Zeit prüfend an. Bald danach entließ er die Boten mit Freundlichkeit, ohne daß er sich zu Diesbachs Worten geäußert hätte.
Die Treppe hinuntersteigend, redeten die eidgenössischen Boten mit Lebhaftigkeit durcheinander, manche überrascht, manche geschmeichelt, und Haßfurter hatte das Gefühl, Diesbach sei in einer ihm freilich noch nicht durchschaubaren Weise zu weit gegangen. Doch da in der Tat schweizerische Reisläufer in aller Herren Heeren um Sold dienten und nicht nur unter Bannern, die der Eidgenos-

senschaft befreundet waren, so wollten die passenden Einwände ihm nicht in den Sinn kommen.

Bärenfels und Roth, die Basler, gesellten sich zu ihnen, und nun setzte Roth sie augenblicklich von Hagenbachs Worten in Kenntnis. Die Boten von Uri und Schwyz brüllten auf wie Stiere. Haßfurters dickes Gesicht rötete sich schlagflüssig, man mußte ihn mit Gewalt festhalten.

Durch ein Augenzwinkern verständigte Diesbach sich mit Waldmann und überließ es diesem, die Gefühlsausbrüche der übrigen aufzufangen, ihren Zorn zu schüren, aber Eigenmächtigkeiten ihnen auszureden. Er selbst eilte die Treppe hinan und begegnete Hagenbach im Vorsaal. Er trat auf ihn zu und wiederholte jene Worte.

»Trifft es zu, daß Sie diese Äußerung getan haben?«

»Sagte ich Kuhbauern?« fragte Hagenbach gleichgültig. »Ich glaubte, ich hätte mich eines anderen Ausdrucks bedient.«

Und er nannte ein vielgebrauchtes Schimpfwort, um das schon oft genug Blut geflossen war, jenes Wort nämlich, welches die Schweizer Hirten höhnisch eines widernatürlichen Umganges mit ihren Kühen bezichtigte.

»Vielleicht beklagen Sie sich bei Herzog Karl«, fuhr er fort. »Nur hat er leider das Vorurteil, mehr auf seine eigenen Leute zu hören als auf die Kammerherren des Königs von Frankreich. Kann ich Ihnen sonst noch dienlich sein?«

»Danke, ich brauchte nur Ihre Bestätigung«, erwiderte Diesbach und wandte sich ohne Gruß ab.

Abends beim Ball auf der Mucken fielen Diesbach und Waldmann durch eine Eleganz auf, die selbst in dieser Umgebung fast befremdete. Diesbach bemerkte Eptingen, den Sigmund an den kaiserlichen Hof abgeordnet hatte. Ihre Blicke begegneten sich, bald darauf fanden sich beide in einer Nische vertraulich zusammen.

Als die Nacht zu erblassen begann, schlief der Kaiser seit Stunden schon seinen wasserklaren, von keinem Traume gekräuselten Schlaf. Max tanzte unermüdet auf der Mucken, die eigene Lust an seiner prinzlichen Jugend selbst in alte Herren hinüberstrahlend, während glühröte Damen sich um die Neigen der Weinbecher, die Scherben der Teller, die Fetzen der Servietten rissen, die er benutzt hatte. Hans Waldmann lag, die Bestätigung der eigenen Unwiderstehlichkeit mit Gier in den gläubigen Augen einer Basler Patrizierfrau lesend, in den Kissen eines nie zuvor betretenen Hauses am Fischmarkt. In den Spitälern phantasierten Ruhrkranke. In den Frauenhäusern zerschlugen betrunkene Landjunker Tische und Betten. Von den Gassen wurden ein paar Erstochene getragen. Haßfurter röchelte, schwer von Wein und fetten Gerichten, im überhitzten Dunst seines Federbetts. Arnold ab der Halden und der Schwyzer Ammann berechneten im Einschlafen, wieviel der Ball die Stadt Basel wohl gekostet habe. Niklaus von Diesbach saß, nur mit seinem gestickten Leinenhemd bekleidet, zwischen brennenden Leuchtern am Tisch seiner Kammer und schrieb seinem Berner Lagerverwalter von dem vorteilhaften Lieferungsvertrage, den er während des Balles mit einem Basler Seidenweber geschlossen hatte.

Dann trank er ein Glas Wasser, überlegte eine Weile mit Klarheit, aber nicht ohne Leidenschaft, und machte sich an den zweiten Brief.

»Meinem gnädigen Herrn zu wissen«, schrieb er unter anderem an Ludwig von Frankreich, »daß wir Grund haben, mit diesen Basler Tagen zufrieden zu sein. Wir haben den Kaiser merken lassen, daß die alte Feindschaft nicht mehr zu den Unumgänglichkeiten des eidgenössischen Daseins gehört und eines Tages vielleicht in die Rumpelkammer wird verwiesen werden dürfen. Ein Ähnliches ließ der Kaiser auch von seiner Seite erkennen. Es scheint mithin, als halte er sich eines guten Ergebnisses der Trierer Zusammenkunft noch nicht gänzlich für versichert, so daß hier der Weisheit Eurer Majestät mancher Raum zum Handeln gelassen ist. Ich sprach auch Eptingen, der deutlich zu verstehen gab, daß Herzog Sigmund die von mir unter Eurer Majestät ruhmwürdiger Förderung so mühevoll gesponnenen Anknüpfungsfäden trotz der bevorstehenden Trierer Begegnung keinesfalls als zerrissen anzusehen wünscht.

Zwischen dem Statthalter Hagenbach und einigen Herren des Baselschen Rates, vornehmlich dem Altbürgermeister Roth, ist es um strittiger Geldforderungen und beschlagnahmter Waren willen zu Auseinandersetzungen gekommen, die ihre Höhe in einem erregten Auftritt vor der Münsterpforte gefunden haben. Wie es heißt, will Hagenbach die Lebensmittelausfuhr aus den Pfandlanden nach Basel sperren und keine Basler Waren mehr nach Freiburg, Mühlausen und Kolmar passieren lassen. Des ferneren darf ich melden, daß auch die Vertreter Luzerns und der Waldorte durch Herrn von Hagenbachs Verhalten in Unwillen gesetzt sind und diesen ohne Zweifel nach erfolgter Heimkehr auch ihren Landgenossen werden mitzuteilen wissen. Und so darf denn ein weiteres Anwachsen der burgundfeindlichen Stimmung auch dort erwartet werden, wo bisher alte Anhänglichkeiten und Gefühle stärker waren als die Logik der Wirklichkeiten...«

Der Jäger und der Gärtner

Der Kaiser, welcher zwei regnerische Herbsttage vor Karl in Trier eingetroffen war, ritt dem Herzog eine halbe Wegstunde entgegen, hob den barhäuptig Knienden auf und umarmte ihn. Karl, Vasall des Reiches, neigte sich nun tief vor Max, darauf küßte er, das erstrebte Sohnesverhältnis vordeutend, den glücklich Errötenden rasch auf die Stirn.
Kurfürsten und andere Reichsstände waren gekommen, glanzvoll und argwöhnisch, die meisten entschlossen, einer Übereinkunft entgegenzuwirken, welche Burgunds kaum überwindbare Machtmittel in die Verfügung des Kaisers bringen konnte. Des Kaisers offener Feind, der wittelsbachische Pfalzgraf, war nicht erschienen; er hatte Beobachter, Späher, Zuträger entsandt. Unablässig ritten seine Boten in beiden Richtungen durch die Trierer Stadttore.
Alle die in Trier versammelten Herren hatten Friedrich zur Einholung des Herzogs begleitet.
Ein Wettstreit der Höflichkeit verzögerte den Einzug.
»Die Majestät erlaube mir, hinter ihr zu reiten.«
»Ihr Platz ist an meiner Seite, Herr Herzog.«
Karl fügte sich nach wohlbemessenem Widerstreben, bestand aber darauf, um eine halbe Pferdelänge zurückzubleiben, bis Friedrich ihn neben sich nötigte. Diesen Wort- und Gebärdenaustausch hatte Olivier de la Marche in arbeitsreichen Nächten entworfen, und Karl, Friedrichs Zeremonienmeister, zuletzt der Kaiser selbst hatten ihn endlich gutgeheißen.
»Ich bin gekommen«, sagte Karl, »weil ich die Zeit meiner Manneskraft dem Dienst Gottes, der Glorie des Kaisertums und der Aufrichtung seiner Gerechtsame zu widmen wünsche.«
»Solche Gesinnungen machen mir diesen Tag doppelt wert«, antwortete Friedrich.
Sie blieben befangen. Friedrich betrachtete den Diamantenschmuck

an Karls Hut, die Perlen an Mantel und Zaumzeug. Sie mochten den zehnfachen Wert der Jahreseinkünfte haben, die der Kaiser aus seinen sperrigen Erblanden zog.

Karl, der seinen eigenen Prunk nur gezwungen zu dulden glaubte, bemerkte des Kaisers Blick und sagte: »Was mein Vater mir an Juwelen hinterließ, das hat mich noch nie so erfreut wie heute, da es vor den Augen des erfahrensten Kleinodienkenners bestehen darf.«

»Ich liebe Perlen, ich liebe Steine, ich liebe Metall«, antwortete Friedrich. »Dies sind bedächtigere Blumen, deren Wachsen sich menschlicher Beobachtung entzieht. Es ist vielleicht arg, daß wir gezwungen sind, zu chymischen Prozessen zu greifen, welche der göttlichen Langsamkeit der Natur nachhelfen sollen. Allein, unser Leben ist bemessen, und so mag uns diese Sünde gegen das wachstümliche Zeitmaß der Natur verziehen werden.«

Max hörte nicht hin. Er konnte den Blick nicht von Karls Gesicht und Körper, Anzug und Pferd lösen, es sei denn, daß er mit halber Kopfwendung nach den Goldschabracken des Gefolges, den Silberpanzern der Bogenschützengarde schaute.

»Ja«, fuhr Friedrich nach einer Weile fort, »darum würde ich mir wünschen, Gott zu sein, um dem Wachsen der Metalle und Gesteine in den Bergen zusehen zu können.«

Karl zog die Maschen des Gespräches enger: »Wenn ich mir wünschte, Gott zu sein, so wäre es, um die Türken vom Boden der Christenheit zu jagen.«

Absichtlich laut, noch lauter, als das Glockengeläut es gefordert hätte, erwiderte der Kaiser:

»Die Abwehr der Türkennot wird, so hoffe ich, auch menschlicher Macht gelingen, da sie Gott in sich selbst wohlgefällig sein muß.«

Damit war das Stichwort gefallen, denn beide hatten Abrede getroffen, vor der Öffentlichkeit die Frage der Türkenhilfe in den Vordergrund der Beratungen zu rücken, alles andere aber sich selber und einem begrenzten Vertrautenkreise aufzubehalten.

Die Türken kehrten auch folgenden Tages in den lateinischen Reden wieder, die, im Beisein der Fürstlichkeiten, Mainz als des Reiches Erzkanzler mit dem Kanzler von Burgund in der Erzbischofspfalz, dem kaiserlichen Quartiere, wechselte. Es wurden Südweine und Konfekt gereicht, Höflichkeiten getauscht, Bekanntschaften geknüpft, dann nahm Karl Abschied. Der Kaiser wünschte ihn bis

ans Hoftor zu geleiten, Karl lehnte vergeblich ab, endlich führte er den Kaiser an der Hand die Treppe hinauf und in den Saal zurück. Olivier strahlte und schrieb bis in die Nacht an seiner Chronik.
Der Kaiser empfand den räumlichen Abstand als angenehm. Karl hatte vor der Stadt Wohnung genommen in der reichen Benediktinerabtei St. Maximin, zu deren Schirmvogt er sich unlängst hatte wählen lassen, wie er ja mit Eifer jede Gelegenheit packte, sich in Dinge des Reiches zu drängen. In Hunderten von riesigen Zelten lag auf herbstlich leer gewordenen Äckern um Feldgalgen und Feldkapelle, Krambuden und Schenkstände seine bestaunte Armee. Er selbst hatte sich im Abteigarten ein vielräumiges, zerlegbares Holzhaus aufrichten lassen; sechs blanke Bombarden leuchteten vor dem Eingang.
Max war viel draußen, sah des Herzogs Truppen exerzieren, Wagenburgen bauen, Geschütze richten. Konnte denn das sein, daß er einmal diesen Männern gebieten sollte? Karl lächelte über seinen Eifer.
Max freute sich an den Späßen des Großbastards, und selbst das blatternarbige Gesicht des wenig geselligen Romont dünkte ihn liebenswert.
»Carolo Duci corona regia! – dem Herzog Karl die Königskrone!« kreischte unablässig Karls grüner Papagei. »Carolo Duci corona regia!« hörte Friedrich es aus jeder Verhandlungsstunde klingen. Daß man diese Stunden, um derentwillen man zusammengekommen war, förmlich stehlen mußte, dies war eine der Sinnlosigkeiten des Lebens, über die Friedrich nicht mehr erstaunte. Es gab Turniere, Rennen, Empfänge, Bankette und Bälle im Palast, im Rathaus, in der Steipe, in St. Maximin. Die wachsamen Kurfürsten mußten beschäftigt werden; am schwersten war Markgraf Albrecht von Brandenburg loszuwerden, ein willenskräftiger und in naheliegenden Dingen auch kluger Mann, der entschlossen schien, jedem Schritt des Kaisers zu folgen.
Der Großbastard, Romont und Olivier erschienen im erzbischöflichen Palast, um den Kaiser zu einer Galajagd zu bitten. Friedrich nahm sich nicht die Mühe, einen Vorwand zu ersinnen, dankte freundlich und erklärte, er wolle sich durch Max vertreten lassen.
Max war erzogen und gewohnt, des Vaters Neigungen und Abneigungen, auch ohne Verständnis, zu achten.
»Und du, Vater?« fragte er, als die Herren fort waren.

»Dir macht es Freude, Max. Laß mich bei meinen Pflanzen, bei meinen Vogelschlingen und Leimruten. Ich käme mir lächerlich vor, wollte ich hinter einem fremden Hirsch her galoppieren.«
Er schwieg mit aufgestütztem Kopf, während Max nach Kammerdienern und Leibjägern klingelte.
Friedrich sah auf. »Laß mich Vögel fangen, mein Kleiner«, wiederholte er. »Ich fange dir auch einen, den Adler mit den zwei Köpfen. Er mag mit den Flügeln schlagen, Schnabel und Krallen brauchen – er wird seinen Platz sicher in meiner Voliere finden, in meiner, deiner und vieler, die nach uns sein werden.«
Später, am Nachmittag, war er bei seinen Pflanzen, als Doktor Heßler, sein Protonotar und Geheimrat, die tonsurierte Kopfkugel durch den Vorhang steckte.
»Der Herzog ist gekommen!«
Karl war noch in Jagdkleidung, die Perlen lagen matt auf dem silbergestickten Damastgrün. Plötzlich hatte er sich, alle Etikette überspringend, unbemerkt von der Jagdgesellschaft getrennt.
»Vergeben Sie mir, Majestät! Aber ich habe eine Sehnsucht, zu Ihnen zu kommen, wie ich manchmal zu meinem Vater kommen durfte, ohne Kanzler, Ehrenkämmerer und Geheimschreiber.«
»Kommen Sie, kommen Sie«, sagte Friedrich mit Herzlichkeit und führte ihn zu einer ungestrichenen Holzbank, auf der Blumentopfscherben und Reste gesiebter Gartenerde lagen.
»Kaiserliche Majestät!« begann Karl mit dringlicher Bitte, »wir wollen in allem Zutrauen miteinander die Ursachen aufhellen. Diese zwei Wochen haben uns beide enttäuscht.«
»Beide?« Der Kaiser verneinte mit einem leichten Kopfschütteln, das kein einziges seiner hängenden Haare in Bewegung brachte.
»Wie geht es zu, daß alle Vorarbeit ungetan scheint?« fragte der Herzog. »Es ist, als hätten wir nicht seit Jahren Boten und Briefe getauscht. Wir stehen an der Ausgangsstelle.«
»Sie fordern viel, lieber Vetter.«
»Nicht für mich. Was ich fordere, das fordere ich für meine Tochter, die künftige Kaiserin, und für meinen Schwiegersohn, den künftigen Kaiser. Will die Majestät es ihm abschlagen?«
»Ich fürchte, mein Vetter, wir sind nicht einer Meinung, wenn wir das Wort Zukunft gebrauchen. Sie denken an morgen. Mir gilt als Zukunft, was unsere Enkel erleben werden.«
»Ihre Enkel werden auch meine sein.«

»Werden sie das?«

Noch einmal durchlief das Gespräch, hier springend, dort verweilend, alle Phasen jahrelanger Verhandlungen. Karls Leistung stand fest: Hergabe der Erbtochter, Türkenfeldzug, Botmäßigmachung der Reichsfürsten unter die kaiserliche Gewalt. Friedrichs Gegenleistung war schwerer zu fassen: Burgund als jugendliche Großmacht wünschte eine feierliche, durch die Autorität des Kaisers auch das übrige Europa verpflichtende Anerkennung.

Es gab Pausen. Manchmal suchten sie nach einem Wort, endlich sprachen sie Latein, das jedem geläufiger war als die Muttersprache des anderen. Karl brauchte einen spröden Kanzleistil mit fehlerhaften Konjunktiven. Friedrich baute Perioden, welche die Schulung seines einstigen Lehrers und Ratgebers, des Aeneas Sylvius, zu erkennen gaben. Dazwischen fielen portugiesische Worte, wie Karl sie von seiner Mutter, Friedrich von der verstorbenen Frau gelernt hatte. Das »Du« der Römersprache steigerte noch die sonderbare Vertrautheit dieser Unterredung.

»Du hast mir, Herzog, das Beispiel Böhmens vor Augen geführt, dessen Herrscher aus Reichsherzögen zu Königen innerhalb des Reiches wurden, und ich habe dir erwidert: es sei so. Du hast mein statthaltender Vikar für alle Reichsländer links des Rheins heißen wollen, und obwohl mir nicht unbekannt ist, in welchem Maße diese Formel die linksrheinischen Reichsstände, Lothringen, Savoyen, die Eidgenossen und manche andere in Unruhe zu setzen vermöchte, habe ich mich bedacht und dir abermals erwidert: es sei so.«

»Ich habe dir dafür gedankt, Cäsar!« rief Karl mit beginnender Ungeduld. »Aber ist es dem Cäsar angemessen, bloße Titel zu verleihen?«

Karls Wanderschritte hatten eine Furche in die verstreute Erde auf dem Estrich gezogen. Des Kaisers Hand, die Hufeisen zu biegen vermochte, hing regungslos über der Banklehne. Es war dämmerig geworden, und die Blattpflanzen in den Kübeln begannen, ihre Farbe verlierend, schwüle Drohungen zu hauchen.

»Was sonst steht dem Imperator Germaniens zu, als Titel zu verschenken?« sagte Friedrich mit einer Offenheit, die Karl selbst in dieser Stunde überraschte, ja fast bestürzte. »Was besitzt er denn außer ihnen?«

Karl schlug augenblicklich nach der Blöße, die Friedrich sich gegeben hatte, aber er tat es nicht ohne Courtoisie.

»Du hast mehr, Cäsar: du hast wertvolle Länder, nur hast du nicht deren Gehorsam.«

Es war unmöglich, Friedrich zu beschämen. Er nickte spöttisch, als wollte er sagen: »Ach, haben Sie das auch schon gemerkt?«

Und ohne Scham, fast wollüstig begann er dem Jüngeren seine Lage zu zeichnen. Er geriet in einen Eifer, der ihn allen Periodenbau vergessen ließ. »Man nennt mich kaiserliche Nachtmütze, ich weiß das. Man lacht über mich, weil ich keine unnützen Kriege liebe, ich weiß das. Ich bin arm, arm, arm. Wen schändet diese Armut? Mich oder die Fürsten, die dem Kaiser das Seinige vorenthalten und ihre Länder meinen, wenn sie vom Reich sprechen? Ich rufe zum Türkenkriege, verlange vom Reichstag zwölftausend Pferde. Die Stände bewilligen mir neunhundert. Neunhundert! Was sind die Türken für Brandenburg? Ungefährliche Bundesgenossen, um den Kaiser weichzukochen. Sie reden von Reichsreform, zu deutsch: der Kaiser soll sich der letzten Rechte begeben. Der Kaiser ist ein Dreck!«

Karl ertrug es nicht länger, obwohl sein Verstand ihm sagte, er müsse des Kaisers Stimmung zum Äußersten gedeihen lassen und dann mit seinen Argumenten durch die Mauerbresche rasseln.

»Ich bitte dich, Imperator, höre auf! Morgen wirst du die Zähne in die Lippen schlagen, die solche Worte hinausließen. Demütige dich nicht, Cäsar, ich flehe dich an!«

»Lieber Herzog«, entgegnete, völlig ruhig geworden, der Kaiser, »was sind das für Leute, die durch Demütigung gemindert werden können?«

Die Frage klang verwundert. Ehe Karl sich klar wurde, ob sie eine Spitze gegen ihn enthielt, fuhr Friedrich fast mit Behagen fort: »Vom Augsburger Reichstag habe ich nicht abreisen können, weil ich siebentausend Gulden schuldig war. Die reichen Augsburger entreißen mir Titel, Adelsbriefe, Privilegien – aber keiner will für siebentausend Gulden gutsagen. Als ich abritt, beschimpften mich Handwerker auf der Straße, plünderten meine Gepäckwagen.« Er lachte.

»Und du? Du? Cäsar, deine Antwort darauf?«

Friedrich schwieg eine Weile. Dann sagte er, halblaut und gleichmütigen Tones: »Das Amt der Rache verwaltet die Zeit.«

Karl rief leidenschaftlich: »Gib es mir zu verwalten!«, und hingerissen, mit flammenden Augen schildert er das märchengleiche

Ausstrahlen eines Kaisertums, das sich Burgund gepaart hat. Friedrich krönt ihn zum römischen Könige, jetzt, hier im Trierer Dom in Gegenwart der Reichsfürsten, designiert ihn zu seinem Nachfolger in der Kaiserwürde. »Hat es Gott einmal gefallen, dich in den Himmel zu versetzen, der deiner Majestät gewiß ist, bin ich Kaiser, so gebe ich Max die römische Königskrone, sterbe ich, so wird er Kaiser an meiner Statt, ihm folgt ein Enkel, der dein und mein zugleich ist!«

Friedrich hat schon manchen seiner Widersacher vor sich sterben sehen; dennoch scheint es ihm ungut, jemanden an seinem Hinscheiden zu interessieren.

»Gott mißt des Menschen Lebensdauer nicht nach Jahren, mein Vetter. Bist du der Reihenfolge unseres Sterbens so gewiß: erst ich, dann du, dann Max? Mancher Jüngere ist vor mir bestattet worden. Du hast eine Tochter. Warum sollte die Fürsprache der Heiligen dir nicht eines Tages einen Sohn erwirken? Und dann? Setze den Fall, Maria stürbe vor Max, Max vor Maria – zu deinen und meinen Lebzeiten noch, Gott wende es ab! – oder die Ehe bliebe kinderlos. Es sind hundert Möglichkeiten zu bedenken.«

Die Kerzen wurden angezündet, brannten nieder, wurden durch neue ersetzt. Als Karl sich verabschiedete, war es beiden, als sei etwas erreicht worden. Aber was es war, hätten sie nicht zu sagen vermocht.

Am nächsten Morgen schon hasteten sie zum Kaiser, der Erzbischof von Mainz und Albrecht von Brandenburg: der Erzkanzler beschwörend, der Markgraf drängend.

»Die Majestät hat gestern den Herzog empfangen?«

Sie sprachen lange von der Beunruhigung der Reichsstände.

Der Kaiser lächelte vorgeneigten Kopfes wie ein Zuhörer. Der Zeigefinger seiner Rechten aber schrieb verborgen in die leicht gekrümmte Innenfläche der Linken immer wieder die fünf Vokale: »A, E, I, O, U«, und Friedrichs Gedanken bildeten die fünf Worte: »Austriae est imperare orbi universo – Österreichs Bestimmung ist es, über den Erdkreis zu herrschen.«

Er mochte die Vokale permutieren, wie es die Mathematik gestattete, der Sinn blieb immer der gleiche.

Er hob den Kopf, die beiden Fürsten erkannten, daß er nicht mehr zuhörte. Friedrich sah durch das Erkerfenster über die turmreiche Stadt auf die Berge jenseits der Mosel, deren roter Sandstein oberhalb der begrünten Hänge in der Frühsonne des Oktobertages flammte.

»Vor mir der Apolloberg, hinter mir der Marsberg, unter uns Kaiser Konstantins Mauerwerk – sind wir heimgekehrt in die Zeit der weisen Römer?« sagte er zu seinem gelehrten Kanzler, ohne Brandenburg zu beachten, halblaut und wie in einem Selbstgespräch. Dann sah er mit gelassener Verwunderung vom einen zum andern und fügte lächelnd hinzu: »Ihr, ihr wollt mich drängen?«

Nacht und Frühmesse

Es verhielt sich nicht so, daß die eine große Sorge um Burgund den Kaiser seiner anderen Sorgen überhoben hätte. Sie folgten ihm nach Trier, die kleinen Geschäfte, die böhmischen und ungarischen Händel und die bösen Wühlereien im Kölner Erzstift, wo sein gefährlichster Feind, der kriegswütige wittelsbachische Pfalzgraf seinem abgesetzten Bruder Ruprecht mit Waffengewalt wieder auf den erzbischöflichen Stuhl helfen wollte.

Auch für Karl lag das Leben nicht an der Kette, es sprang und zerrte. Ruprecht und der Pfalzgraf bestürmten ihn mit Gesandtschaften: »Der Kaiser hält dich hin, brich ab, schlage dich zu uns, wirf zehntausend Reiter über den Rhein, uns das Erzstift, dir die Nachbargebiete.«

Hagenbach drängte: »Lassen Sie mich fort, Monseigneur. Wie kann ich Ihnen für die Ordnung in den Pfandlanden bürgen, wenn Sie für gut befinden, mich immer wieder mit anderen Aufträgen zu beehren?«

»Nein, nein, Peter«, wiederholte Karl, »ich brauche dich hier. Mit den Reichsständen handelt niemand gewandter als du.«

Die Reichsfürsten wurden hofiert, bewirtet, beschenkt, mit Verheißungen überrannt. An Eheschacher gewöhnt, ließ Karl ihnen durch Hagenbach Heiraten zwischen ihren Kindern und der aus Marias Ehe zu erwartenden Nachkommenschaft vorschlagen.

Seine Gutwilligkeit zu zeigen, erteilte Friedrich dem Herzog auf dem Marktplatz die nachgesuchte Belehnung mit dem Herzogtum Geldern und der Grafschaft Zütphen, die Karl im Frühsommer erobert hatte. Nach dem Festdiner im Refektorium von St. Maximin saßen sie einander im Sprechzimmer des Abtes gegenüber. An den Wänden hingen Karls goldgewirkte Tapisserien, Karl entflammte sich immer von neuem an diesen Bildern von Alexanders Königstaten.

Karl trug seinen neuen Plan vor. Max soll statt seiner gleich nach der Hochzeit zum römischen Könige gekrönt werden. Er selbst begnügt sich mit dem linksrheinischen Vikariat und dem burgundischen Königstitel, wenn die Kurfürsten ihn schon jetzt zu Friedrichs kaiserlichem Nachfolger, zu Maximilians kaiserlichem Vorgänger wählen.

»Es müßte Ihnen leichtfallen, Majestät, die Zustimmung der Kurfürsten durch ein paar Opfer und Zugeständnisse zu erkaufen.«

Friedrich schüttelte den Kopf.

»Was wir noch an Macht in den Händen haben, verträgt keine Minderung.«

»Die Minderung wäre scheinbar«, wandte Karl ein. »Ich werde zur rechten Zeit dafür sorgen, daß die Kurfürsten zu kleinen Lehensleuten werden.«

»Wozu bedürfen Sie dann der Zustimmung der Kurfürsten? Denken Sie so gering von der Überzeugungskraft Ihrer Ordonnanzkompanien?«

Karl erwiderte hitzig: »Außer den Feinden Burgunds kann niemand höher von meinen Ordonnanzkompanien denken als ich. Aber um mir mit Kanonen und Spießen die Kaiserkrone zu holen, dazu brauche ich nicht Burgund und Maria an Ihren Buben zu verschenken.«

Friedrich zog die Augenlider ganz in die Höhe, was selten geschah. Karl fühlte: Ich ging zu weit, und um die Drohung auszugleichen, setzte er rasch dazu: »Sie sehen daraus, Majestät, welchen Wert ich auf die Legitimation lege, die von niemandem ausgehen kann als von dem Träger des kaiserlichen Ansehens.«

»Groß ist das Ansehen des Kaisers«, sagte Friedrich leise. »Groß in dem Sinne, daß es einen Riesenschatten wirft; aber dem Schatten mangelt ein Körperinhalt.«

»Burgund stellt den Körper!« rief Karl. »Daß Sie mir doch vertrauten, Majestät!«

»Ich möchte Ihnen wohl trauen, lieber Vetter. Nur kann ich mich im Augenblick nicht auf die Zahl der Herren besinnen, denen Sie vor Max Ihre Tochter versprochen haben.«

Sie trennten sich verstimmt.

Wirkliche, halbwahre, erfundene Äußerungen Karls wurden mit Eifer zu des Kaisers Ohren gebracht. An seiner Tafel, im begrenzten Kreise, sollte er gesagt haben: »Die Welt kann nur drei Herren ertragen, Gott im Himmel, den Teufel in der Hölle, Burgund auf Erden.«

»Siehe da«, meinte Friedrich lächelnd. »Nun, ich bin gewohnt, noch einen anderen Herren zu leiden. Das ist der Ackersmann, dessen Brot wir alle essen.«

Albrecht von Brandenburg wußte von einem anderen Ausspruch: »Ehe ich meine Tochter verheirate, werde ich Kapuziner.«

Friedrich quittierte: »Nun, nun, es haben manche Fürsten den Gebrauch, sich in Kapuzinertracht bestatten zu lassen.«

Ludwig von Frankreich schickte warnende Botschaften. Ein französischer Priester hinterließ im kaiserlichen Quartier die Kopie eines Schreibens, in welchem Karl der Herzogin Yolande von Savoyen Marias Hand für den Erbprinzen Philibert zusicherte. Ein zweiter Brief, vom Grafen Romont unterzeichnet, versprach Ruprecht von der Pfalz in Karls Namen burgundische Waffenhilfe und bat ihn, sich durch des Herzogs Verhandlungen mit dem Kaiser nicht irremachen zu lassen.

Es blieb ungewiß, ob die Schreiben gefälscht waren. Tags darauf hing der Priester an Karls Feldgalgen. Erzbischof und Stadtschöffen beklagten sich beim Kaiser über diesen Eingriff in ihre Gerichtsbarkeit, es war schwer, sie zu beruhigen.

Deutsche und Burgunder gerieten aneinander, schalten sich Promenadenhengste und Bauernrüpel, morgens fand man Tote in der Jakobsgasse, an der Fischbach, im Fingerhutsgäßchen. Die Verhandlungen stockten.

Friedrich saß seit mehreren Stunden bei seinen Gewächsen, um das nächtliche Aufblühen einer seltenen Pflanze zu beobachten. Max hatte sich zu ihm gesellt, schweigsam und besorgt.

Plötzlich brach er aus, zwischen Zorn und Flehen: »Gib nach, Vater, gib nach!«

Friedrich winkte ab, den Oberkörper über einen grünen hölzernen Pflanzenkübel geneigt.

»Ich denke ja nicht an mich!« rief Max, guten Glaubens, obwohl sein Schlafzimmer mit Porträts der Herzogstochter angefüllt war. »Ich denke an dich und das Reich! Die Kraft bietet sich dir an, so ergreife sie doch! Woran glaubst du, wenn nicht an die Kraft?«

»Mein Sohn«, sagte Friedrich, »ich habe einen Glauben, der dir kindlich erscheinen wird. Ich glaube an das Recht. Du sollst an die Kraft glauben, du bist jung. Glaubt ein Junger an das Recht, so ist er ein Schwärmer. Man muß Jahrzehnte gelebt haben, um an das Recht glauben zu können, das den Triumph der Ohnmacht gebären kann. Die Kraft siegt jede Woche, das Recht bedarf der Jahrhunderte, aber es bindet sie auch.«

Die Tür wurde aufgerissen, Doktor Heßler, der kaiserliche Protonotar, wehte faltig ins Zimmer. Friedrich sah ihn erstaunt und mit Mißbilligung an.

»Majestät!« rief er keuchend. »Der Herzog hat Befehl zum Aufbruch gegeben!«

»Wann?«

»Seit dem Abendläuten wird gepackt.«

»Ich erfahre das jetzt erst!« rief der Kaiser, und es war einer der wenigen Augenblicke, da Heßler ihn ohne Beherrschung sah.

»Mein Agent in St. Maximin, der mir die Meldung bringen wollte, ist auf Befehl des brandenburgischen Markgrafen am Simeonstor angehalten worden. Erst nach Stunden konnte er einen meiner Leute, der beim Markgrafen in der Leibwache dient, mit der Nachricht zu mir schicken, er selbst sitzt noch auf der Wachtstube.«

»Los!« schrie der Kaiser. »Max, du kommst mit. Nein, nein, sonst keiner, die Schläfer mögen schlafen.«

Er stürmte aus dem Zimmer, ein halberwachter Diener mühte sich, ihn mit Hut und Mantel zu bekleiden. Auf der Treppe hemmte Friedrich seine polternden Sprungschritte, kehrte um und kniete einige Minuten unbeweglich vor dem kleinen Reisealtar, bevor er, ruhigeren Herzens, wieder hinauseilte.

Die Straßenpfützen warfen Wasserspritzer an den galoppierenden Pferdebeinen in die Höhe. Auf den Gesichtern der Reiter mischte sich kalte Regennässe mit Schweiß.

Im Hof von St. Maximin standen frischbeladene Lastwagen, Knechte eilten im rötlichen Fackelschein geschäftig umher, alles deutete auf einen plötzlichen Aufbruchsbefehl.

»Die Pferde abreiben«, sagte Friedrich zu dem Reitknecht, der Kaiser und Kaisersohn als einziger begleitet hatte. »Hüte dich, mit ihnen den Fenstern und Laternen nahe zu kommen! – Es braucht niemand zu wissen, wie schaumig wir die Gäule gemacht haben«, fügte er für Max hinzu.

Aus den Kirchenfenstern fiel buntglühendes Licht in den schwarzen Hof. Orgel und Chorgesang machten es zur Gewißheit, daß Karl die Frühmesse lesen ließ, um beim Morgengrauen aufzubrechen.
Am Portal faßte Friedrich im Dunkeln scheu nach Maximilians Hand.
Sie waren eingetreten und knieten auf Betschemeln in der Nähe des Einganges, abseits vom Hofstaat, wie geringe Leute. Einige burgundische Herren wandten überrascht die Köpfe, als des Kaisers kraftvolle Stimme sich aus dem murmelnden Gesang der Gemeinde hob.
Karl saß im gepolsterten Ehrengestühl, das er der Kirche als Schirmvogt der Abtei geschenkt hatte. Er merkte, daß eine kleine Erschütterung durch die Beter lief, dann hörte er an seiner linken Ohrmuschel Oliviers raunende Stimme: »Der Kaiser ist gekommen.«
Karls Gesicht verlor nichts von der inbrünstigen Gier, mit welcher er dem Credo folgte. Ja, so verhielt es sich, gut, daß es ihm rechtzeitig klargeworden war: nicht um den Kaiser warten zu lassen und selbst einen Triumph zu kosten, dauerte er die Messe aus, sondern weil Gottes Dienst keine irdische Unterbrechung litt.
Zwischen der Präfation und dem Sanktus wagte Olivier ihn ein zweites Mal zu erinnern. Die Augen nicht vom Altar wendend, schüttelte Karl, kaum merkbar, den Kopf.
»Pleni sunt coeli et terra gloria tua – Himmel und Erde sind deiner Glorie voll!« sangen die Mönche.
Die Messe war geendet, die Orgel schwieg. Karl beharrte noch eine halbe Stunde im Gebet, mit grimmigem Genuß das Sieden seiner Adern in starre Beterruhe zwingend. – Und der Kaiser wartet, der Kaiser wartet, aber ich, ich rede mit Gott, nicht mit ihm.
Karl ging. Max sah unruhig auf den Vater, der bedächtig weiterbetete, mit gleicher Unerschütterlichkeit des Glaubens dem heiligmachenden Sakrament wie der kommenden Größe des Erzhauses vertrauend. Die mannshohe Goldlilie, die lebensgroßen Silberapostel leuchteten matt zwischen grauendem Tageslicht und gelbem Kerzenglanz.
Endlich stand der Kaiser auf. Er ergriff Maximilians Arm und sagte: »Vergib mir, mein Sohn. Wir wollen heimreiten.«
Es war zu spät. An der Kirchentür standen der Großbastard, Olivier und Hagenbach. Sie baten die Majestät kniend, dem Herzog die Gnade ihres Besuches zuzuwenden.

Drei Stunden saßen sie beisammen, Karl, Maximilian und der Kaiser. Max sah angstvoll von einem zum andern.
Zuletzt, beim Frühstück, sagte Karl: »Sie müssen verzeihen, daß Sie es heute unwohnlicher bei mir finden als sonst. Ich hatte in der Nacht einen Probealarm angesetzt. Ich werde Sorge tragen, daß dieser Umstand bekannt wird.«
Als die beiden abritten, war der Vertrag geschlossen.

Viele Generationen

Wie Eilkuriere jagten sie mit ihren Begleitern von Trier nach Brügge, Doktor Heßler und Chateau-Guyon. Heßler litt unter der Hast, aber er litt gern: Friedrich hatte versprochen, ihm nach vollzogenem Verlöbnis den Kardinalshut zu erwirken.
La Sarraz lächelte über den schlechten Sitz des Protonotars, der mit flatternden Zügeln, allzu langen Bügelriemen und steif nach vorne gestreckten Beinen schnaufend auf seinem Pferde hing.
Im Brügger Prinzenhof wurden sie empfangen, wie sie aus den Sätteln gestiegen waren. Nicht einmal Chateau-Guyon mochte sich die Zeit nehmen, sich umzukleiden oder vom Landstraßenstaub reinigen zu lassen, bevor die Nachricht überbracht war. Marias Augen flackerten vor Ungeduld, Margarete hielt die Lippen eingezogen.
Chateau-Guyon küßte kniend den Brief. Dann hob er sein kinnloses, hochstirniges Gesicht mit gemessener Verzückung zu Maria. Seine Brauen waren so dünn und weißblond, daß sie kaum wahrnehmbar blieben und die Stirn noch länger erscheinen ließen. Immer noch kniend überreichte er der Prinzessin edel den Brief.
Vor Marias Augen zerschrumpften die Buchstaben, Gruithuysen mußte vorlesen, dann durfte Heßler seine Rede halten.
»Sei gegrüßt, Maria, du Anmutsvolle! Maria hat das bessere Teil erwählt. Glückselige du unter den Frauen, auf dich ist das Auge der Majestät gefallen, Maximilian soll dein Teil sein. Einen Sohn wirst du ihm gebären, welcher sein Volk aus Finsternissen des Todes führen soll. Sein Name wird groß sein unter den Heiden, Gott wird sie zum Schemel seiner Füße machen. Siehe, von nun an werden dich selig preisen viele Generationen.«

Fast hätte er »alle« gesagt. Erst im letzten Augenblick fand er, allzu offenbarer Lästerung ausweichend, ins Maß zurück.
Maria ging sofort auf seinen Gedankengang ein.
»Ich bin meines Herren Magd. Es geschehe mir nach deinen Worten«. Ein wenig später sagte sie lachend zu ihrer Stiefmutter: »Mein Gott, ich war dankbar, daß er wenigstens vor der ›gebenedeiten Frucht meines Leibes‹ haltmachte. Ich hatte das Schlimmste befürchtet.« Sie fiel der Herzogin um den Hals. »Laß mir meine Freude, Margarete, ich weiß ja, daß du mich liebhast, deine Engländer finden andere Bräute.«
Margarete streichelte sie mit geschlossenen Lidern.
Es fand sich ein Augenblick für Maria und La Sarraz.
»Kleiner Nicod, du bist nicht traurig, nicht wahr?«
Sie berührte sein Kinn mit zwei Fingerspitzen.
La Sarraz lachte.
»Es hätte mir nicht gefallen, Prinzessin, wenn die Gnade dieser Lippen nach mir einem andern zuteil geworden wäre als dem künftigen Kaiser.«
»Sehr gut!« sagte Maria. »Du bist stolz, Nicod, aber du mußt nicht glauben, ich nähme Max deinethalben. Adieu, Nicod, bleibe mein Freund, ich bleibe dir wohlgesinnt.«
In Kürze sollten Chateau-Guyon und Heßler die Damen nach Trier geleiten. La Sarraz machte sich mit Briefen an den Herzog schon am nächsten Morgen auf den Rückweg. Bald nach seiner Ankunft in Trier wurde er zu Max gebeten.
Der Kaisersohn beschenkte ihn, nötigte ihn zu immer neuen Schilderungen, versicherte ihn seiner Freundschaft. Fast hätte er ihn umarmt.
»Wäre ich ein Artusritter, so müßte ich ihn wahrscheinlich hassen«, meditierte La Sarraz spöttisch. »Nein, ihn zu hassen, ist unmöglich. Hofmarschall oder Kanzler, ich werde gut mit ihm auskommen.«

Die Versuchung des Kaisers

Hagenbach erhielt Befehl, die Verhandlungen mit den Vertretern der wittelsbachischen Brüder abzubrechen. Im Dom wurden Tribünen für die Doppelfeier gezimmert, für das Verlöbnis und die Krönung.

Karl sättigte sich mit Römerträumen, kaufte ausgegrabene Denksteine, Münzen und Salbölflaschen. Gelehrte Benediktiner mußten ihn zu den Bauten der alten Kaiser von Rom führen. Römerboden, Kaiserboden, Konstantin, Helena, Karl.
Einzelheiten wurden von Geheimratskommissionen besprochen, die beider Fürsten Vertrauen hatten. Kompetenzen mußten abgegrenzt, Einkünfte und Erbschaftsverhältnisse festgelegt werden. Noch war alles geheim. Die Reichsstände nährten ihren Argwohn mit Gerüchten, der Kaiser ließ sich nicht sprechen, Max jagte verträumt, einzelne Kurfürsten reisten ab.
Der Kaiser schien alles vergessen zu haben über den Heiligtümern Triers. Pilgergleich zog er von Kirche zu Kirche, ehrte den ungenähten Rock des Herrn, das Abendmahlsmesser, Schleier und Kamm der Jungfrau, das Haupt des Apostels Matthias, den Zahn Benedikts, die Reliquien der großen Heiligen von Trier, der Kaiserin Helena, der Bischöfe Agritius, Eucharius, Nicetius. Er war sehr schweigsam. Seine Astrologen wunderten sich, daß der Kaiser sie nie mehr zu sich befahl. Aber der Kaiser scheute sich vor dem Urteil der Sterne.
Es war Nacht. Friedrich war wieder bei den Pflanzen, obwohl kein Aufblühen zu erwarten stand. Er saß im Dunkeln, aber als genüge dies Dunkel nicht, hielt er die Augen geschlossen.
Der Kaiser hat nicht schlafen können. Eine Mühle mahlt; mahlt immer den gleichen Gedanken.
Wo steckt der Fehler? Durch welche Masche denn könnte Karl entschlüpfen? So ist es ausgemacht: das Verlöbnis als erstes; als zweites die Zahlung der riesigen Mitgift in Friedrichs Hände, es ist bedungen, daß sie verfällt, wenn Karl einer seiner Verpflichtungen nicht nachkommt; als drittes Karls Krönung zum römischen König. Alles ist erwogen, nichts fehlt.
Nein, das alles ist es nicht. Es liegt nicht im Verstande. Und ganz plötzlich hat er es begriffen. Es ist so einfach, daß er fast lächeln möchte über die eigene Torheit.
– Das gewahre ich erst jetzt? Hattest du mir die Augen verhängt, Gott, daß ich jene Nacht nicht erkannte? Es war ja die Nacht meiner Versuchung.
Ein jeder Mensch wird mit anderem versucht. Du versuchtest mich, mein Gott, mit der Überredungskraft der Begebenheiten. Sie stürzten an, ich hob die Hand nach dem scheinbar Nahen, schein-

bar Gewissen, das Lockende zu tun, das Sicherscheinende zur unsicheren Stunde. Hast du denn je einem Geschöpf seine Speise vorenthalten? Wie konnte ich meinen, ich bliebe ungesättigt, wenn ich die unreife Frucht noch am Baume beließ? Ich vergaß mein eigenes Gesetz. Ich ließ mich drängen. Ich vergaß, daß nicht nur das Amt der Rache, sondern auch das Amt des Gewährens von der Zeit verwaltet wird. Schlechter Gärtner, schlechter Gärtner. –
Er ging ans Fenster, atmete tief und fühlte aus dem plötzlich gefaßten Entschluß zur Abreise eine gelassene Freudigkeit wachsen.
Er zählte den Stundenschlag der Liebfrauenkirche und überlegte, ob er noch eine Weile schlafen könne.
Nein. Die Zeit reichte nicht.
Der Kaiser läutete ohne Hast. Ein Diener kam, machte Licht, hörte, fast ungläubig, die Befehle der Majestät.
Die Herren des Hofstaates wurden aus den Betten geholt. Ein Läufer eilte an die Mosel, zum kaiserlichen Schiff.
Max wurde geweckt. Der Erzherzog möge sich ankleiden und ungesäumt zur Majestät kommen.
Dies war das Schwerste. Nach des Vaters ersten Worten schrie Max auf.
»Du zertrümmerst mein Leben!«
»Sei getrost, ich bewahre es.«
»Du kannst ihm das nicht antun!«
»Hat er uns nicht das gleiche antun wollen?«
»Du willst dich rächen?«
Friedrich schüttelte langsam den Kopf und antwortete: »Das solltest du wissen, Max, daß ich kein Vergelter bin.«
»Ich bleibe! Ich bleibe!«
»Du wirst gehorchen«, sagte Friedrich milde. »Dein Wort, daß du gehorchen wirst.«
»Ich bleibe!«
Mit einem Griff packte Friedrich den schlanken Körper des Sohnes, klemmte ihn unter die linke Achsel, waagerecht, wie eine Holzfigur.
»Soll ich dich so durchs Krahnentor tragen? Max, lieber, lieber Max, du wirst mir gehorchen.«

Der Brief

Als sie aufs Schiff stiegen, begann eben der feuchte, schmutzige Novembermorgen zu dämmern. Max stand mit zuckenden Schultern auf dem Verdeck. Friedrich wagte nicht, ihn zu trösten.
In den letzten Augenblicken, bevor sie den Erzbischofspalast verließen, hatte Max an Maria geschrieben, wenige Zeilen nur, Zeilen der Verzweiflung. Er bat sie, ihm keine Schuld beizumessen, die Hoffnung nicht sinken zu lassen, seiner gewiß zu bleiben. Er überlegte, wie der Brief sicher und unauffällig in ihre Hände gelangen könne; endlich verfiel er auf La Sarraz. Der Brief wurde gefaltet, gesiegelt, in einen zweiten geschlossen; auch dieser wurde gesiegelt und dann mit Nicod de La Sarraz' Namen versehen. Gleich danach mußte aufgebrochen werden.
Unmittelbar bevor sie das Schiff bestiegen, fand Max Gelegenheit, einen Hafenarbeiter auf die Seite zu winken. Der Mann erhielt das erste Goldstück seines Lebens und gelobte, den Brief in die Abtei St. Maximin zu tragen.
Das Schiff war schon zwischen Neumagen und Piesport, als die geängstigten Mönche von St. Maximin Karls tobsüchtiges Wutgebrüll durch den Kreuzgang branden hörten.
Gleich darauf stürzte der Großbastard in den Klosterhof. Der erste, der ihm in den Wurf kam, war Nicod de La Sarraz, der den Brief bereits erhalten und gelesen hatte.
»Los! Aufs Pferd!« rief Antoine. »Keine Stunde Rast unterwegs! Zu Chateau-Guyon, er soll es der Prinzessin beibringen. Sie muß sofort nach Brügge umkehren. Keine Pferdeschonung! Sie müssen den Zug erreichen, bevor er unsere Grenze überschritten hat.«
Als La Sarraz über die Maasbrücke ritt, lagen drei verreckte Pferde hinter ihm auf den Straßen. Jede Meile hatte seine Glieder steifer, sein Herz leichter gemacht.
– Ich komme nicht zu spät, Maria kehrt rechtzeitig um, Maria hat eine kleine Reise durch die Länder ihres Vaters unternommen, Maria ist nicht als verschmähte Braut nach Trier aufgebrochen oder gar in Trier eingezogen!
»Halt! Befehl des Herzogs!«
Er denkt nicht daran, sich nach Chateau-Guyon umzusehen, er galoppiert an den Kutschenschlag.

83

»Es sind Hindernisse eingetreten«, sagt er zart. »Seine Hoheit bittet die Damen, in Brügge auf Nachrichten warten zu wollen.«

Margarete fragt hastig, Maria starrt ihn an, großäugig und ohne zu begreifen.

La Sarraz hatte den linken Handschuh ausgezogen. Die Fingerhülsen nach unten gekehrt, preßt er ihn von außen gegen den Wagenschlag. Ein Brief ragt heraus, einen Zoll nur über den Handschuhrand. Nicods Blicke schaffen mühsam zwischen Marias erschrockkenen Augen und diesem Handschuh eine Brücke. Endlich versteht sie, beugt sich vor, berührt den Handschuh, birgt den Brief im Ärmel. Niemand hat es gesehen, nicht die Herzogin, denn Maria schob schützend die rechte Schulter nach vorn, nicht die Herren auf der Straße, denn Nicod de La Sarraz hat, das matte Pferd zu einer jähen Bewegung zwingend, seinen Oberkörper ruckhaft vor den Wagenschlag geworfen.

Eine Stunde nach La Sarraz' Aufbruch von Trier war Hagenbach zu den Vertrauensleuten des Pfalzgrafen und seines Bruders Ruprecht geschickt worden. Es erwies sich, daß sie Trier noch nicht verlassen hatten.

VIERTER TEIL

Das richtige Leben

Im Schloß von Nancy war der herzogliche Staatsrat versammelt. Draußen rauschte der Regen, den der Sommer versagt hatte. Schon am frühen Nachmittag mußten Kerzen gebracht werden. Das Flackern der Kerzen, das Summen des Regens, die Reden der Räte und Ständevertreter, alles warf eine bleierne Schläfrigkeit auf René, der in der Nacht lange und sorgenvoll mit Chiffron beratschlagt hatte.
Der Rheingraf von Salm redete, der Abt von Luxeuil redete, Bürgermeister Espolin von Nancy redete. Dazwischen wurde Hagenbach, der vor einigen Tagen mit einer Botschaft Herzog Karls gekommen war, in den Saal gebeten und redete auch. Wäre Renés Mutter in Nancy gewesen, so hätte sie ohne Zweifel ebenfalls geredet. Jeder hatte Argumente, und jedes dieser Argumente schien unwiderlegbar.
Salm behauptete, der Bund mit König Ludwig könne keine staatsrechtliche Gültigkeit haben, da er ohne Vorwissen der Stände geschlossen sei, und empfahl namens der Ritterschaft mit Dringlichkeit die Annahme der von Hagenbach überbrachten Vorschläge; fast noch nachdrücklicher als dieser deutete er auf die Armee hin, die Karl, von Trier kommend, an der lothringischen Grenze zusammengezogen hatte.
Der Finanzrat Vautrin Malhoste erwies mit umständlichen und unverständlichen Berechnungen, ohne ein Bündnis mit Burgund sei Lothringen dem Bankerott preisgegeben. Lothringen brauche die von Burgund zugesicherten Privilegien für seine Holzflößung, seinen Weinhandel, die Ausbeute seiner Bergwerke, Glashütten und Käsereien. René war noch unerfahren genug, um die Meinungen der Fachleute hochzuschätzen.
Aber seine Gedanken irrten ab. Er starrte den Finanzrat an und dachte: Was ist das für eine Welt und wie hängt das alles zusammen?

Hätte dieser Mann eine bequemere Treppe in seinem Hause oder hätte er dieses Haus rechtzeitig vermietet oder seine Frau besser verwahrt gehalten, dann säße Nicolas immer noch hier auf meinem Sessel, und dies alles ginge mich nichts an; ich könnte mit Jeanne und der Kleinen in Joinville sein, und niemand dürfte mich zu Entscheidungen drängen.

Das ist das Geheimnis, grübelte er weiter, während er sich Mühe gab, wie ein verständnisvoll Horchender auszusehen, daß unter all diesen Männern keiner ist, der nicht etwas Bestimmtes will; und jeder ist überzeugt von der Richtigkeit, ja von der Alleingültigkeit und Alleinmöglichkeit dessen, was er will. Der eine will ein heimliches Jahrgeld von Ludwig, der andere einen Hauptmannsposten von Karl, einer eine Pfründe für seinen Sohn, einer eine Erhöhung, einer eine Herabsetzung der Salzpreise. Kann es denn wahr sein, daß ich, ich allein gar nichts will?

Dann aber, ohne jede Vorbereitung, erlebte er einen jener Augenblicke, um derentwillen der Mensch den Eltern seine Geburt verzeiht: es fielen ihm Weizenfelder ein, Männer und Mägde mit entblößten Armen und schweißfeuchten Gesichtern, gerötete Äpfel am Baum, Forellen im klaren Bachgewässer, Kinder, die sich mit Schneebällen warfen, schwärzliche Novemberwolken, unter denen Krähenschwärme flatterten, ein Dorfschmied, der Pferde beschlug, ein Mann, der einen Sack schleppte, alte Frauen, die hinter einem Sarge gingen – lauter unverbundene, willkürlich erscheinende Bilder waren das, und René verstand nicht, warum sie ihn glücklich machten. Dann jedoch empfand er plötzlich mit Gewißheit, daß er ja auch etwas wollte, nicht weniger ernstlich als alle diese Redner, und daß der Gegenstand seines Willens auf eine verborgene Weise mit diesen Bildern zusammenfiel oder doch mit irgend etwas, das von diesen Bildern ausgedrückt wurde.

Gleich danach fühlte er sich wieder mit Beschämung den zielkundigen Rednern unterlegen. Sie würden recht behalten mit ihrem Willen, wie der Pflug recht behält vor der Erde, der Pfeil vor dem Vogel, die Zeit vor der Ewigkeit. René war noch zu jung, um zu wissen, daß die Erde vor dem Pfluge, der Vogel vor dem Pfeil, die Ewigkeit vor der Zeit recht behält.

René hob die Sitzung auf. Er werde kommenden Tages seinen Entschluß wissen lassen.

Er nickte den versammelten Herren zu und ging schwerfällig in seine Zimmer hinüber. Er tauchte den Kopf in kaltes Wasser, und es dünkte ihn, er spüle eine zähe Lehmschicht ab, die sich während der Reden im Saale über seine Gesichtshaut gebreitet hatte. Dann ging er, erfrischt, zur Wiege seiner Tochter.

Die kleine Yolande schlief. René spielte eine Weile mit dem winzigen Händchen, das sich ihm willenlos überließ. Und nun verband sich ihm der Anblick des schlummernden Kindes mit den Bildern, die sich vorhin in der Sitzung ihm zur Schau gestellt hatten. Dies alles, so ahnte er jetzt, hatte ja nichts anderes anzeigen wollen als ein natürliches und richtiges Leben, und was konnte ein Herrscher tun, als diesem dienstbar sein? Das Leben der Menschen hervorzurufen oder auch nur zu formen, dies blieb ihm versagt; es mußte genug sein, wenn es aller Regentenmühsal gelang, den Menschen ihr natürliches und richtiges Leben mit allen seinen Fehlbarkeiten und Gewährungen, seinen Bedrängnissen und Erleichterungen ein wenig zu sichern und es vor Entstellungen zu bewahren!

In solchen Gedanken trat René in sein Arbeitszimmer und ließ Chiffron holen.

Der kleine, bewegliche grauhaarige Provenzale trat ein.

»Chiffron, hast du Nachricht aus Plessis-les-Tours?« rief er ihm entgegen und wußte doch, daß die Frage überflüssig war; denn wenn ein Bote aus Plessis-les-Tours gekommen wäre, so hätte Chiffron es ihm augenblicks gemeldet.

Plessis-les-Tours war König Ludwigs Lieblingsresidenz. René hatte ihn fragen lassen, ob er auf seine sofortige Waffenhilfe rechnen könne, wenn er Karls Vorschläge ablehne.

»Nein, Monseigneur«, antwortete Chiffron, »und die Wahrheit zu sagen, ich glaube auch nicht, daß jetzt noch eine Nachricht kommen wird.«

René trat ans Fenster und starrte in den immer noch rauschenden Regen.

»Ludwig wird schweigen und sich nachher herausreden«, fuhr Chiffron fort. »Ich fürchte, er trachtet sogar, seinen Waffenstillstand mit Burgund zu verlängern. Herzog Karl verstrickt sich in Streitigkeiten mit dem Reich, eine Demütigung wie die Abreise des Kaisers erträgt er nicht! Wie lange kann es dauern, bis ums Kölner Erzstift gekämpft wird? Glauben Sie, Ludwig wird einen einzigen Soldaten opfern, wenn er sieht, daß andere Leute ihm den Kampf mit Burgund abnehmen?«

René wandte sich um und ging auf Chiffron zu.

»Chiffron!« rief er. »Ich kann den Bund mit Burgund nicht schließen, verstehe mich doch! Jeder zertretene Ackerstreifen, jeder Kuhstall, der einem Bauern beim Durchmarsch der Burgunder abbrennt, würde mein Gewissen verklagen. Was Malhoste und der Rheingraf vorbringen – Chiffron, wenn es nicht Lüge ist, so ist es Verblendung!«

»Es ist mir lieb, daß Sie das aussprechen, Monseigneur. Dieses Bündnis ist ein Verderb. Das sollen Sie wissen, aber Sie sollen es schließen.«

»Du redest mir zu?«

»Gerade ich. Wollen Sie allein den Kampf mit Burgund aufnehmen? Tun Sie der Ritterschaft den Willen, nur tun Sie ihn nicht mit Selbsttäuschungen. Die Bauern ertragen den Durchmarsch leichter als den Krieg. Ihre Ritterschaft kann nicht geheilt werden ohne Karls Hände am eigenen Boden gespürt zu haben.«

»Du mutest Lothringen eine teure Kur zu.«

»Sie wird billiger kommen als die Krankheit«, antwortete Chiffron.

Der Durchzug

Die Burgunder marschierten ein; fünf feste Plätze waren ihnen zur Sicherung des Durchzuges eingeräumt worden. Noch war alle trierische Pracht beisammen, dazu der düstere Pomp eines riesigen Trauergefolges; denn Karl führte die Leichen seiner Eltern, die bisher in St. Donatian zu Brügge eine vorläufige Ruhestätte gehabt hatten, nach Dijon, der Hauptstadt des Stammlandes, um sie in der Kartause von Champmol als dem altherzoglichen Begräbnisort beizusetzen. Zuvor wollte er, während das langsam und feierlich dahinziehende Totengeleit von Nancy aus den nächsten Weg nach Dijon nahm, zum ersten Male die Pfandlande besuchen, sie bezaubern, befestigen, einschüchtern und seine durch das Trierer Mißgeschick gefährdete Autorität stärken.

Es war nach des Kaisers Aufbruch sein erster Entschluß gewesen augenblicks mit einem Kriegszuge zu antworten. Aber es war schon spät im Jahr, auch waren die wittelsbachischen Brüder mit ihren Vorbereitungen noch nicht zu Ende gekommen. Allein, gerade jetzt ertrug Karl kein Warten, keinen Stillstand, keine Taten-

losigkeit. Und so war diese Unternehmung beschlossen worden, die ja in manchem Betracht einem Kriegszuge ähnelte.
René war dem Herzog bänglich entgegengeritten. Sie begrüßten sich zeremoniell. Mit keinem Wort wurde der Luxemburger Tage gedacht. Mit keiner Miene ließ Karl eine Genugtuung darüber erkennen, daß er Lothringen von Frankreichs Seite gerissen, daß er es in sein Bündnissystem genötigt und daß er das Durchzugsrecht für seine Truppen erlangt hatte. Er war schweigsam und versteint.
– Hat die erlittene Bloßstellung ihn so verwandeln können? grübelte René fast erschrocken. Oder ist es nur, daß ich in Luxemburg andere Blicke gehabt habe?
Burgundische Hofherren versuchten den Luxemburger Ton anzuschlagen. »Monseigneur, Sie hätten in Trier sein müssen!« Chateau-Guyon begann, zusammenhanglos und mit bedeutenden Handbewegungen, ein Turnier bei St. Maximin zu schildern, René unterbrach ihn tapfer mit einer Frage nach der Abreise des Kaisers. Olivier hüllte sich, der herzoglichen Leichen gedenkend, in eine elegante Schwermut und grübelte über Trauergedichten und Bestattungszeremoniellen.
Drei Tage blieb Karl in Nancy, drei Tage, die mit pomphaften Seelengottesdiensten für seine Eltern, festlichen Mahlzeiten und Empfängen gefüllt waren. Karl überreichte Renés Frau kostbare Geschenke für sie selber und für ihr Kind. Allein die Höflichkeiten, die er aussprach, waren kalt und leer, seine Züge verschlossen und seine Gedanken offenbar weit entfernt.
René hatte eine Wiederkehr der strahlenden Angriffe gefürchtet, die in Luxemburg nach seinem schlecht verwahrten Herzen gezielt hatten. Aber viel härter war es, jetzt Zeuge dieser schweigenden Selbstzerstörung zu sein.
René hätte gewünscht, ihm etwas von den Lasten seiner Seele abnehmen zu können, und wußte doch, daß es ihm nicht erlaubt war, sich diesen Empfindungen zu überlassen. Mit schmerzlichem Neide betrachtete er Karls Paladine; jeder von ihnen, ja, noch der letzte burgundische Troßknecht hatte dies eine vor ihm voraus: daß er Karl dienen durfte, ohne damit schuldig zu werden.
In diesen Tagen empfand er dankbar Chiffrons Geschicklichkeit und Treue. Alle höfischen Veranstaltungen hatte Chiffron so einrichten lassen, daß es den Salm, Vinstingen, Haussonville kaum möglich war, unbeobachtet mit Karl und seinen Ratgebern zusam-

menzukommen. Die wenigen Männer, denen René völlig vertrauen durfte, mußten unermüdlich um Hagenbach und den burgundischen Kanzler sein. René wiederum hielt sich an Karls Seite zäh und fast aufdringlich, immer wieder besorgt sich erkundigend, ob auch alles zu des Gastes Zufriedenheit geschähe.

»Es ist schade, Monseigneur«, sagte Chiffron, nachdem er spät in der Nacht René seinen Bericht über die Vorgänge des Tages abgestattet hatte, »daß wir niemanden in Herzog Karls Umgebung haben, der unsere Angelegenheiten fördert. Aber nach dem, was Sie in Luxemburg mit dem Grafen von Campobasso erlebt haben, möchte ich fast glauben, daß er diese Lücke füllen könnte. Eine Weile wird er noch in Italien mit seinen Werbungen beschäftigt bleiben. Aber wenn Herzog Karl auf dem Rückwege wieder durch Lothringen kommt, dann wird er wohl mit den neuen lombardischen Reitern bei ihm sein. Campobasso scheint mir wichtig.«

»Wieviel wird er kosten?« fragte René.

Seit seiner Rückkehr aus Luxemburg hatte er sich daran gewöhnt, Bitten abzuschlagen und bei Anerbietungen sich nach dem Preise zu erkundigen.

Am Tage vor Karls Aufbruch wurden René die ersten Übergriffe gemeldet, Plünderungen und Mißhandlungen. Augenblicks eilte er zu Karl. Es fiel ihm schwer, den Zorn, der ihn erfüllte, auf Karl zu übertragen, als reiche das Unrecht, das in Karls Namen verübt wurde, nicht an diesen heran. Gewaltsam mußte er sich die Bilder der vorgefallenen Ausschreitungen vor Augen stellen, um den Ton und die Worte zu finden, deren es bedurfte. Aber er tat sich diese Gewalt an, bissige Vorwürfe sprangen ihm über die Lippen wie hungrige Ratten, ihm selbst zum Erstaunen, zum Erschrecken. Karl wehrte den Lästigen hochmütig ab, es werde alles beglichen werden.

René mußte immer wieder seine Zuflucht zu dem Gedanken nehmen, daß diese Tage bemessen waren und enden mußten. Er begleitete Karl bis an die elsässische Grenze, auch jetzt noch sorgsam bemüht, den Vertretern seiner Ritterschaft den Zugang zu Karl zu verlegen. Wohl kehrten seine Blicke immer wieder zu Karls düsterer Schönheit zurück; aber es war wunderbar, wie leicht sich dem Gefunkel des Goldenen Vlieses widerstehen ließ, wenn lothringische Bauern mit abgezogenen Mützen vor ihren langgestreckten, kleinfenstrigen Holzhäusern standen.

Pfauengelübde

Seit langem war es in Bern eine Selbstverständlichkeit gewesen, daß die Übermittlung einer Botschaft an Herzog Karl in keine anderen Hände gelegt wurde als in die des Schultheißen Adrian von Bubenberg. Jetzt, als man erfuhr, daß Karl in die Pfandlande zog, und als abermals die Entsendung einer Gesandtschaft beschlossen wurde, welche die alten eidgenössischen Beschwerden über Hagenbach, um neue vermehrt, vorbringen und auch jener in Basel gefallenen Äußerung gedenken sollte, jetzt hieß es plötzlich, Bubenberg könne in Bern unter keinen Umständen entbehrt werden. Mit großer Stimmenmehrheit beschloß der Kleine Rat, vom Diesbachschen Anhang bearbeitet, nicht Bubenberg, sondern die Altschultheißen Niklaus von Scharnachthal und Petermann von Wabern mit der neuen Botschaft an Herzog Karl zu betrauen. Dies war einer der ersten unmißverständlichen Siege der französischen Partei, welcher es ja nicht erwünscht gewesen wäre, wenn die Gesandtschaft ihren Zweck, Hagenbachs Übergriffen entgegenzuwirken und das Verhältnis zu Burgund zu bessern, erreicht hätte. Scharnachthal, ein kräftiger und entschlossener Mann, der zu Diesbachs nächsten Freunden gehörte, war sich über die Zusammenhänge im klaren, während Wabern von einer ehrenhaften Schwerbeweglichkeit des Geistes gehindert wurde, sie zu erkennen; er war Bubenberg wohlgesinnt und allen Ernstes von dessen Unabkömmlichkeit in Bern überzeugt.
Sie ritten durch den regnerischen, schneelosen Winter. Schon in Basel hörten sie Neuigkeiten. Karl erzwang Huldigungen ohne die Vorbehalte alter Freiheiten. In den elsässischen Reichsstädten wurden Bittglocken geläutet, geängstigte Prozessionen flehten um Himmelsschutz. Chateau-Guyon war mit tausend Reitern zu einem Handstreich gegen das den Eidgenossen befreundete Mülhausen aufgebrochen, das, von pfandländischem Gebiet umschlossen, allen Widerstand gegen Hagenbach stärkte. Aber Sankt Morandus, Patron des Sundgaues, jagte Regengüsse zur Erde, die Ill schwoll, riegelte Mülhausen ab, und Chateau-Guyon kehrte verdrossen zu Karl zurück. Auch der Stadt Mülhausen und ihrer Bedrängnisse sollten sich Scharnachthal und Wabern, so hieß es in ihrer Instruktion, bei Herzog Karl anzunehmen suchen.
Sie erreichten den burgundischen Hof in Breisach. Karl war mit

fünftausend Pferden eingezogen, die bernischen Gesandten mußten mit einer Dachkammer bei den Augustinern in der Oberstadt vorliebnehmen.

Am ersten Weihnachtstag, nach dem Hochamt im Stephansmünster, wurden sie zur Begrüßung empfangen. Scharnachthal, breitbrüstig und mit goldenen Ketten behängt, die schon ergrauenden Haare kunstvoll gekräuselt, redete kalt von der Freude Berns, die Hoheit in der Nähe der eidgenössischen Grenzen willkommen heißen zu dürfen. Karl saß düster und unbewegt, seine Gedanken schienen weit fort. Er ließ Romont antworten, und das konnte als eine Gebärde des Entgegenkommens oder doch der Höflichkeit ausgelegt werden, da ja Romont zu Bern in einem guten Verhältnis stand und seine waadtländische Grafschaft an Berner Besitzungen grenzte.

»Wann, glaubst du, wird er uns die Privataudienz gewähren?« fragte Wabern nachher.

»Er scheint sehr beschäftigt«, antwortete Scharnachthal kurz. »Für deinen Freund Bubenberg würde er heute schon Zeit finden«, fügte er hinzu.

Vom Augustinerkloster sind es wenige Schritte bis zum Pforrschen Hause, in welchem Karl Wohnung genommen hat, weil es als einziges einen Kamin nach burgundischer Art besitzt und bequemer ist als das baufällige Schloß. Auch gilt der Hausherr für einen der wenigen, die es mit Hagenbach und der burgundischen Sache halten.

Wabern in seinem ahnungslosen Pflichteifer hält sich häufig an der Kettengassenecke auf, vor dem dreistöckigen roten Hause mit dem grünglasierten Erkertürmchen und dem Pforrschen Wappenstern. Er hofft, Karl durch seinen Anblick an die Audienz zu erinnern, in welcher die beiden bernischen Abgesandten ihre Anliegen vorbringen wollen.

Am Tage der Unschuldigen Kinder reitet Karl durch die Stadt, Bürgermeister Stählin geht neben ihm. In der felsigen Münsterberggasse zeigt der Herzog, den gesenkten Blick mit Plötzlichkeit hebend, auf ein weißes, in den Boden eingelassenes Steinkreuz und fragt nach seiner Bedeutung.

»Hier hat ein Engel der Pest Einhalt geboten«, antwortet der unerschrockene Stählin mit Nachdruck. »Das Kreuz heißt: sunt certi denique fines.«

Vor dem Hause zum Juden, der patrizischen Trinkstube, haben sich die Vertreter der Bürgerschaft versammeln müssen. Schild an Schild sperren pikardische und flämische Spießknechte die Straße. Karl sieht in die Luft, während die Breisacher kniend den neuen Huldigungseid schwören, in welchem von Privilegien nicht mehr die Rede ist. Breisach ist jetzt eine burgundische Stadt wie Dôle oder Ypern.

Karl wendet sich zu Stählin: »Sie übergeben Ihre Geschäfte heute noch Herrn von Pforr. Sunt certi denique fines.«

Um Neujahr wurde aufgebrochen. Wabern und Scharnachthal ritten mit, immer noch ohne Karl gesprochen zu haben. In Breisach rückten burgundische Nachhuten ein, und Pforr war, da die Furcht vor des Herzogs Gegenwart fehlte, machtloser gegen ihre Übergriffe, als es Stählin gewesen war.

Auf der Ebene von Ensisheim hielt Karl eine Heerschau über die waffenpflichtige Ritterschaft der Pfandlande. Abends, in dem bescheidenen Stadtschloß, in welchem Rudolf von Habsburg so gern residiert hatte, sprach er zu den Adelsvertretern über den Weg der Größe. Die Herren, von Hagenbach mit drückenden Steuern belegt, ihres alten Rechts auf Fehde und Wegelagerei beraubt, mit ihren Streitigkeiten vor den weit entfernten Parlamentshof von Mecheln gezwungen, antworteten mit einer frostigen Beteuerung ihrer Ergebenheit und mit dem Hinweis darauf, daß ja manche jüngeren Söhne burgundische Dienste genommen hatten. Sie seien dankbar, daß Monseigneur ihnen die Ehre seines Besuches zuwende, denn es gebe verschiedenes, das sie gern zu seinen Ohren bringen würden.

Karl runzelte die Stirn und erwiderte: »Ich weiß, daß die Herren gewohnt sind, eine Summe von überlieferten Unzweckmäßigkeiten, Mißständen und Heillosigkeiten als ihre alten Rechte und Freiheiten zu bezeichnen. Es gibt etwas, das höher ist als die Rechte, das ist das Recht, es sei nun alt oder neu. Seiner erfreuen sich alle meine Provinzen, und auch diese Länder werden es zu genießen haben.«

Es verstimmte Karl, daß man ihm nicht Bubenberg geschickt hatte und daß Scharnachthal, wie ihm berichtet wurde, den Umgang gerade derjenigen von den Einheimischen suchte, die ihre Unzufriedenheit am deutlichsten bekundeten. Zudem war er erbittert über die neuen Verhandlungen, welche die Vettern Niklaus und

Wilhelm von Diesbach sicheren Nachrichten zufolge wieder am französischen Hofe führten. So mochte Romont, der es unter anderen Umständen gern gesehen hätte, wenn die Berner empfangen worden wären, sich nicht für sie verwenden. Auch meinte er, die beiden Abgesandten könnten selber ihre Angelegenheiten mit größerer Tatkraft betreiben. Übrigens empfand er es als einen unerklärlichen Mißgriff, daß die Berner in Scharnachtal einen Mann schickten, der sich gleich Diesbach zum französischen Kammerherrn hatte ernennen lassen.

In Thann kam La Sarraz, der die inneren bernischen Parteiverhältnisse nicht übersah, in Scharnachthals und Waberns Quartier.

»Ich sehe, daß die Herren auf eine Audienz warten. Ich möchte Ihnen um meines Schwagers Bubenberg willen gern gefällig sein. Wünschen Sie, daß ich auf Herrn von Chateau-Guyon einwirke, damit er den Herzog zur Audienz veranlaßt?«

»Danke«, erwiderte Scharnachthal schroff. »Bern hat es nicht nötig, Hinterwege zu gehen.«

»Niklaus, bist du toll?« fragte Wabern, als La Sarraz fort war. Er war bestürzt, aber auf seinem Gesicht stand noch die Freude über La Sarraz' Anerbieten. Es bedurfte immer einer Zeitspanne, bis seine Miene seine Gemütsverfassung eingeholt hatte.

»Wir sollen Bern vertreten, nicht Bern demütigen«, antwortete Scharnachthal.

Als der Zug die burgundischen Stammlande erreicht hatte und Hagenbach in seine Statthalterschaft zurückgekehrt war, wurde Karl zugänglicher. Allein, Scharnachthal unterließ eine erneute Bitte, und Karl war nicht geneigt, den ersten Schritt zu tun.

Die Bestattungsfeierlichkeiten dauerten eine Woche. Sie schlossen mit dem Pfauengelübde.

Das Festessen war zu Ende, die Damen hatten sich zurückgezogen, die Herren saßen nicht mehr an getrennten Tischen, sondern an einer einzigen Riesentafel, als der vergoldete Pfau hereingetragen wurde. Karl ließ sich in einem gläsernen Pokal Wein bringen, um darzutun, wie ernst er die Feier nahm, die anderen als ein elegantes Gesellschaftsspiel galt, bei welchem man viel Witz zeigen konnte. Der Geringste der Tafelrunde hatte den Anfang, der Herzog als der Höchste den Schluß zu machen, damit die Gelübde der Älteren und Vornehmeren nicht durch den größeren Schwung der Jugend übertroffen werden konnten, sondern sie zu übertreffen genötigt waren.

Als einer der ersten kam La Sarraz an die Reihe. Er war betrunken und sagte frech: »Ich lege die Hand auf den goldenen Vogel und gelobe auf Edelmannswort« – denn auf Ritterwort durfte er noch nicht geloben –, »daß ich in diesem Jahr zehnmal soviel im Spiel verlieren oder gewinnen will, als ich je von meinem Vater erhalten habe. Das ist wohl das bescheidenste Gelübde, das heute getan wird, und so mache ich es allen Fürsten, Herren und Rittern leicht, mich nach Gebühr zu übertrumpfen.« Er trank seinen Becher leer und setzte sich. Einige runzelten die Stirnen, einige waren erschrocken, und Chateau-Guyon spähte besorgt zu Karl hinüber. Da dieser aber, tief in Gedanken, gar nicht hinhörte, was am unteren Tischende vorgebracht wurde, so beruhigte man sich.

Manche Gelübde waren phantasielos, manche ausgefallen, andere so gefaßt, daß sie gut klangen, ohne daß ihre Erfüllung Ansprüche an die Mühe des Gelobenden stellte; niemand protokollierte ja, niemand fragte übers Jahr nach der Einlösung. Viele nahmen den Kreuzzug zu Hilfe, an den wenige glaubten. Manchmal blitzte inmitten von Prahlereien eine düstere Entschlossenheit leidenschaftlich auf. Einer wollte den Umfang seiner Erbgüter mit dem Schwert verdoppeln, einer hundert Lanzen brechen, einer schwur, die Dame Diana – viele errieten den wirklichen Namen – in Monatsfrist zu umarmen, und wenn drei Männer darum sterben müßten.

Petermann von Wabern gelobte, in der Dämmerung lieber jede Hure zu grüßen, als daß er eine ehrbare Dame ungegrüßt lasse.

Scharnachthal sagte: »Ich lege die Hand auf den goldenen Vogel und schwöre bei Seligkeit und Ritterehre, daß ich dem Berner Bären ein Futter schaffen will, wie er noch keins gekostet hat.«

Der Großbastard, dessen Hirn nach einem Scherz gesucht hatte, sah ihn betroffen an. Romont hob den Kopf. Olivier griff hastig ein und tat das Gelübde, sich an Ergebenheit gegen das Herzoghaus von niemandem übertreffen zu lassen.

Endlich war die Reihe an Karl. Alle schauten auf ihn.

Karl stand da, schön wie ein länderverwüstender Gott.

Er sagte: »Ich rühre den goldenen Vogel an, wie ich den Adler des Reiches anzurühren gedenke. Ich tue ein Gelübde, das mir noch nicht auszusprechen, sondern in meiner Brust zu verschließen ziemt. Aber Sie alle haften vor der Ewigkeit mit mir für seine Erfüllung.«

Er trank den Pokal leer, sein Gesicht rötete sich rasch, dann schmetterte er ihn gegen eine Säule.

Bern

Am Morgen nach dem Pfauengelübde ritten die Berner ab. Scharnachthal hatte es zuwege gebracht, in drei Wochen nicht empfangen zu werden. Wabern konnte sich einstweilen noch nicht von der Meinung frei machen, sie hätten einen vielleicht vermeidbaren Mißerfolg erlitten. Aber Scharnachthals überlegener Gewißheit vermochte er sich auf die Länge nicht zu entziehen; als sie in Bern eintrafen, hatte er sich seinen Meinungen anbequemt.

Die Erregung, die ihr Bericht in Bern hervorrief, hatte sich noch nicht beschwichtigt, als der Altschultheiß Niklaus von Diesbach und sein Vetter, der Ratsherr Wilhelm von Diesbach, aus Plessis-les-Tours, der Lieblingsresidenz König Ludwigs, eintrafen. Vor dem gerüstverschalten Münsterneubau trennten sie sich mit einem zuversichtlichen Nicken.

Als Niklaus im großen Hof des vielbewunderten Diesbachhauses an der Kirchgasse vom Pferde stieg, lief seine zweite Frau Barbara, Scharnachthals Nichte, die Treppe hinunter. »Ja?« schrie sie, noch auf halbem Wege.

»Ja«, antwortete er mit einem stolzen Lächeln und fing sie in den ausgebreiteten Armen. »Wir sind mit Ludwig einig. Ich habe alles zuwege gebracht. Wir werden Bern groß machen!«

Der Kleine Rat war versammelt. Bubenberg in seiner stattlichen Amtstracht erschien in Begleitung des Stadtschreibers Doktor Frickart als letzter und eröffnete die Sitzung. Unter den Anwesenden war wohl ein Dutzend von Männern, die bereits die Schultheißenwürde bekleidet hatten. Die meisten waren verwandt, verschwägert, durch Handelsinteressen und die Nachbarschaft ländlichen Grundbesitzes verbunden. Abseitig war die Stellung der Bubenbergs als der nahezu einzigen Berner Familie, die noch auf uradeliges und altritterliches Herkommen klopfen konnte, dem Reichtum der übrigen aber nichts als den Ruhm entgegenzusetzen vermochte, dem Freistaat Bern zwei Jahrhunderte lang seine führenden Staatsmänner gegeben zu haben. Das reichsfreiherrliche Blut durch Frauenwahl aus elsässischer, hegauischer, savoyischer Ritterschaft rein erhaltend, mieden sie die Versippung mit dem neuen Stadtpatriziat ebenso streng wie die Beteiligung an seinen Handelsgeschäften.

Die Herren des Kleinen Rats waren unruhig und erwartungsvoll.

Zur Berichterstattung aufgefordert, erhob sich Niklaus von Diesbach mit einem selbstgewissen und befeuernden Lächeln. Er überbrachte, hin und wieder seinen Vetter mit einer kräftigen und dennoch verbindlichen Handbewegung zur Zeugenschaft einladend, Ludwigs gnädige und freundschaftliche Grüße.

»Der König, der wie immer mit vielem Vertrauen zu uns sprach, hat uns folgendes eröffnet: Herzog Sigmund hat sich nach dem Trierer Abbruch an ihn gewandt mit der Bitte, ihm zum Wiedererwerb seiner Pfandlande zu helfen. Ludwig hat ihm Hoffnung gegeben, allein, um seinen Freunden von der Eidgenossenschaft gefällig zu sein, hat er die Bedingung gesetzt, Sigmund müsse sich mit uns vergleichen, und zwar in einer Weise, die Österreichs förmlichen Verzicht auf alle vormals habsburgischen, jetzt eidgenössischen Gebiete in sich schließe. Es versteht sich von selbst, daß ein solcher Verzicht auch vom Kaiser als dem Haupt des österreichischen Gesamthauses unterzeichnet werden müßte. König Ludwig hat sich bereits in diesem Sinne an ihn gewandt und ist des guten Ausganges der Unterhandlungen gewiß.«

Diese Nachricht rief eine starke Bewegung hervor, obwohl sie für einen stattlichen Kreis von Eingeweihten nichts Überraschendes haben konnte. Stürmische Rufe wurden laut; viele klatschten Beifall.

»Und des Königs Gegenforderung?« fragte Bubenberg.

»Umwandlung des Neutralitätsvertrages in ein Verteidigungsbündnis«, antwortete Diesbach.

Jetzt erhoben sich Bedenklichkeiten. Eine Minderheit begann lärmend zu opponieren.

Bubenberg leitete die Debatte mit großer Ruhe und faßte dann die laut gewordenen Meinungen zusammen. Es sei außer Zweifel, daß eine Angelegenheit von solcher Tragweite vor die nächste eidgenössische Tagsatzung gebracht werden müsse. »Der Altschultheiß gefällt sich in zuspitzenden Gegenüberstellungen. Es scheint mir außer Frage zu stehen, daß die wünschenswerte Einigung mit Österreich nicht durch einen Bruch mit Burgund erkauft zu werden braucht.«

Unfähig, sich länger mit der Widerlegung von Einzeleinwänden abzugeben, riß Diesbach, der schöne, flammende Volkstribun, den Vorhang vom Welttheater.

»Eine Stadt von Berns Bedeutung kann nicht die Außenpolitik

eines Waldortes treiben. Bern braucht Raum. Bern kann nicht auf die Korn- und Weineinfuhr aus Burgund angewiesen bleiben. Bern braucht fruchtbaren Boden. Bern braucht eine schützende Westgrenze: den Jura. Bern braucht die savoyische Waadt. Mit Frankreich und Österreich verbündet, wäre Bern stärker als –«
»Wenn ich mich recht erinnere, war nur von einem Defensivbündnis die Rede«, fiel Doktor Frickart ihm ins Wort.
Diesbach fand sofort die Entgegnung. »Genügen den Herren die Drohungszeichen noch nicht? Der Graf von Campobasso führt ein lombardisches Reiterkorps über die Alpen nach Burgund, und die Herzogin von Savoyen und der Graf von Romont gestatten ihm den Durchzug!«
»Romont als Großmarschall von Burgund«, erklärte Bubenberg mit leidenschaftslosem Spott, »kann wohl kaum aus Rücksicht auf die Herren von Diesbach seine eigene Grafschaft für burgundische Durchmärsche sperren, und die Herzogin Yolande als seine Schwägerin kann es ebensowenig. Ich kann hierin keine Drohung, nicht einmal eine Unfreundlichkeit erblicken, solange wir mit Burgund und Savoyen in jenem hergebrachten guten Verhältnis stehen, dessen Störung einigen Herren offenbar am Herzen liegt.«
»Wer stört es?« rief Scharnachthal zornig. »Der Herzog hat uns nicht empfangen, Wabern und mich!«
Wabern schwieg und sah zur Seite, von einem Blick Bubenbergs getroffen.
»Die Freundschaft mit Savoyen ist nicht nur wertlos, sondern gefährlich«, fuhr Diesbach fort, »seit Savoyen ein burgundisches Anhängsel wird. Karl hat Marias Hand der Herzogin für ihren ältesten Sohn versprochen. Wir kommen in den Kessel.«
Thüring von Ringoltingen, der behagliche Bilder- und Bücherfreund, bestritt das und belegte seine Behauptung nach seiner Gewohnheit mit einer Anekdote. Maria solle, als von dem savoyischen Erbprinzen Philibert gesprochen worden sei, in ihrer freimütigen Art gesagt haben: »Man soll mir kein Kind geben, sondern einen Mann! Das Kind kommt dann schon von selber.«
Einige lachten.
Fränkli, der fast neunzigjährige Schatzmeister, erklärte ausführlich, eine Großmachtpolitik, wie Herr von Diesbach sie wünsche, erfordere andere Mittel als die der eidgenössischen Orte, ja selbst als die Berns.

Diesbach sah sich triumphierend um.

»Mein Vetter und ich sind zu der Erklärung bevollmächtigt, daß König Ludwig hierfür Verständnis haben wird.«

Bubenberg sprang auf, zum ersten Male von seiner Selbstbeherrschung verlassen. Sein Gesicht lief dunkelrot an. »Ich rufe dem Altschultheißen die Verordnung ins Gedächtnis, nach der weder Körperschaften noch einzelne Amtspersonen Zuwendungen aus außerbernischem Gebiet annehmen dürfen.« Der Ton dieser Worte war fast drohend.

Einige Augenblicke blieb es still. Dann rief Wilhelm von Diesbach, der sich bisher hinter dem bewunderten Vetter zurückgehalten hatte, mit seiner hohen, ein wenig spitzen Stimme: »Im Ratsarchiv schimmeln noch mehr Verordnungen!«

Dieser Ausruf, unmittelbarer, ja plumper, als man es sonst in diesem Saale gewohnt war, stellte ohne Frage eine Ungehörigkeit oder gar eine Ungezogenheit dar; zu anderen Zeiten wäre er überhört oder aber seinem Urheber verwiesen worden. Nun aber empfanden alle die versammelten Männer, daß er die Bewandtnisse des Augenblicks schärfer ausdrückte als alles, das bisher laut geworden war. Und wie es geschehen kann, daß die unschickliche, aber zugleich unbefangene Äußerung eines Kindes einen Sachverhalt, den die Erwachsenen noch schamhaft zu verhehlen dachten, in fast befreiender Weise beim Namen nennt, so war es jetzt plötzlich ausgesprochen, daß ein ganzes Gemeinwesen in eine neue Stunde getreten war, darin alles Herkommen seine Ehrwürdigkeit eingebüßt hatte und keine der alten Regeln mehr gelten wollte. Und in diesem Augenblick wurde es auch Bubenberg klar, daß er seinen Kampf verloren hatte.

Schöblerwasser

Die Stadt Breisach ist hoch über dem Rhein auf einem sechsspitzigen Felsstock erbaut, welcher keine Quellen hat. Die Oberstadt empfängt all ihr Wasser durch einen unterirdischen, von der Sohle des Rheinbetts aufsteigenden Felsenschacht, der oben im Radbrunnenturm endigt. Der Turm enthält Folterkammer und Gefängnis, und die Gefangenen müssen das große Holzrad des Brunnens treten. Seit alter Zeit haben die Breisacher Haushaltungen für jede Tonne Wasser, die sie vom Radbrunnen holen, der Stadt eine

geringe Zahlung zu entrichten. Auf diese Zahlung hat die burgundische Obrigkeit jetzt eine Steuer geschlagen. Sie ist nicht hoch, aber sie macht Unwillen, und viele Hausfrauen beginnen sich an Schöblerwasser zu halten.
Schöbler ist ein weißhaariger Mann, hinter dem die Kinder herrufen. Schöbler sieht aus wie ein Waldschrat oder wie der Wassermann im Rhein und redet vor sich hin. Er wohnt im Armenhause und macht sich einen winzigen Verdienst daraus, daß er Flußwasser in zwei Holzeimer schöpft und damit mühsam die Rheinhalde oder den Langenweg hinansteigt. Das tut er seit vielen Jahren, und der Stadtfiskus findet den Wettbewerb so geringfügig, daß er ihn nicht hindert.
Eines Tages hält ihn am Kapftor ein Soldat an, ein Hauptmann oder ein Herzog – Schöbler versteht sich nicht auf Bewaffnete –, und fragt ihn in einer fremdartigen Redeweise, ob er von seinem Wasser auch die Steuer abführe.
»Schöblerwasser, Schöblerwasser«, erklärt der Alte geheimnisvoll und möchte weitergehen.
Der strenge Herzog fragt noch etwas, Schöbler versteht es nicht, wiederholt freundlich: »Schöblerwasser« und geht.
Der Herzog nimmt ihm das Tragholz von den Schultern und gießt die Eimer aus.
Schöbler geht mit den leeren Eimern ins Armenhaus, legt sich auf einen Strohsack und denkt nach. Das Nachdenken ist sehr mühsam.
Als es Morgen geworden ist, geht er zum Schloß, vor dessen Eingang zwei Kanonen stehen.
Er bekreuzt die eine und sagt: »Es sind drei heilige Blutstropfen Gott dem Herrn über sein Angesicht geflossen. Die heiligen drei Blutstropfen seien vor das Zündloch geschoben so rein, als Unsere Liebe Frau vor allen Männern erschein'. Rohr, gib du weder Feuer, noch Flammen, noch Hitz. Also mußt du schadlos sein als der heilige Kelch und Wein, als das wahre Himmelsbrot, das Gott der Herr seinen zwölf Jüngern bot. Jetzt geh' ich aus dem Haus, denn Gott der Herr geht vor mir hinaus. Amen.«
Schöbler will zu der zweiten Kanone gehen, da kommt ein Herzog, schreit ihn an und schlägt ihm den Lanzenschaft über den Rücken.
Schöbler begegnet dem Schneider Vögeli, der oft Wasser von ihm

genommen hat. Schöbler fragt, wie der Oberste heißt, der alles zu befehlen hat.

Vögeli antwortet, er heißt Peter von Hagenbach.

Schöbler fragt, ob er in Breisach ist.

»Nein«, sagt Vögeli, »er wohnt drüben über dem Rhein, aber morgen kommt er her, weil er hier die Fastnacht feiern will und alle Ritterschaft dazu eingeladen hat.«

Schöbler geht wieder ins Armenhaus.

Am nächsten Tag stellt er sich unweit des Schlosses auf die Straße und wartet. Er wartet bis zum Nachmittag, dann kommen sehr viele Reiter geritten, in Grau und Weiß, mit Binden am Arm und Tannenzweigen an den Blechhauben.

»Welcher ist Hagenbach?« fragt Schöbler eine alte Frau, die neben ihm steht.

»Der da«, antwortet sie.

Der Mann, auf den sie zeigt, streckt im Vorüberreiten die Hand aus, um einen kahlen Lindenzweig, der über die Gartenmauer hängt, zur Seite zu biegen.

Das freut Schöbler sehr. Er merkt sich genau die Stelle, an der Hagenbach den Zweig berührt hat.

Am Abend kommt er wieder und holt sich den Zweig.

Lange vor Tagesanbruch steht er auf und steckt alles Nötige zu sich: ein nußgroßes Stückchen Käse, das er sich vom Abendbrot aufgehoben hat; Bohrer und Hammer, die er sich am Abend aus der Handwerkskammer des Armenhauses geholt und in der Armenhauskapelle ins Weihwasser getaucht hat, einen Zapfen, den er sich aus einer Haselgerte geschnitten hat, und die Spitze von dem Lindenzweig, die Hagenbach angefaßt hat.

Schöbler gelangt unbeschrien in den Buschwald am Rhein, ein wenig flußabwärts von der Stadt, in das Dickicht, wo man die Wasservögel schnarren hört und wo im Sommer die gelben Staudenblüten so honigsüß riechen.

Schöbler bohrt einen Erlenast an. Er bohrt bis aufs Mark, dann macht er ein Klümpchen aus dem Käserest und dem zerbrochenen Lindenzweig, tut das Klümpchen in die Höhlung und schiebt den Zapfen nach. Er treibt ihn mit drei Schlägen hinein und sagt dabei: »So wahr Gott am Holze gestorben ist, so wahr sollst du daran verdorren. Dazu hilft mir die heilige Gotteskraft, daß sie dich in die Erde schafft. Den ersten Schlag dir, Peter von Hagenbach, auf den

Kopf, den zweiten Schlag dir, Peter von Hagenbach, auf dein Herz, den dritten auf deine Lunge und Leber. Jetzt geh' ich aus dem Haus, denn Gott der Herr geht vor mir hinaus. Amen.«
Von nun an winkt er auf der Straße Hausfrauen und Handwerker zur Seite und raunt ihnen ins Ohr: »Hagenbach muß sterben. Ich habe ihn verbohrt.«
Den Hörern wird das unheimlich. Sie wissen, daß Schöbler ein alter Mann ist, der mit sich selber redet und sich von den Kindern böse Worte nachrufen lassen muß. Aber sie wissen auch, daß in geheimen Dingen die Toren mehr Macht haben als die Klugen. Und so trägt es einer zum anderen weiter, nach Osten und über den Rhein: »Hagenbach ist verbohrt worden, Hagenbach muß sterben.«

Ostern

Je mehr es zum Frühling ging – der Frühling kam zeitig in diesem Jahr –, um so größer wurde die heimliche Unruhe in den Pfandlanden. Rheinfischer und Hirtenbuben trugen Weidenflöten umher, in deren Höhlungen beschriebene Zettel staken. Wollte man flöten, so klang es geborsten, fast wie eine Ahnung von Heerhorn und Trommelgebrüll. Österreichische Boten erschienen in den Burgen, eidgenössische in den Städten. Es gab Leute, welche die Pfauenfedern, das alte österreichische Ritterzeichen, hervorholten. Einzelne wagten sie schon bei Tage zu tragen. Allenthalben fragte man verstohlen nach Neuigkeiten aus Konstanz, denn in Konstanz verhandelten die eidgenössischen Abgesandten mit den Vertretern des Hauses Habsburg, und Kammerherr Jean de Paris und Maître Marrazin, Räte des Königs, waren auch dabei.
Hagenbach schrieb nach Brüssel und bat um Verstärkung. Karl, der ruhelos und verschlossen an der Verdoppelung seiner Armee arbeitete und ungeduldige Briefe an die wittelsbachischen Brüder richtete, sie möchten ihre Kriegsvorbereitungen beschleunigen, Karl wies mit Heftigkeit den Kanzler ab, welcher sich zu Hagenbachs Fürsprecher machen wollte: es seien örtliche Erregungen, Hagenbach werde mit ihnen fertig werden. Hagenbach solle Geld schicken, jeder Groschen sei zum Krieg mit dem Kaiser nötig, gegen Sigmund und die Eidgenossen wolle er später Rat schaffen.
Zweihundert Neuenburger Fischer drangen nachts in Ottmars-

heim ein, erschlugen den Steuereinnehmer und plünderten sein Haus. Hagenbach kam von Thann und fand in Ensisheim die Tore gesperrt. Am Stadtkirchturm hing das österreichische Banner mit dem roten Kreuz. In der Palmsonntagsnacht brannten Feuer auf dem Kaiserstuhl, den Jura- und Schwarzwaldbergen: das verabredete, nun überall mit Jubel begrüßte Zeichen, daß Österreich in Konstanz mit den Eidgenossen einig geworden war und eine zweihundertjährige Feindschaft ihr Ende gefunden hatte.

Am Karfreitag ritt Hagenbach in Breisach ein; er hatte nur geringe Begleitung bei sich, denn seine Reiter wurden jetzt allenthalben gebraucht, um die Ordnung aufrechtzuerhalten. Die Breisacher Bürger, die von der Kreuzverehrung im Münster kamen, blieben auf der Straße stehen und wandten die Köpfe nach ihm. Jemand rief ihm ein höhnisches Wort nach.

Am Schloß stieg er vom Pferde und ging hinein. Den Wachtposten fiel der Ernst seines Gesichtes auf. Er schickte nach Herrn von Pforr, dem von Karl eingesetzten Bürgermeister, nach Kappeler, dem Hauptmann der Pikarden, und nach Zofingen, dem Führer der deutschen Soldtruppe, die zum größten Teil aus Schweizern bestand.

Zofingen erschien nicht; er handelte in einer Fischerkneipe mit einem als Hausierer verkleideten Manne, der ihm in Herzog Sigmunds Namen die rückständige Löhnung für seine Mannschaft versprach und ihm selber die doppelten Gebühren zusicherte, sobald er bereit sei, der burgundischen Sache den Rücken zu kehren und seine Leute auf das habsburgische Banner vereidigen zu lassen.

Die beiden anderen stellten sich im Schlosse ein, Pforr verschüchtert, Kappeler gereizt. Sie wollten raten und erhielten Befehle. Hagenbach sprach nicht lauter als sonst mit seiner weichen Äbtissinnenstimme. Endlich fragte er, ein wenig nebenher, den Bürgermeister nach seinen Beobachtungen. Pforr wußte, daß er selber und die Sache seines Herrn nicht beliebt waren. Aber er wußte das von ungefähr, denn die Anhänger Burgunds lebten in diesem Landstrich wie unter einer Glasglocke; weil jedermann fürchtete, sie könnten eine abfällige Äußerung zu den Ohren der Obrigkeit bringen, darum mied man ein vertraulicheres Gespräch mit ihnen, und so waren sie immer noch der Meinung, es handele sich um ein harmloses Geschimpfe, wie es die Leute von sich geben, wenn man ihnen die Steuern erhöht hat. In dieser Art gab jetzt Pforr Auskunft; aber Hagenbach, der schärfer sah, lächelte geringschätzig zu seinen Worten.

Dann erklärte er den beiden, was er zu tun willens war, um dem Herzog von Burgund seine Stadt Breisach zu erhalten.

Die Bürgerschaft war zu entwaffnen, die Befestigungen mußten in aller Eile verstärkt werden. Zofingen sollte abgesetzt, seine Truppe Kappeler unterstellt werden. Alle gesunden Männer und Frauen treten morgen früh zur Schanzarbeit an, dazu die deutschen Söldner. Die Pikarden sorgen für Ruhe und nehmen während der Arbeit die Waffen der Deutschen in Verwahrung.

»In den Feiertagen?« fragte Pforr beklommen.

»Jetzt ist nicht die Zeit, Feste zu halten«, antwortete Hagenbach.

Pforr wurde entlassen, um seine Vorbereitungen zu treffen. Hagenbach und Kappeler stiegen zu Pferde und ritten vor die Stadt. Kappeler erhielt an Ort und Stelle seine Anweisungen: ein breiter Graben soll bogenförmig gegen Osten um Breisach gelegt und mit Rheinwasser gefüllt werden.

Aber mitten im Besprechen der Einzelheiten schrecken sie auf. Aus der Stadt kommt Trommelalarm und Geschrei. Sie galoppieren hinein. Am Gutgesellentorplatz liegen zwei tote Pikarden.

Oben auf dem Radbrunnenplatz steht die Bürgerwehr in Waffen um die Zunftbanner, mitten darunter Pforr in Fesseln, daneben Zofingen mit seinen Leuten, und Zofingen trägt die österreichische Binde am Arm. Langsam und von niemandem belästigt, ziehen die Pikarden sich in der Richtung des Schlosses zurück.

Zwei Männer reden abwechselnd in der Mitte des Platzes. Der eine ist Stählin, Pforrs Vorgänger im Bürgermeisteramt, den Karl von Burgund abgesetzt hat; der andere, wahrhaftig, Eptingen. Als er Hagenbach sieht, geht er ihm höflich entgegen:

»Herzog Sigmund hat die Pfandschaft gekündigt und die Summe in der Basler Münze hinterlegt. Ich bin hier, um die Pfandlande für ihn in Pflicht zu nehmen.«

Hagenbach kann nicht antworten, er wird vom Pferd gerissen. Eptingen hat Mühe, ihn vor Mißhandlungen zu schützen. Hagenbach wird in Stählins Haus gebracht. Kappeler darf mit den Pikarden die Stadt verlassen. Im Schloß wird geplündert. Zerbrochene Folterwerkzeuge werden in den Graben geworfen.

Es geschehen um Ostern noch andere Dinge. In Bern findet die jährliche Schultheißenwahl statt, und fast alle Stimmen fallen auf

Niklaus von Diesbach. Bubenberg wird des Dankes der Stadt versichert, unter höchsten Ehren geleitet man ihn vom Rathaus in seine Wohnung. Er begreift, daß es Totenehren sind.

In Köln reitet ein burgundischer Herold ein, hängt Wappen und Mandate auf dem Domplatz und am Gürzenich auf und ruft öffentlich aus, Herzog Karl sei im Anmarsch, Kapitel und Rat sollen Ruprecht von Wittelsbach wieder zum Erzbischof und Herzog Karl zum Schirmvogt für Erzbistum, Hochstift und Stadt annehmen. Die Leute auf den Straßen reißen Wappen und Proklamationen ab und werfen sie in die Gosse; sie schreien und toben, aber es ist ihnen nicht wohl dabei.

Vorbereitungen

Im Stählinschen Hause, vor welchem das Volk lärmte, erhielt Hagenbach sein Schwert zurück, blieb aber in standesmäßiger Haft, bewacht von vier Rittern und vier jungen Leuten aus dem Stadtpatriziat.

Eptingen nahm seinen Protest mit Höflichkeit zur Kenntnis und bedauerte, ihn nicht in Freiheit setzen zu können. Er hatte sofort an Herzog Sigmund geschrieben, der in Baden an der Limmat mit seinen Mätressen Ostern feierte, sehr zufrieden damit, daß eine Feindschaft beigelegt war, die ihn so lange gehindert hatte, den eleganten und vergnüglichen Kurort zu besuchen. Eptingen riet dringend, Hagenbach als Faustpfand für die Auseinandersetzung mit Burgund aufzubewahren.

Sigmunds Antwort war noch nicht da, als Eptingen einen zweiten Brief schickte und die Stimmung in den Pfandlanden schilderte.

»In Berücksichtigung so heftig geäußerter Volkswünsche glaube ich zur Eröffnung eines Kriminalverfahrens gegen Herrn von Hagenbach raten zu müssen«, schrieb er zum Schluß. »Neben aller selbstverständlichen Freude über die Rückkehr unter Eurer Hoheit gnädige und rechtmäßige Regierung beobachte ich eine Neigung, die gewonnene Freiheit über das Maß des Dienstlichen hinaus zu erweitern. Ein Prozeß schüfe erwünschte Ablenkung und schützte den Inhaftierten vor einem Gewaltakt der Bevölkerung, welcher der Regierungsautorität höchst nachteilig sein müßte. Ist die Hoheit einverstanden, so bitte ich, die bundesgenössische Stadt Basel

zur Gestellung von Folterwerkzeug samt erfahrenem Bedienungspersonal zu veranlassen.«
Hagenbach war bereits in das Gefängnis im Windbruchturm gebracht worden, hatte Wasser und Brot und erhielt keine Antwort, wenn er seine Freiheit oder zum mindesten eine Unterredung mit Herrn von Eptingen verlangte. Dennoch hatte er keine sehr hohen Besorgnisse. Er hielt sich überzeugt, daß er Karl jedes Lösegeld wert war.
Er schlief viel, obwohl es ihn oft fror. Dann träumte er von Karl und von maßlos vergrößerten weißen Frauengliedern. Denn außer dem Dienst des Herzogs waren die Frauen seine einzige Leidenschaft. Ja, nicht einmal einen übermäßig großen Zorn hatte er auf die Leute, die ihn hierher gebracht hatten, diese Leute, in denen er nichts erblickte als Bauern, freilich aus minderem Holz geschnitzte, im Schachspiel seines Herrn.
Eines Tages kamen Männer, die ihn in Eisen und Stock schlossen, ohne seine Fragen, Einsprüche und Drohungen zu beachten. Als man ihn eine Woche danach zur Tortur in den Radbrunnenturm führen wollte und seine geschwollenen Beine aus dem Stock löste, da konnte er keinen Schritt tun. Er wurde auf einen Schubkarren geworfen. Vierzig Mann mußten ihn unterwegs mit vorgehaltenen Spießen vor der Menge schützen. Er lächelte, als er die verzerrten Gesichter und erhobenen Fäuste sah.
»Judas! Judas!«
Da man ihm im Gefängnis einen Barbier verweigert hatte, ließ sich jetzt erkennen, daß auch sein Barthaar rot war.
»Judas! Judas!«
Viel beneidet, standen die sechs vereidigten Torturzeugen vor dem Radbrunnen. Es sollte – streng nach der Prozeßordnung! – mit der Territion begonnen werden, dem Versuch, durch Zeigen und Erklären der Folterwerkzeuge den verängstigten Angeklagten zum Geständnis zu bringen.
Hagenbach lachte kurz und unterbrach: »Fangt nur gleich an.«
Hagenbach wurde fünfmal vom Windbruchturm in den Radbrunnenturm gefahren. Am zweiten Tage der Befragung gab er den ersten Laut von sich.
Er schrie: »Sterben! Sterben!« Man band ihn los, in der Meinung, er wolle bekennen. Draußen heulten die Weiber: »Zieh, zieh! Weiter! Mach ihn hin!«

Hagenbach schwieg.
Der Protokollführer schnitt Federn zurecht, aus Langerweile mehr, als er würde brauchen können. Um die Zeit hinzubringen, schnitt er allerlei Bildwerk aus den Federfahnen: Kronen, Hirschgeweihe, kreuzgeschmückte Kirchtürme.
Als Hagenbach zum fünften Male, Steinkugeln an den Füßen, bei den Händen aufgezogen wurde, sagte er leise: »Laßt mich jetzt. Ich gestehe.«
Die Tortur war weniger mit Rücksicht auf den Gang des Prozesses als zur Sättigung des Volkes angewandt worden. Man hatte Hagenbach allerlei Fragen nach den Trierer Verhandlungen und Karls Plänen vorgelegt, Fragen, die mit seiner Amtsführung in keinem eigentlichen Zusammenhang standen und, wenn man es recht betrachtete, eine Mischung aus Neugier und Verlegenheit bekundeten. Hagenbach sollte angeben, wer seinerzeit dem Herzog Karl geraten habe, sich die österreichischen Vorlande von Sigmund verpfänden zu lassen. Er nannte Leute, die teils verstorben, teils ohnehin als Beförderer der Angelegenheit bekannt waren.
»Wer hat damals den Vertrag zwischen Herzog Sigmund und Herzog Karl entworfen?«
Hagenbach antwortete mit höflicher Ironie: »Vermutlich der Kanzler von Burgund.«
Um solche Auskünfte zu erhalten, dazu hätte es keiner Tortur bedurft.
Über Trier erfuhr man nichts, über Karls Absichten erfuhr man nichts. Was Hagenbach persönlich vorgeworfen wurde, gab er zu, als rede er mit Betrunkenen, denen ein kluger Mann höflich Recht gibt. Einer von den Zeugen ging hinaus und teilte der Menge mit, der Inquisit habe Staatsgeheimnisse von höchster Wichtigkeit offenbart.
Als der Gerichtstag bekannt wurde, machten sich Scharen auf. Sie kamen von weit her, aus dem Schwarzwald und den Vogesen, sangen, lachten, tranken und wurden in den Ortschaften mit Glockengeläut empfangen wie Festprozessionen. Im Sundgau schlugen die Lerchen. In Breisach warb die gelbe Sonne um die Rebstöcke auf dem Eckartsberg. Die Pfirsichbäume blühten. Vor den Bürgerhäusern standen in Kübeln Lorbeerbäume, Oleander und Palmenableger aus dem heiligen Lande. Die Menschen, berauscht vom süßen Flammentaumel fast italischer Luft, waren glücklich in dem

Gedanken, daß ihr Land frei sei und daß es ihnen von jetzt an wieder erlaubt sein werde, einander mit zweitägigem Bemühen die Ernte eines Jahres zu zerstören. Städter freuten sich über die Aussicht, benachbarte Ritter wieder so schädigen zu können, daß diese ihnen monatelang nichts zu verdienen geben konnten. Alle redeten viel von ihrem guten Herzog Sigmund und von dem Bündnis, das er mit den Eidgenossen und mit einigen benachbarten Städten, wie Basel, Straßburg und Kolmar, gegen Burgund geschlossen hatte. Sie lachten laut über die prachtvolle Art der Pfandschaftsaufkündigung, die jeder kannte. Der König von Frankreich, der notwendige Ausgaben unbedenklich leistete, vermeidbare aber unter allen Umständen vermied, hatte keinen Heller zu geben brauchen. Der Vertrag sah bei Wiedereinlösung die Hinterlegung der Pfandsumme in Besançon vor. Statt dessen hatte man ohne Einhaltung der im Vertrage vorgesehenen Kündigungsfrist und unter Beigabe einer willkürlichen Abrechnung an Karl geschrieben, die Summe liege in Basel bereit; ob sie dort lag, war einerlei, denn um sie von da zu holen und durch Aufstandsgebiet fortzuschaffen, hätte es einer Armee bedurft, und seine Armeen brauchte der Herzog zur Zeit anderswo. Das alles wußten sie, aber als kräftige und gesunde Männer waren sie von ihrem guten Recht überzeugt.

Von Basel fuhren in der Richtung auf Breisach drei Rheinschiffe ab, mit Grün geschmückt, Musik und Weinfässer an Bord. Mitten unter den brüderlich Tobenden saß schweigsam Hans Irmy, Basels großer Rechtsgelehrter, in den hellblauen Augen das kalte Feuer des Gerechtigkeitsuchers.

Der Prozeß

Hagenbachs Zelle lag über dem Torweg des Windbruchturmes. Es mag sein, daß seine Sinne sich in der Haft geschärft hatten; in jedem Falle glaubte er eines Morgens, als ihm sein Wasser gebracht wurde, an dem Pferdegetrappel unter ihm eine besondere Art des Hufbeschlages zu erkennen.

»Was sind das für Reiter?« fragte er. »Haben die Pferde gestutzte Schwänze?«

»Ja«, antwortete der Schließer, dessen Abscheu vor Hagenbach sich schon am zweiten Tage verloren hatte.

»Eidgenossen«, sagte Hagenbach leise, »es ist aus.« Und in diesem Augenblick erkannte er, wie weit Herzog Karl entfernt war, weiter vielleicht, als daß Karls Gedanken die Entfernung würden überbrücken können.

Die Gerichtsverhandlung fand auf dem Radbrunnenplatz statt. Fenster- und Dachplätze wurden hoch bezahlt.

Eptingen hatte auf die Auswahl der Schöffen viel Sorgfalt verwandt. Mit Ausnahme der herzoglichen Regierung waren alle Bundesglieder vertreten. So wurde ein jedes Burgund gegenüber ins Unrecht gesetzt und an etwaigem Abspringen gehindert. Die Eidgenossen waren durch Haßfurter von Luzern und Wabern von Bern vertreten; dazu kamen zwei Abgeordnete der bernischen Trabantenstädte Freiburg und Solothurn.

Hagenbach saß rasiert, in schwarzem Samt, eine Goldkette um den Hals, ungefesselt auf einem Schemel, mit dem Rücken gegen die Wand des Brunnenturmes gelehnt.

Thomas Schütz, der Schultheiß von Ensisheim, eröffnete umständlich die Verhandlung.

»Doktor Iselin wird die Anklage vertreten. Mir liegt die Bestimmung eines Defensors ob, es sei denn, daß sich freiwillig ein Anwalt für den Beschuldigten findet.«

Er sah sich flüchtig um. Unter den Zuschauern wurde höhnisch gelacht.

Professor Irmy hatte die Gepflogenheit, wichtigen Staatsprozessen als Zuhörer beizuwohnen, wenn sie in der Nachbarschaft von Basel stattfanden. Wie er es gewohnt war, hatte er die ersten Stunden nach seiner Ankunft in Breisach benutzt, um sich über die Anklagepunkte, die Zusammensetzung des Gerichts und alles sonst Wissenswürdige zu unterrichten. Als das Gericht und die Zuhörer sich versammelten, hatte er mit verschlossener und gedankenvoller Miene den bevorzugten Platz eingenommen, den man ihm mit Selbstverständlichkeit eingeräumt hatte. Jetzt stand er auf, legte die Hände auf den Rücken und ging mit seinen langsamen Schritten vor die Schöffenstühle. Er nahm sein Barett ab und sagte ruhig: »Ich verteidige.«

Aus den Zurufen klangen Überraschung, Argwohn, Unwillen.

»Nicht Irmy, nicht Irmy«, tuschelten erregte Schöffen.

Professor Irmy hielt die Blicke der Hunderte aus, böse Blicke, gehässige Blicke, eindringlich überreden wollende Blicke. Er hielt auch Hagenbachs Blick aus, der geringschätzig war und voll eines kühlen Staunens.

»Professor Irmy verteidigt«, erklärte der Vorsitzende. »Es soll Gericht sein, kein Mord.«

Um niemanden zu verwirren, hatte er beim letzten Satz mit deutlicher Ironie die Lippenwinkel gekrümmt.

Irmy verlangte zunächst eine Unterredung unter vier Ohren mit seinem Klienten. Aber das Gericht erklärte Heimlichkeiten dieser Art für unnötig. Darauf bestritt Irmy seine Zuständigkeit. Kraft seiner Stellung könne Hagenbach von niemandem gerichtet werden als vom Kapitel des Goldenen Vlieses oder vom großen Parlamentshof von Mechen. Das Gericht erklärte, für solche Vorurteile keine Zeit zu haben. Nun beanstandete Irmy die Zusammensetzung des Gerichtes, das aus persönlichen Feinden des Angeklagten bestehe. Das Gericht klärte ihn über seinen Irrtum auf. Die Anklage erhielt das Wort.

Doktor Iselin senkte den groben Bauernschädel und verlas ein Schriftstück. Die Bauern und Handwerker fühlten sich enttäuscht, sie hatten sich auf grellfarbige Bänkelsängermordtaten gespitzt und bekamen Gelehrtenausdrücke zu hören, dazwischen ganze Sätze Latein. Die Festfreude schlug bei manchen in dumpfen Ärger um.

Die Anklage zerfiel in drei Punkte: Mord, Meineid, Notzucht. Hagenbach hat in Thann vier Bürger ohne Urteil enthaupten lassen. Hagenbach hat bei seinem ersten Einzug geschworen, Breisachs Freiheiten zu achten, und später die Stadtverfassung umgestoßen. Hagenbach hat versprochen, keine undeutschen Truppen in die Stadt zu legen, und hat die Pikarden hergeführt. Hagenbach hat Ehefrauen und Mädchen zu seinem Willen gezwungen.

Nach der Verlesung hielt Iselin seine zweistündige Rede. Er vermied ein näheres Eingehen auf die Klagepunkte und gab statt dessen ein Bild der burgundischen Zwingherrschaft in den Pfandlanden. Er sprach volkstümlich und anekdotisch. Die Zuhörer fühlten sich entschädigt und schrien Beifall.

Nach der Mittagspause redete Irmy. Unter der Menge gab es jetzt schon Betrunkene, und es wurde viel geschrien. Irmy hielt dann jedesmal inne, ohne sich je nach den Rufern umzusehen; war es still geworden, so fuhr er, den letzten Satz wörtlich wiederholend mit seiner leidenschaftslosen Stimme fort.

Die Leute von Thann seien in offenem Aufruhr gestanden, Kaiser und Herzog hätten die Enthauptung gutgeheißen. Da Breisach dem Herzog am Tage der Unschuldigen Kinder neu und ohne Vorbehalte gehuldigt habe, sei Hagenbachs Eid gelöscht gewesen. Die Pikarden seien nicht auf Hagenbachs, sondern Herzog Karls Befehl einmarschiert. Für ihre Exzesse trage Hauptmann Kappeler die Verantwortung. Die Frauen seien Hagenbach zugelaufen und hätten Zahlungen und Geschenke genommen. Stünde es anders, so wären sie als Zeuginnen, als Klägerinnen gekommen.
»Ist es die Meinung des Gerichts, auf Dienstboten- und Schlafzimmerklatsch zu hören«, sagte er kühl, »so wären wohl drei Viertel der Anwesenden unter ähnlicher Beschuldigung zu verhaften.«
Dann wandte er sich gegen Iselins Rede.
»Ich kann keine Schuld darin erkennen, daß der Inkulpat seine Statthalterschaft nicht nach österreichischen, sondern nach burgundischen Gepflogenheiten verwaltet und den Willen seines Herzogs ausgeführt hat.«
Das Murren nahm zu.
Als Irmy das am ganzen Rhein bekannte Sprichwort erwähnte, in den Pfandlanden könne man seit Hagenbach Statthalter sei unbewacht Goldsachen nachts auf der Straße stehenlassen, da rief der Vorsitzende: »Zur Sache, Professor Irmy!«
Haßfurter aber vergaß sein Schöffenamt und schrie: »Spricht hier ein Basler Bürger oder ein burgundischer Amtsschreiber?«
Irmy antwortete mit Nachdruck und doch ohne seine Stimme zu erheben: »Ein Mann, der geschworen hat, die Gerechtigkeit zu suchen, zu halten und zu lehren.«
»Aufhören! Aufhören! Das Urteil! Hagenbach muß hin werden!« tobten alle die Männer, die hergekommen waren wie zu einem Volksfest, die ihren Kindern versprochen hatten, ihnen Lebkuchen aus Breisach mitzubringen, und sich bloßgestellt gefühlt hätten, wenn sie daheim den Mitbürgern oder Dorfgenossen nicht eine Hinrichtung hätten schildern können.
Doktor Iselin hatte während der Rede stumm auf seinem Stuhl gehockt. Da er sich mit den großen behaarten Händen vor der prallen Sonne des frühen Nachmittags schützte, konnte niemand sein Gesicht sehen. Jetzt stand er auf und winkte. Die Schreier verstummten. Alle reckten die Hälse.
Iselin duckte den Schädel. Einige Male setzte er zum Sprechen an

und blieb dennoch stumm. Endlich hob er entschlossen den Kopf und sagte: »Ich ziehe die Anklage zurück.«
Es gab ein Gebrüll. Einige wollten über die Schranken klettern. Die Schöffen berieten sich flüsternd.
Eptingen trat vor: »Ich übernehme die Anklage.«
Man klatschte und rief Beifall.
Iselins braunes Gesicht wurde rot. »Ich habe die Anklage zurückgezogen«, schrie er, »nicht mein Anklägeramt niedergelegt. Der Prozeß ist damit hinfällig!«
Der Vorsitzende entschied für Eptingen.
Eptingen klagte auf Mord, Meineid, Gewalttat und Bedrückung. Die Notzucht ließ er fallen. Zum Schluß machte er sich anheischig, Zeugen beizubringen, obwohl die Offenkundigkeit der Delikte keiner Zeugen bedürfe.
Zeugen? Zeugen? Würden die Frauen erscheinen? Alle Gesichter zeigten eine gierige Spannung.
Aber es gab eine Enttäuschung: es waren nur die sechs Torturzeugen, die eidlich aussagten, Hagenbachs aus Staatsgründen unprotokolliert gebliebenes Geständnis gebe der Anklage recht.
»Das Geständnis gilt nicht, Inkulpat ist zu Unrecht auf die Folter gebracht worden«, wandte Irmy ein. »Kein Gesetz will, daß die Folter Geständnisse erpresse. Sondern es will, daß sie den Schuldigen zwinge, das auch mit dem Munde zu bekennen, was bereits seine Taten selbst, deren Zeugen und Indizien bekannt haben. Das Recht will, daß niemand zur Folter gebracht werde als der Überführte, welcher der Überführung zum Trotz sein Geständnis weigert, wohl wissend, daß ohne sein Schuldbekenntnis kein Urteil fallen darf.«
Das Gefecht dauerte bis über das Abendläuten.
Irmy schloß: »Ich anerbiete den Beweis, daß Inkulpat in allem auf Befehl und Verantwortung des Herzogs handelte, dem er eidlich zum Gehorsam verpflichtet war.«
Eptingen erwiderte: »Selbst wenn Kaiser und Herzog solche Dinge gewollt haben sollten, so kann es nicht ihre Absicht gewesen sein, daß sie in verbrecherischer Weise getan wurden. Ich warne Professor Irmy vor dem Vergehen einer Majestätsbeleidigung.«
»Ich beantrage Vertagung«, rief Irmy. »Ich werde zu Herzog Karl reisen und den Beweis erbringen.«
Der Schultheiß von Ensisheim besprach sich, unsicher geworden,

mit Eptingen und den Schöffen. Dann wurde Irmys Antrag abgelehnt.
Die Schöffen gingen zur Beratung in das Haus des Bürgermeisters Stählin. Diese Beratung dauerte nicht übermäßig lange. Als sie wiederkamen, verkündete Schütz, der Vorsitzende:
»Der Beklagte ist schuldig erfunden. Er soll mit dem Schwerte gerichtet werden, so daß zwischen Haupt und Körper ein Wagen durchfahren kann.«
Es war beabsichtigt gewesen, ein Urteil auf Abschlagen der rechten Hand, Herausreißen der Zunge und Rädern ergehen zu lassen. Petermann von Wabern, dem Vertreter Berns, war es gelungen, die bloße Enthauptung durchzusetzen.
Eptingen hatte von der Verkündigung des Urteils ein Triumphgeschrei der Menge erwartet. Aber es blieb still. Alle Blicke fuhren auf Hagenbach zu. Er hatte die ganze Zeit über unbeteiligt dagesessen, Fragen kurz beantwortet und die ihm von Irmy zugeworfenen Argumente unbenutzt gelassen.
»Ich bitte ums Wort«, sagte er jetzt.
Schütz erteilte es ihm, nicht ohne Besorgnisse.
Aber Hagenbach sagte nur: »Meine Pferde im Schloßstall vermache ich dem Stephansmünster, die Goldkette hier dem Professor Irmy, den Fingerring dem Doktor Iselin.«
»In des Herzogs Namen genehmigt«, erklärte Eptingen, obwohl der Fiskus Anspruch auf des Verurteilten ganze Hinterlassenschaft hatte.
Sigmunds Herold trat vor und erklärte Hagenbach in Sankt Georgs Namen der Ritterwürde verlustig.
Es war dunkel geworden, als der Zug vor dem Kupfertor anlangte. In der Eile hatte man vergessen, das Glockenläuten zu bestellen. Die schmale Mondsichel war kaum zu sehen. Hagenbach erinnerte sich plötzlich, daß seine Kinderfrau ihm gesagt hatte, dies sei Gottes Daumennagel.
Die Scharfrichter von acht verschiedenen Städten stritten sich, gierig nach den Gebühren, um den Vorrang. Als letzte Demütigung wählten die Schöffen den Henker von Kolmar, einen kleinen äffischen Gnomen mit kurzen Beinen und langen Armen.
Endlich waren Fackeln zur Stelle. Hagenbach rief: »Verzeihe mir jeder, ich habe verziehen.« Die Zuhörer begriffen erst später, was sie an diesen Worten so sehr bewegt hatte: sie hatten den Statthal-

ter zum erstenmal mit laut erhobener Stimme rufen hören. Dann sprach Hagenbach dem Priester nach: »In manus tuas, Domine, commendo spiritum meum.«
Als das Schwert silbern im rötlichen qualmverhangenen Fackellicht flammte, schrie eine Greisenstimme: »Ich hab's ihm getan! Ich hab' ihn verbohrt!«
Den Kopf durfte der Gnom nach Kolmar mitnehmen. Der Leib wurde auf eine Hagenbachische Besitzung gebracht. Drei Jahrhunderte lang beteten die Bauern seiner Erbdörfer für die Seele des Gerichteten.

Der Einbruch ins Reich

Alle die Männer, welche Karl seine Ratgeber nannte, weil sie ihm seine Entschlüsse und Befehle nachträglich zu begründen hatten, sahen im österreichisch-eidgenössischen Vertrage eine diplomatische Niederlage von furchtbarer Schwere. Neben ihr war Trier nichts als eine fehlgeschlagene Spekulation.
Man scheute sich, dem Herzog Hagenbachs Ende mitzuteilen. Endlich schob der Großbastard Herrn de la Marche vor. Das Hauptquartier befand sich für diese Nacht in einem Kloster unweit der burgundischen Ostgrenze. Karl hatte spät am Abend noch die Biwaks durchritten und darauf den Vorleser in sein Zimmer befohlen. Olivier hielt den Tag für günstig, denn am Morgen war Meldung von den ersten Vorhutgefechten gekommen: Romont hatte oberhalb von Bonn Fuß gefaßt und sich der Stadt und des Schlosses Linz bemächtigt.
Olivier wurde angehört. Er holte weit aus und sprach behutsam, mit gedämpfter Stimme wie ein Tröstender. Aber Karl schien keines Trostes zu bedürfen. Er sah über Olivier hinweg und schwieg eine längere Weile. Endlich sagte er: »Der leere Harnisch ist zerschlagen worden. Ich habe den Harnisch geliebt, aber ich darf mein Herz nicht an Dinge hängen.«
Er winkte dem Vorleser, zu beginnen. Von Hannibal wollte er hören, von Hannibal!
Im Korridor, unter der stinkenden Öllampe, warteten die anderen auf ein Wutgeschrei. Als alles still blieb und Olivier aus Karls Tür trat, sagte der Kammerherr von Lalaing leise: »Ich habe es gewußt, er wagt es ihm nicht zu sagen.«

Olivier berichtete den Herren und schloß: »Ich kenne die Hoheit bis auf den letzten Blutstropfen. Aber sie tut immer wieder Dinge, die nicht in ihr Wesen gehören.«

»Das beweist, daß Sie ihn überhaupt nicht kennen«, bemerkte gedrückt der Kanzler, dem ein Wutausbruch behaglicher gewesen wäre. »Sie nicht und wir nicht. Es hat noch kein Mensch Dinge getan, die nicht sein eigen sind.«

Chateau-Guyon hob seine lange, vornehme Hand zum Zeichen, daß er etwas zu diesem Gegenstand zu äußern wünschte. Alle schwiegen gespannt.

»Am Rhein werden wir etwas erleben«, sagte Chateau-Guyon, verbeugte sich leicht und ging in seine Zelle.

»Ohne Zweifel«, meinte Olivier höflich.

Immer klaffte eine Lücke zwischen dem, an das Chateau-Guyon anknüpfte, und dem, das er aussprach. Unwillkürlich beeinflußt von der Schätzung, in der Chateau-Guyon beim Herzog stand, hatte man sich am Hofe gewöhnt, diesen Umstand für ein Zeichen von Tiefsinn zu halten: Chateau-Guyons rasche Gedanken hatten einfach ein Zwischenglied übersprungen, in der sicheren Erwartung, die Zuhörer würden den Sprung mit ihm tun.

»Ohne Zweifel«, bestätigte der Großbastard.

Der Weitermarsch war für Tagesanbruch befohlen. Eine Stunde vor Mitternacht wurde unvermutet alarmiert. Karl konnte es nicht erwarten, bis die Grenze überschritten war.

Er stieg im Klosterhof zu Pferde, von Fackeln und Windlichtern besprüht. Hagenbachs Bruder, vor einer halben Stunde im Hauptquartier angelangt, warf sich auf die Knie und erklärte schroff, nicht aufstehen zu wollen, bevor der Herzog ihm Truppen für einen Rachefeldzug bewilligt habe.

»Bleiben Sie liegen«, sagte Karl und ritt an.

Ich gehe ins Erzstift Köln, um mich zum Herrn des Reiches zu machen, und die Leute reden vom Sundgau, dachte er voll Haß. Eine halbe Stunde danach rief er den Großbastard an seine Seite und bemerkte gleichmütig:

»Hagenbach soll nach Besançon zurückkehren. Von der Feldarmee keinen Mann. Die Statthalterschaft der Franche-Comté mag ihm geben, was sie an örtlichen Kräften meint entbehren zu können.«

Dann begann er zu galoppieren.

FÜNFTER TEIL

Pensionen

Von Bern gelangte das noch namenlose Neue, flutend oder sickernd in die eidgenössischen Orte. Am zähesten waren die Waldkantone, deren bäuerlicher Tatsachensinn immer wieder einwandte, ein glücklicher Krieg mache nur Bern groß, ein unglücklicher verderbe alle. Zäh war auch Luzern, wo man gern das steife Rückgrat gegen Bern betonte und seinen Kindern immer noch altmodische Literaturnamen, wie Parzifal und Klingsor, gab; endlich begann auch Haßfurters rechthaberisches Mißtrauen abzubröckeln.
Überall legten Behörden einen Mantel von Heimlichkeit um sich. Einflußreiche Männer bildeten kleine Ausschüsse und faßten nachts, von niemandem ermächtigt, schwerwiegende Entschließungen. Die Diesbachs und Scharnachthals waren viel unterwegs.
Niklaus von Diesbach suchte Bubenberg auf. »Ich habe zwei Gründe«, sagte er, »der eine betrifft uns, der andere dich. Es wäre mir lieb, wenn eine Politik, die sich durchsetzen muß, weil der letzte Rollknecht sie begreifen kann, auch vom alten Gewicht des Namens Bubenberg legitimiert würde. Und dann will ich nicht, daß inmitten einer Steigerung und Zusammenfassung aller bernischen Lebenskräfte gerade du ausgeschlossen bleibst.«
»Und wieviel von diesen Kräften hast du mir zugedacht?« fragte der Altschultheiß mit müdem Spott. »Einerlei, antworte nicht erst.«
Anders als Diesbach sprach Bubenbergs Hauptgläubiger, der Schultheiß Segesser von Aarau.
»Die Reichsfreiherrnwürde verbietet es, französisches Geld zu nehmen?« schrie er. »Aber sie hindert nicht, Gläubiger unbefriedigt zu lassen?«
»An uns denkst du nicht?« sagte Johanna von Bubenberg. »Soll die Armeleutewirtschaft ewig weitergehen? Willst du es mich entgelten lassen, daß du meinem Vater nicht gewachsen bist?«

Die verbitterte Frau sah dem Bruder Nicod ähnlich. Allein, während er mit spöttischer Überlegenheit anzugreifen pflegte, schäumte sie ins Gebiß.
Adrian der Jüngere hatte manchmal Zeuge solcher Auseinandersetzungen zwischen der Stiefmutter und dem Vater zu sein, denn Johanna konnte sich nicht zwingen, wenigstens in seiner Gegenwart ihre Bitterkeit in sich verschlossen zu halten. Schweigsam und freudlos gingen die Mahlzeiten hin.
Aber mehr noch als unter den häuslichen Mißhelligkeiten litt der junge Mensch unter dem Abseitsstehen des von ihm bewunderten und doch ihm wenig verständlichen Vaters inmitten der freudig zu Taten drängenden Stimmung, welche die ganze Stadt erfaßt hatte. Denn auch er hatte abseits zu stehen.
Seine Altersgenossen durften sich im Einklang mit ihren Vätern und älteren Brüdern allen Erregungen der Tage überlassen. Sie träumten und redeten von ihrem ersten Kriegszuge, der sehr nahe schien. Ja, sie rüsteten sich zu kommenden Ausmärschen und schienen mit einem Male in die Gemeinschaft der waffenfähigen Männer aufgenommen. Und er? Er wollte von Hause fort und bestürmte den Vater um seine Einwilligung. Fort, fort, einerlei wohin, zu den Truppen der Habsburger, der Franzosen, zu Karl von Burgund! Aber der Vater ließ es nicht zu. Und der junge Adrian mußte, dies war das Ärgste, einräumen, daß der Vater, der letzte Vorkämpfer einer ehrenhaften Neutralität, nicht den eigenen Sohn einer der streitenden Parteien zusenden konnte. Des Vaters Festigkeit, die nicht nur von der Natur verliehen, sondern auch in Jahren und Ämtern erworben war, hatte sich in dem Sohne noch nicht zu entfalten vermocht; an ihrer Stelle hatte ein grollender Eigensinn von ihm Besitz ergriffen.
Niklaus von Diesbach, gestern einflußreich, war heute fast allmächtig. Er hielt offenes Haus, seine Frau hatte ihr Lächeln bereit. Er sagte lachend: »Mein Adel ist noch zu jung, als daß er Handwerkern die Tür sperren dürfte.«
Aus den Adelshäusern der Ägerten-, Kirch- und Hormatsgasse kamen sie abends in sein Privatkontor, fragten, rechneten, quittierten. Die Venner und Zunftmeister folgten. Alles hing von ihm ab, der König hatte ihm die Verteilung der Pensionen übertragen, die für Bern bewilligt waren. Übers Jahr würde er erhöhen oder herabsetzen.

Man bestach Dienstboten, in Zunftstuben und Gesellschaftshäusern belauerte einer den andern, um an seinem Aufwande zu erraten, welches Jahrgeld ihm Diesbach zugeteilt hatte. Scharnachthal erhielt sechshundert Livres Gold, zweihundert der Ratsastrologe. Daß Niklaus von Diesbach sich und seinem Vetter Wilhelm je tausend bewilligt hatte, wußte niemand.

Bisher war es Brauch gewesen, daß die Verordnung, welche die Annahme ausländischer Geldzuwendungen untersagte, in jedem Monat einmal öffentlich verlesen wurde; auf Ratsbeschluß wurde dieser Brauch jetzt abgeschafft.

Mancher wünschte sein Geld in Landbesitz anzulegen. Bubenberg fand Käufer für einige seiner Güter. Sie brachten wenig, sie waren heruntergekommen während des Grundherrn kostspieliger Gesandtschaftsreisen, für die er dem Rat die Rechnungen einzureichen unterließ. Das Gieren nach Tagegeldern, nach Ersatz jeder zwar im Dienste der Stadt, aber doch auch im Dienste der eigenen Ehre gemachten Aufwendung, das war neuer Brauch, schicklich allenfalls für die jungen Leute, die Diesbach mit Leinwandgeschäften in seine Zweigniederlassungen sandte, nach Genf, Barcelona, Augsburg.

Als Wirtschaftsorakel der Stadt gab Niklaus von Diesbach Ratschläge, die von Krediten begleitet waren. Das Bankhaus May tat es ihm nach. Gerber, Sattler, Wagner, Schneider, Waffenschmiede vermehrten die Gesellenzahl und arbeiteten auf Vorrat. Plötzlich sah sich die Hälfte aller Gewerbetreibenden in Spekulationen verwickelt, deren Gelingen den Krieg zur Voraussetzung hatte. Diesbach und May begannen zu mahnen.

Die Regierungen zauderten, aber die jungen Burschen rannten schon den österreichischen Werbern zu, die zum Schutz des Sundgaus gegen Hagenbachs Bruder aufriefen. Andere umgingen die Werber mit ihren ewigen Hauptleuten und Kriegsartikeln, verließen nachts ihre Orte, rotteten sich zusammen, zogen über die Grenzen und kamen mit Viehherden und Wagenkarren zurück. Das waren die Älteren, gehärtet und verwildert im fünfzehnjährigen Bürgerkrieg gegen Zürich, in den Fehden mit Österreich, die Gerauf und Beutemachen zur Leidenschaft, zur Gewohnheit, zum Handwerk hatten werden lassen.

Abstimmungen bereiteten keine Schwierigkeiten mehr. Das Defensivbündnis mit Frankreich erhielt Zusätze, kleine Änderungen, bis es fast unvermerkt zu einem Angriffspakt gegen Burgund geworden war.

Schon in der Fastenzeit hatten die Predigermönche die Stimmen erhoben. Bald hallten alle Kirchen wider von den Greueltaten des blutsäuferischen Lehensherzogs Herodes, der sich mehr gedünkt hatte als der römische Kaiser Augustus. Absalom empörte sich, den Antichrist vorbedeutend, gegen seinen kaiserlichen Vater, aus dem leicht ein Schwiegervater zu machen war. Pharao bedrückte das Volk Israel, das friedlich herdenweidende. Nabuchodonosor, den Herrscher Babylons, hat Gott verblendet zu wahnsinnigem Hochmut, allein, seine Stunde ist nahe: Gras soll er fressen, Gras, Alpenweidengras!

Unter den Lauben der Märitgasse, vor den Buden am Stadtbach stehen nach der Predigt aufgeregte Leute beisammen und sprechen von Burgund und Savoyen. Daß Herzogin Yolande sich gleichwie Mailand mit Burgund verbündet hat, ist noch nicht das wichtigste. Wichtiger ist, daß alle die großen Grundherren der savoyischen Waadt, der Herr von Chateau-Guyon und der Graf von Romont bei Herzog Karl Dienst tun. Ihre Burgen und Städte werden also jederzeit offenstehen, burgundische Besatzungen aufzunehmen. Mit diesen Männern soll man in Frieden bleiben? Will man noch lange warten?

Veteranen prahlen und stacheln. Und Nacht für Nacht dröhnt aus den Zunftstuben, aus der Krone, dem Löwen, dem Lombachischen Gasthause das herausfordernde Blutgebrüll, dessen Klang Jahrzehnte hindurch panischen Schrecken in die Glieder von Reiterheeren und Ritteraufgeboten getragen hat:

»Wir wöllen wieder uf d' Wite gahn!
Bumperlipum, aberdran! Hei-a-han!«

Tischgespräche

König Ludwig speiste gern in kleinem Kreise. Außer Niklaus von Diesbach, der, um Bericht zu erstatten, seit einigen Stunden wieder bei ihm in Plessis-les-Tours war, hatte er nur den Geheimrat Commynes zu Tisch gebeten, einen klugen Schweiger, der früher Burgund gedient hatte.

»Es geht einfach bei mir zu, Herr von Diesbach«, sagte der König.

»Ich überlasse es meinem Vetter Burgund, jedes Mundspülen zu einem Ordensfest zu gestalten. Könnte man ihn überreden, immer eine Hofzeremonie daraus zu machen, wenn sein Leibarzt ihm ein Klistier ansetzt, so wäre die Welt gerettet. Die goldene Lanze verlarvt den Helden, das Klistier entlarvt ihn.«

Sein böckisches Gesicht lachte behaglich und mit Blinzeln.

»Immerhin, ich freue mich der Eleganz meines Gastes. Nun, Sie sind wohlhabend; ich muß das Meinige zusammenhalten.«

Er strich sich über die abgeschabte graue Wolle seines Rockes und zwang Diesbach, ihm die Ordensinsignien zu erklären, die jener über dem weißen Seidenrock trug, des Ordens der heiligen Katharina, des Schwans von Cleve, des Schwertordens, des Ordens vom Heiligen Grabe, des Kannenordens von Aragon.

Commynes lächelte. Diesbach spürte den Spott und genoß dennoch wider Willen die Aufzählung ihm widerfahrener Ehren.

»Soso, der Orden vom Heiligen Grabe. Lieber Kammerherr, ich finde, Gott sorgt schlecht für sein Grab. Meine burgundischen Vettern haben für ihre Kartause von Champmol mehr getan. Gewiß, ich sähe es gern befreit, aber sollen wir Gott vorgreifen, der Legionen von Engeln schicken könnte?«

Aalpastete und Hirschragout durcheinanderschlingend, ließ er sich von Diesbach erzählen, der vor einem Jahrzehnt die modische Wallfahrt ins Heilige Land gemacht hatte und den Kreuzzug seitdem für ein dialektisches Hilfsmittel hielt.

»Welches Aktivum könnte Gott buchen«, sagte Commynes höflich, »wenn Sie gegen Ungläubige in morgenländische Wüsten zögen, Sire, und das christliche Frankreich würde derweil von gläubigen Abendländern zur Wüste gemacht?«

Beim Geflügel wurde ein Agentenbericht aus dem burgundischen Hauptquartier gebracht, das seit längerer Zeit in der niederrheinischen Ebene lag, vor dem belagerten Neuß. Der König öffnete ihn sofort und las kauend einige Stellen vor. Campobasso und Romont hatten nach drei vergeblichen Versuchen die beiden Rheininseln vor der Stadt genommen. Damit war Neuß auch von der Wasserseite her abgeriegelt, allein, was wollte das besagen? Die eigentliche Belagerung hatte ja nun erst zu beginnen! Karl hatte, wie der Bericht weiterhin schilderte, an den und den Gefechten teilgenommen und sieben Stunden lang ohne Unterbrechung mit dem Spaten in den Laufgräben gearbeitet.

»Helden! Helden!« sagte Ludwig geringschätzig. »Helden sind für die Dichter, mögen die Schulbuben Latein daran lernen. Als ob unsere Taten etwas anderes wären als die ironischen Glossen auf unsere Gedanken! Was man Karls Charaktergröße nennt, ist nichts als seine Nachgiebigkeit gegen jedes Gefühlchen, das aus seinem Magen steigt. Wahrhaftig, ich liebe seine Männlichkeit: er ist Manns genug, allen Einflüsterungen der Vernunft sein Gehör zu verschließen. Helden, Helden! Ein steuerkräftiger Kürschnermeister ist mir lieber als dreißig Turniersieger.«

»Auch im Kriege, Sire?« fragte Diesbach.

Ludwig lachte laut und herzlich. »Gerade im Kriege, lieber Kammerherr. Was glauben Sie, wieviel Schweizer ich mit den Gewerbesteuern der Pariser Kürschnermeister kaufen kann? Meine Kürschner machen die wahren goldenen Vliese!«

Ohne Diesbach Zeit zur Empfindlichkeit zu lassen, fuhr der König fort: »Erzählen Sie mir von unserem Freund Bubenberg! Er ist kaltgestellt, sagten Sie? Sein Eigensinn hat uns viel zu schaffen gemacht.«

Diesbach berichtete: Bubenberg war von der Teilnahme an den Sitzungen des Kleinen Rates ausgeschlossen worden, soweit Dinge der Außenpolitik verhandelt wurden, und hatte sich gekränkt auf seine Herrschaft Spiez am Thunersee zurückgezogen.

»Mein Schatzmeister wird Ihnen dankbar sein, daß Sie auch einmal die billigere Methode gewählt haben. Die andere, so fürchte ich, hätte im Falle Bubenbergs vielleicht meine Mittel überstiegen.«

»Es lag nicht an der Höhe, Sire. Aber es ist mir nicht möglich gewesen, Herrn von Bubenberg zur Entgegennahme eines Jahrgeldes aus Eurer Majestät Schatulle willig zu machen.«

»Nun, jeder muß wissen, was er tut.«

Als einer der wenigen am französischen Hofe hatte Commynes fast in allen Stücken des Königs Vertrauen. So trug Ludwig keine Bedenken, in seiner Gegenwart die vor Tische mit Diesbach unter vier Augen begonnene Erörterung der Staatsangelegenheiten fortzuführen, wozu ja der Agentenbericht eine Einleitung gegeben hatte.

»Wann glauben Sie die Kriegserklärung an Burgund durchsetzen zu können, mein Kammerherr?« fragte der König.

»Ich hoffe, schon sehr bald nach meiner Rückkehr, Sire. Unmöglich können wir uns doch der kaiserlichen Mahnung zum Reichskriege länger entziehen«, antwortete Diesbach lächelnd.

»Eine Gewissenhaftigkeit, die dem Reichsgefühl der Eidgenossenschaft zu aller Ehre gereicht«, sagte der König, und nun lachten sie alle drei, unbefangen wie gute Stammtischfreunde.
»Gehen Sie mit ins Feld?« fragte Ludwig.
»Glaubten Sie, Sire, ich bliebe zu Hause?« erwiderte Diesbach fast heftig. »Vielleicht erinnern Sie sich, daß ich auch schon unter Ihrer Fahne gefochten habe.«
»Ach so, ich vergaß. Nun, es brauchte ja nicht gerade im Felde zu sein – media vita in morte sumus –, ich meine, wenn Ihnen sonst etwas zustoßen sollte, was die Heiligen verhüten wollen« – er bekreuzte sich schmatzend –, »in Bern würde sich ja nichts ändern, dazu haben Sie Ihre Sache zu gut gemacht. Mein Herz wäre untröstlicher als meine Schatzkammer.« Er zwinkerte. »Tausend Livres im Jahr, ein liebes Stück Geld, keine üble Ersparnis. Wissen Sie, Commynes, offenbar gefällt es doch Gott, mir manche Schwierigkeit unvermutet fortzublasen. Denken Sie an Herzog Nicolas Tod.«
»Hat dort auch Gottes Hauch geweht?« fragte Diesbach, eigentümlich betroffen von der Wendung des Gesprächs.
»Er bedient sich dazwischen sonderbarer Winde«, sagte Ludwig halblaut und bekreuzte sich wieder. »Sein Name sei gepriesen.«
Er ließ die Lider zu drei Vierteln über die Augen fallen. »Ich bin kein Obstgärtner wie mein Freund, der Kaiser«, fuhr er fort, »nun, aber Sie haben wohl auch von einer bestimmten Birne aus meinem Spaliergarten gehört?«
Ludwig wußte, wessen man ihn beschuldigte, hielt es aber für klug, dem Gerücht nicht zu widersprechen, da es, des Königs weitgreifende Macht erweisend, einen ihm heilsam scheinenden Schrecken mehren konnte.
Diesbach verneigte sich stumm und spürte, wie sich die Härchen an seinem Körper aufrichteten.
Es wurden Früchte gebracht, eine große Silberschale, der Diener bot sie dem Könige, der aber bedeutete ihn die Schale auf den Tisch zu setzen und sich zu entfernen.
Ludwig zog lächelnd die Schüssel an sich heran und musterte ihren Inhalt. Eine nach der anderen nahm er die großen bernsteingelben Birnen in die Hand, betrachtete sie genau und legte sie zurück. Endlich schien er die gesuchte gefunden zu haben und begann langsam und mit Sorgfalt zu schälen.
Diesbach suchte vergeblich Commynes' Blick.

Ludwig zog Diesbachs Teller an sich und legte die Birne darauf, in vier Teile zerschnitten.
»Da, mein Kammerherr, die königlichste Frucht von der Schale. Der König hat sie Ihnen ausgesucht, der König hat sie Ihnen geschält, essen Sie sie in Gesundheit.«
Diesbachs lebenskräftige Haut war käsig geworden.
»Majestät ... Majestät ...«
»Nun, wie Sie wollen«, antwortete Ludwig, nahm ihm den Teller wieder fort und verzehrte die Birne mit behaglichem Glucksen.
Commynes lachte überlaut. Er wußte, daß Ludwig kein respektvoll gebändigtes Höflingsgelächter liebte.

Lothringen

Inmitten aller Weltbegebenheiten und aller Bewegungen, welche die Menschen in den Stromgebieten der Maas und des Rheines, der Marne und Rhone ergriffen hatten, beharrte der Weiberhof von Joinville unveränderlich in seinem alten Leben, mit Kirchgang, Stickerei, Musik, abendlicher Vorlesung und gelegentlichen Ausritten, und an all diesem nahm auch Renés Großmutter teil, nur daß für sie, die seit langem nicht mehr zu Pferde stieg, eine schwerfällige Kutsche bespannt werden mußte. Wurde von Staatsangelegenheiten gesprochen, so schwieg sie neuerdings und nahm eine mißbilligende Miene an, als schicke es sich nicht, daß die anderen in ihrer Gegenwart Dinge behandelten, die sie ermüdeten. Renés Entführung war aus ihrem Gedächtnis geschwunden oder hatte doch in ihm eine Umbildung erfahren. So sagte sie – die Entführung lag schon eine ganze Reihe von Monaten zurück – eines Abends, als Pfaffenhofens plötzlicher Schlummer ein Loch in die Vorlesung gemacht hatte: »Ich höre, René hat unlängst den lieben Grafen von Charolais in Luxemburg besucht. Sehr schön, meine Gute, sehr schön. Als junges Mädchen bin ich auch einmal in Luxemburg gewesen. Damals wurde noch getanzt!« Sie nannte Herzog Karl immer noch dazwischen mit dem Titel, den er zu Lebzeiten seines Vaters getragen hatte.
René hatte die Mutter gebeten, die Weihnachtszeit bei ihm in Nancy zu verbringen, und es war schon alles vereinbart gewesen. Drosselchen ließ ihre Kleidung herrichten und die der Tochter,

welche sie begleiten sollte; die kleine Yolande träumte von Nancy wie von einer Feenstadt und versah sich eines Glanzes, den die bescheidene Residenz nie auszustrahlen vermocht hätte.

Dann aber ließ René sich verleiten, den Pakt mit Burgund zu schließen! Alle Bitten, alle Tränen der Tochter fruchteten nicht, Drosselchen schrieb, ihre Empörung hinter einer kalten Hoheit verbergend, sie könne und wolle weder sich noch ihre Tochter der Möglichkeit aussetzen, in den Straßen von Nancy einem jener Männer zu begegnen, die damals René nach Luxemburg verschleppt hätten. Sie zürnte dem Sohn und war doch zugleich froh, in diesem Zorne einen rechtmäßigen Grund zum Unterlassen der Weihnachtsreise zu haben, denn sie fürchtete sich vor einer freilich kaum zu beantwortenden Frage Renés, was sie denn in seiner Zwangslage getan haben würde. Es paßte ihr, in Chiffron, den sein Verstand ihr von jeher unbehaglich, ja verdächtig gemacht hatte, einen Schuldigen zu erblicken. Von ihm ließ René sich beraten, er als erster hätte die Pflicht gehabt, den Unerfahrenen in der Bündnistreue gegen König Ludwig zu erhalten! Sprach ihr jemand von der burgundischen Kriegsdrohung, die ja die Freiheit des Entschlusses aufgehoben habe, so erwiderte sie mit einem undeutlichen Hinweis auf die Diplomatie, die René hätte spielen lassen müssen; denn es schwebte ihr vor, Diplomatie sei eine jederzeit anwendbare Kunst, mit deren Hilfe sich in geheimnisvoller Weise ungelegene Feldzüge vermeiden ließen; auch hier also hatte Chiffron seiner Pflicht nicht zu genügen gewußt.

René hatte sich zu einem Besuch in Joinville nicht entschließen können. Er fürchtete Auseinandersetzungen, Vorwürfe, luftige Ratschläge. Zugleich meinte er in dieser Zeit, da ständig Entschlüsse, wenn auch oft nur von beschränkter Tragweite, von ihm verlangt wurden, seine Hauptstadt nicht verlassen zu dürfen. Seit Jahren war er nicht für eine derartig lange Spanne von seiner Mutter getrennt gewesen, denn seit dem Abend des Überfalls hatte er sie nicht mehr gesehen. Das war im Sommer gewesen, und Sommer war es nun abermals. Und doch glaubte er sich nach der Mutter zu sehnen; mit Unrecht, denn wonach er sich sehnte, das war jener Zustand, welcher die Schwere der Verantwortungen und Rechenschaften noch nicht kannte und es ihm erlaubte, sich mit den Menschen seiner Umgebung in voller Übereinstimmung zu wissen; für diesen das Herz sättigenden und das Gewissen klar erhaltenden Zustand war das getreuliche Sohnesverhältnis der vollkommene Ausdruck gewesen. Aber nun hatte er sich in den Gedanken zu finden, daß dieser Zustand unwiederbringlich dahin war und daß, wer handeln will, wählen muß, wählen, irren und schuldig werden.

Die lothringischen Hofherren, die Inhaber der großen Landesämter, deren Söhne nun in Burgund ihr Glück zu machen begannen, betonten, seit der Vertrag mit Karl in Kraft war, gern den himmlischen Wert der Eintracht zwischen Fürst und Untertanen. Es fiel René nicht leicht, der trügerischen Süße des Gefühls zu widerstehen: »Ich, der Herzog, handle in Übereinstimmung mit meinem Volk.« Es war gut, daß gerade von den Lautesten viele nicht mehr in seiner Nähe waren; sie lagen mit Karls Armee vor Neuß, der starken Schlüsselfestung des Erzstifts Köln und des niederen Deutschland.

Unaufhörlich zogen burgundische Truppen durch Lothringen, in Hochburgund neu ausgehobene Mannschaften, in Oberitalien geworbene Söldner, vor Neuß erschöpft abgelöste Lehnsmilizen. Die Last der Durchmärsche wuchs von Monat zu Monat. Die Führer maßten sich Befugnisse an, die weit über das Bedungene hinausgingen. Die Befehlshaber der Orte, deren Besetzung den Burgundern zugestanden war, schrieben Kontributionen aus, hielten Gericht, setzten Behörden ab und ein. Junge Leute wurden gewaltsam in burgundische Abteilungen eingereiht. Zu Vorspanndiensten genötigte Bauern kehrten nicht zurück. Die Leute begannen ihr Vieh in den Wäldern zu verbergen. Manche widersetzten sich den Einquartierten, es floß Blut. Nachzügler und Marschkranke wurden von Bauern in die Wälder geschleppt, in die Erde gegraben, an Bäume genagelt. Die Dörfer an den Durchzugsstraßen verarmten und verödeten. Struppige Waldedelleute, von deren Dasein René nichts gewußt hatte, erschienen in Nancy mit wütenden Beschwerden über Plünderungen, Viehrequisitionen, Totschlag.

Ja, hätten sie Vettern in burgundischen Hofämtern, so wäre es ihnen um Entschädigungen nicht bange! So aber, erklärten sie mit zutraulicher Grobheit, kämen sie zum Herzog, er müsse helfen. »Wollen Sie das noch lange weitergehen lassen, Monseigneur?« fragten diese Halbbauern drohend.

René gab nach Kräften aus eigener Kasse, obwohl ihm nicht viel mehr zu Gebote stand als Bergwerkseinnahmen und die Erträge seiner Hausgüter. Unaufhörlich hatte er zu prüfen, zu schlichten, zu begütigen, zu vertrösten. Unaufhörlich mußte er Boten mit Beschwerden und Forderungen ins Lager von Neuß schicken. Der Rückkehr dieser Boten sah er mit gieriger Spannung entgegen, obwohl er wußte, daß sie nichts erlangt haben konnten als Ausflüchte, Zukunftsversprechungen, magere Abzahlungen. Aber jeder von ihnen brachte Nachrichten von den steigenden Verlusten der Belagerer und dem unerschütterten Widerstand der Belagerten.

Auch aus anderen Richtungen liefen Nachrichten ein. Die Eidgenossen rüsteten sich, des Kaisers großer Aufruf erhob die Neußer Fehde zum Reichskrieg, langsam begann ein Heer, das Neuß entsetzen sollte, sich zu sammeln. Aus Basel, aus Bern, aus Zürich, aus Innsbruck kamen vertrauliche Anfragen, ob der Herzog von Lothringen nicht daran denke, eine Änderung seines Verhältnisses zu Burgund zu erwägen.

»Es ist Zeit, Chiffron, es ist Zeit!« rief René.

»Noch nicht, Monseigneur«, antwortete Chiffron.

Eines Tages fanden auch Kammerherr Jean de Paris und Maître Marrazin, die Räte des Königs, sich wieder ein. Sie sprachen von der alten Freundschaft ihres Herrn und erzählten auch von sonderbaren Verhandlungen, die Herzog Karl aus dem Neußer Lager mit Renés Großvater über dessen zu erwartende Erbschaft führte, die Erbschaft von Landgebieten an der Maas, der Rhone und der Durande, mit deren dereinstigen Anfall René sicher zu rechnen gewohnt war. Mit keinem Wort, keiner Andeutung wurde daran gerührt, daß ja René und Ludwig schon einmal förmliche Bundesgenossen gewesen waren und daß René dies Bündnis gebrochen hatte.

Marrazin nagte an seiner Hasenscharte und schnob gelehrte Andeutungen. Der Kammerherr meinte: »König Ludwig wird sich verpflichtet fühlen, Sie für Unbilden zu entschädigen, die Sie seinetwegen ertragen mußten, Monseigneur.«

Aber René, von Chiffron in der Kunst der Geduld unterwiesen, ließ sich von den Herren nicht drängen. Es vergingen Monate, ehe er Chiffron, mit weitreichenden Vollmachten versehen, zu den Fürsten und Städten sandte, die mit Burgund im Kriege lagen.

Als sei dies das Zeichen gewesen, so erschien Drosselchen mit ihrer

Tochter unangekündigt in Nancy. Sie umarmte René wie einen Reuigen.
»Siehst du, siehst du, es ist alles gekommen, wie ich es vorhergesagt hatte!«
René lächelte schwermütig mitten unter ihren Liebkosungen.

Die Krähen

Die Landschaft um Neuß war grenzenlos wie die Schwermut, die sie auszusenden vermochte. So war der Sonnenuntergang: ein schwefelgelber Bandstreifen oberhalb des Horizonts, eine Handbreit, zwei Handbreit, nicht mehr; dann prallte der erbitterte Blick oben gegen das dumpfe, bleierne Grau des Himmels, wie er unten gegen das Grau des breiten Stromes prallte. Am Ufer sprang ein Fisch, ein paar Schüsse rollten. Himmel, Wasser, Land waren im Osten, Süden und Norden violett geworden, allein dies Violett war noch drohender als vorhin das Grau.
Daß sie nicht auszurotten waren, diese schreienden Krähenschwärme über der unendlichen Ebene! Karl ließ Schußprämien aussetzen, die Vögel wurden nicht weniger, obwohl Tausende erlegt sein mußten. Endlich erwies es sich, daß der lombardische Zahlmeister die abgelieferten Köpfe um das halbe Schußgeld zu neuer Ablieferung verkaufte, ewiger Kreislauf, der Zahlmeister mußte hängen. Karl befahl sein Pferd. »Bei Sankt Andreas, ich schaffe Ordnung! Immer die Lombarden!« Bisher hatte er sie gehätschelt und allen übrigen Truppen als Beispiel vorgerückt.
Während der Zahlmeister zum Galgen geführt wurde, jagte Karl vom Oberkloster, wo das Hauptquartier sich befand, um die ganze Stellung herum bis zu den Lombarden, die mit der italienischen Artillerie vor der Nordseite der Stadt lagen, zwischen Rheintor und Niederpforte. Er stürzte ins Zahlmeisterzelt, jagte die Schreiber fort und riß alles an sich, was er an Büchern und Belegen fand. Zwei Stunden rechnete er, dann rannte er in Campobassos Zelt und ließ dessen Truhe erbrechen. Endlich fand er die Abrechnungen.
Campobasso kam von einem mehrtägigen Erkundungsritt gegen das von Süden anrückende Entsatzheer des Reiches. Neben ihm ritt sein Sohn Angelo, den verbeulten Helm am Sattel, um den

Kopf einen pathetischen Wickel, hinter dem sich die Winzigkeit einer albernen Bolzenschramme barg. Sie sahen den Herzog mit rotem Gesicht aus dem Zelt springen, in der Linken ein Bündel Papiere.

»Herunter vom Pferd! Sie sollen sich verantworten, Graf! Alle Toten figurieren noch in Ihren Löhnungslisten!« Ein Vorwurf überstürzte den anderen. »Sie haben mich bei den Anwerbungen betrogen! Ihr Pack verdirbt die Armee! Vorige Woche sind wieder drei Engländer erstochen worden! Verantworten Sie sich.«

Von allen Seiten kamen Offiziere und Mannschaften gelaufen.

Campobasso hatte den Kopf zwischen die Schultern gezogen, rollte die Augen und warf die Hände in die Luft.

»Hier, Hoheit? Ist es nicht gefällig, ins Zelt zu treten?«

»Nein, hier! Jeder soll es hören! Verantworten Sie sich, ehe Sie hängen!«

Campobasso verantwortete sich augenblicks: »Die Hoheit weiß doch, die Engländer hatten angefangen«, kollerte er fuchtelnd. »Sie könnten den Geruch der Lombarden nicht ertragen. Oft genug habe ich gebeten, Engländer und Lombarden nicht zusammen schanzen zu lassen! Außerdem sind die Schuldigen bestraft. Die Löhnungslisten werden vierteljährlich angelegt. Bei dem Dienst, den Sie verlangen, Hoheit, kann ich nicht nach jedem Gefecht eine neue Buchführung aufmachen, heilige Mutter Gottes! Da steht mein Sohn mit einer Wunde am Kopf!« rief er mit großer Handbewegung. »Mein Zahlmeister hängt. Konnte die Hoheit nicht meine Rückkehr abwarten? Unmöglich? Sie ereifern sich um ein paar Krähenköpfe? Die Krähen haben meine Leute da drüben auf der Insel geschossen. Diese Insel habe ich für Sie nehmen müssen, weil Ihre Niederländer es nicht fertigbrachten, und auf dieser Insel liegen Ihretwegen zweihundert Lombarden begraben! Hängen Sie mich, Monseigneur, aber hängen Sie mich drüben auf der Insel!«

Er schlug sich gegen den Harnisch, oberhalb der Bauchwölbung.

Karl ergriff die Panzerfaust, ehe sie zum dritten Male an die Brustplatte donnern konnte.

»Sie haben mich an die Insel erinnert, Graf«, sagte er. »Hier haben Sie Ihre Listen. Hier haben Sie meine Hand. Fangen wir eine neue Rechnung an.«

Als Karl fort war, sammelten sich die Lombarden vor Campobassos Zelt. »Evviva il conte! Bravo, Campobasso!«

Tags darauf schickte der Herzog ihm zwei spanische Pferde samt einem Faß Wein und lud ihn zur Tafel. Campobasso hieb die Ellbogen auf den Tisch und riß eine Schüssel nach der anderen an sich. Draußen schrien die Krähen.

*

Farbenspiel

Jener Ausbruch im Lombardenlager war der erste seit der eidgenössischen Kriegserklärung. Damals hatte der Herzog sich drei Stunden im Arbeitskabinett seines Holzhauses eingeschlossen gehalten, und die an der Tür Lauschenden hatten ihn immer wieder »Bern! Bern!« rufen hören. Aber das war im Spätherbst gewesen, als die Ebene von den großen Stürmen gefuchtelt wurde. Jetzt, in der Schwüle des Frühsommers, hatte die zähe Stille der Landschaft auch Karl erfaßt.

Vor jedem Hauptangriff, jedem Vorstoß auf eine der Außenbastionen, die Stück für Stück mit Graben, Minieren, Bombardieren und Stürmen genommen werden, wird der bevorstehende Fall der Stadt angekündigt; allein, längst schon ist durch umständliche Bauten, Urlaube, Abkommandierungen die Belagerung stillschweigend als ein Zustand anerkannt worden.

Immer noch schläft Karl sitzend im Lehnstuhl, ohne die Rüstung abzulegen.

»Das sind Hannibalismen«, erklärte La Sarraz. »Unser Hannibal könnte genausogut ins Bett gehen.«

Ohne aufzustehen, kann der Herzog aus seinem Stuhl die Morgenröte über dem Strom aufglühen sehen.

Selbst der Rhein scheint unbeweglich zu fließen, die Luft, heiß schon um diese Stunde, rührt sich nicht, alle die zahllosen Windmühlen auf dem rechten Ufer stehen still. Im liegenden Kreuz ihrer Flügel erkennt Karl mit Bitterkeit das Bild des burgundischen Andreaskreuzes. Andere, aufrechte, stehen wie Totenkreuze über der Landschaft.

»Windmühlen... Windmühlen...«, flüstert er. »Sonderbares Wort. Sie mahlen Wind. Alle mahlen Wind... reden Wind... tun Wind... Olivier, Nassau, Romont... Ja, das ist mein Unglück: es sind keine Männer da, die ich lehren könnte, Korn zu mahlen... immer nur ich... Gott! Gott! Welchen Gewinn wohl kannst du aus meinen Leiden ziehen?!«

Er hat diese Worte so laut gerufen, daß der Kammerherr vom Dienst aufwacht und ins Zimmer stürzt.
Karl sieht ihn fremd an.
»Die Morgenmeldung. Die Führer«, sagt er dann.
»Monseigneur haben sie erst fürs Frühläuten befohlen.«
»Befohlen, befohlen...«, murmelt Karl geringschätzig und schickt den Kammerherrn hinaus. »Knechte, Müllerknechte, Windmüllerknechte...«
Alles Mehl muß von unlustigen Menschen mit Handmühlen gemahlen werden. Der Wind steht still, die Zeit steht still.
Aber die Zeit steht nur vor Neuß still, anderswo laufen die Begebenheiten, Menschen stolpern hinterdrein. Eidgenössische Beutezüge füllen die Burgundische Pforte mit Rauchfahnen und Geschrei. Im Doubs treiben Leichen. Das Reich ist in Bewegung, endlich haben Fürsten und Stände begriffen, was der Kaiser vom ersten Tage an verkündet hat: daß es nicht um das Erzstift Köln geht, sondern um Reich und Reichsstände zugleich. Schwerfällig, mit der Drohung langsam zusammengewachsener Wolken, in winzigen Tagemärschen, lange rastend, grollt das Reichsheer rheinab, die größte Armee, welche das Jahrhundert gesehen hat. Basler Schiffe führen eidgenössische Zuzüge heran. Eine nach der anderen werden Karls pfälzischen Verbündeten bedächtig die kleinen Städte oberhalb von Köln genommen. Kaiser Friedrich liegt, rheinwärts fahrend, in seiner sechsspännigen Feldkutsche, hinter der die Gartenwagen rollen, und diktiert Heßler gütige Antwortschreiben auf König Ludwigs Bündnisvorschläge.
»Er soll ruhig glauben, es sei mir ernst damit, mich mit ihm in die burgundischen Länder zu teilen«, sagt er zu dem Protonotar, der mit der Schreibtafel auf den Knien in der Wagenecke hockt.
Und Heßler lächelt, halb ehrerbietig, halb dreist, sie wissen ja beide, daß Ludwig sich gleichzeitig um Verlängerung seines Waffenstillstandes mit Karl bemüht und ihm dafür freie Hand in Lothringen verspricht, gegen die Eidgenossen, in den Pfandlanden, am Rhein – wo er nur will! –, sogar Hilfe gegen das Reich, nur den Waffenstillstand soll er verlängern!
Um dieser Waffenstillstandsverlängerung willen ist der Kammerherr Jean de Paris mit seinem hasenschartigen Ergänzungsstück im burgundischen Lager erschienen, besticht, beteuert, verheißt, horcht.
Karl empfängt die beiden, geschmückt mit den Abzeichen des

Hosenbandordens, und lacht ihnen ins Gesicht. »Ich sehe, daß Sie gut über meine Abmachungen mit meinem Schwager England unterrichtet sind.«

Das ist es: Die Transportschiffe sind fertig geworden, die lächerliche französische Flotte flüchtet in ihre Häfen, satt gefressene, ausgeruhte Engländer mit roten Gesichtern und balkendicken Armmuskeln werden in Calais ausgeladen samt Pferden und Kanonen, eine Abteilung nach der anderen. König Eduard ist gelandet, Margarete hat den Bruder mit gierigen Küssen empfangen, sitzt selig neben ihm vor blutigem Roastbeef und schwerem Bier, sagt einmal über das andere: »Weißt du noch, Eduard?« oder »Erinnerst du dich?« Der Herzog der Bretagne schickt seinen Willkomm: er stehe bereit zum Losschlagen. Nur Karl fehlt noch, nur Karl, dann kann Frankreich aufgeteilt werden.

Eduard schickt Boten nach Neuß, Margarete schickt Boten nach Neuß: »Komm, komm!«

Karl antwortet: »Erst Neuß, erst Neuß! Eine Woche noch, sie schlachten schon die letzten Pferde.«

Die Engländer sind nicht die einzigen Rufer. Aus Hochburgund und der Franche-Comté rufen Statthalter und Festungskommandanten. Aus Savoyen ruft Herzogin Yolande. Aus der Waadt rufen Burgunds, Savoyens, Romonts Vasallen, deren Burgen und Städte von den Schweizern verbrannt werden, aber auch ihnen antwortet Karl: »Erst Neuß, erst Neuß!« Und da er gewiß ist, daß Neuß in kurzem fallen wird, und da er die Stärke der um Calais liegenden englischen Armee kennt, so versteht es sich von selbst, daß er Ludwigs Angebote auf Waffenstillstandsverlängerung abweist, mögen sie auch von noch so lockenden Verheißungen begleitet sein.

Jean de Paris sagt: »Monseigneur, ich bin ermächtigt, Ihnen einen weiteren Beweis von den versöhnlichen Gesinnungen meines Königs zu geben. Wollen Sie ihn gütigst in der folgenden Mitteilung erblicken. Der Graf von Campobasso hat meinem Herrn unlängst wissen lassen, er sei bereit, ihm um zwölftausend Livres die Person Eurer Hoheit in die Hände zu liefern. Beim nächsten Erkundungsritt von Lombarden aufgehoben, zu den Vorposten der Reichsarmee geschafft, von da nach Frankreich.«

»Haben Sie Schriftliches?« unterbricht Karl.

»Kennt die Hoheit einen Neapolitaner, der Schriftliches aus den Händen gibt?« fragt der Kammerherr zurück.

»Nun, wenn dem König die Angelegenheit nicht einmal so viel wert ist, daß er ihretwegen einen seiner Fälscher in Nahrung setzt, dann soll er mir meine Gleichgültigkeit nicht verargen.«
Der Kammerherr will noch weitere Einzelheiten erzählen. Karl unterbricht ihn mit der Frage, ob er sich getraue, seine Mitteilungen in Gegenwart des Grafen zu wiederholen.
Jean de Paris tut das sehr ungern, aber es ist nicht mehr zu umgehen. Campobasso wird gerufen, hört zu und tut nichts von dem, was der Kammerherr erwartet hat: weder hämmert er gegen seine Stahlbrust, noch versucht er dem Enthüller an die Kehle zu springen. Nein, er lacht, lacht, lacht wie ein Bauernjunge beim Jahrmarktspuppenspiel. Und so gut unterrichtet die beiden französischen Herren über Campobassos Gesinnungen und Absichten sind und so peinlich ihnen diese Szene ist, sie müssen wider Willen dies prachtvoll dröhnende, dies in Wahrheit unschuldige Lachen bewundern.
Karl hört es mit einem wohlgefälligen Lächeln an und sagt: »Ja, das wäre meinem lieben Vetter in Plessis-les-Tours bequem: der Graf beseitigt, die Lombarden ausgeschieden!«
Die Räte des Königs waren schon lange wieder fort, da trabte Karl eines Tages mit Chateau-Guyon und Romont über die endlosen Grasflächen, in denen kleine, buschartige Waldandeutungen von Weiden und Pappeln sich ohne Hoffnung verloren. Er hatte die Ableitungsarbeiten besichtigt, die Neuß vom Wasser der Rheinzuflüsse abschneiden sollten, und sprach spöttisch lachend über die Erfolge, die Ludwig nach dem Ablauf des Waffenstillstandes mit seinen Spielzeugarmeen in der Pikardie, im Artois und in Niederburgund gehabt hatte.
»Gönnen Sie ihm diese letzte Freude, meine Herren. Nächste Woche fällt Neuß, übernächste stehe ich mit meinem Schwager in Frankreich, in einem Monat wird Ludwig tonsuriert.« –
Sie ritten die Erft entlang, die mit sämigem Wasser zwischen Brombeerhecken und kümmerlichen Schlehengebüschen schlich. Am Ufer quakten die Frösche. Nicht einmal das Zittergras vermochte sich zu rühren. Die Strauchblätter hatten sich eingerollt vor Hitze.
»Nicht mehr ansehen kann ich das!« sagte Romont erbittert. Karl warf ihm einen erstaunten Blick zu und hatte ihn gleich darauf wieder vergessen.
Romont und Chateau-Guyon hatten sich verständigt, dringlich

zu werden. Auf Olivier konnte man nicht zählen, der saß am Schreibtisch und arbeitete an seinem Traktat über den Hofstaat. König Eduard hatte darum gebeten: wenn er in Reims gesalbt ist, möchte er wissen, wie man sich zu betragen hat. Und der Großbastard war nicht da, Karl hatte ihn über die Alpen geschickt, um Edelsteine zu verpfänden; denn die Banken von Antwerpen und Brügge kreditierten nicht mehr.

Chateau-Guyon hob die Hand und sprach in düsteren Andeutungen von der Fruchtbarkeit des Waadtlandes.

Karl fiel ihm ins Wort: »Sie denken an Ihre Güter, meine Herren? Jetzt ist nicht die Zeit, daß man seine Äcker oder sein Leben liebhaben dürfte. Europa sieht auf Neuß.«

Romont verlor die Geduld und fing an, sich drängend, beinahe grob, auf alle Siege zu berufen, die er für Burgund erfochten hatte. »Abbruch der Belagerung, Monseigneur! Die Wittelsbacher sollen sich selber helfen. Wir haben keinen einzigen Jurapaß mehr! Die Schweizer bedrohen Genf! Wollen Sie meine Schwägerin ihrem Bruder Ludwig in die Arme treiben?«

»Herr Marschall«, sagte Karl, »ich wünsche nicht, daß in diesem Tone von der Herzogin von Savoyen gesprochen wird. Der Umstand, daß es Ihnen nicht gelungen ist, die Regentschaft für die Dauer an sich zu bringen, gibt Ihnen noch kein Recht, die Bundestreue der Herzogin-Regentin zu verdächtigen.«

Eine Handbewegung erklärte das Gespräch für beendet. Sie ritten weiter. Der Herzog galoppierte auf die einzige kleine Erhöhung, den Neußer Galgenberg, auf dem jetzt ein hölzerner Beobachtungsturm stand. Karl sprang die Stufen hinan, als fürchte er, ein Schauspiel zu versäumen.

Alles war grau; selbst das Grün der Wiesen und Kohlfelder, selbst das Blau des Rheines war mit Grau untermalt. Kroch für Augenblicke ein verhungerter Sonnenstrahl aus den Wolken, so gab es ein stumpfes Glitzern. Grauschwarz hob sich das Quirinusmünster aus dem flachen Dickicht der Neußer Dächer, die tote Luft hatte selbst die roten Backsteine der Häuser und Mauern grau gefärbt. Grau schien die riesige Zelt- und Schanzenstadt der Burgunder. Lagerhuren spülten Wäsche am Rheinufer, Troßknechte führten Pferde zur Tränke. Nach Grimlinghausen ritten die Ablösungen für die Feldwachen, von Selikum kamen Pikarden mit Heuwagen. Kein Gesicht war zu erkennen, aber Karl spürte, daß auch alle diese

Gesichter, die der Weiber, der Troßknechte, der Reiter, der Pikarden und sein eigenes grau geworden sein mußten, bleigrau.
»Wenn Blei die Farbe ist, so wollen wir auch mit dieser Tinte tingieren«, sagte er, ohne die Zähne voneinander zu trennen, und hatte Freude an seiner bösen Verbissenheit.
»Monseigneur«, rief Chateau-Guyon überrascht, »so bunt?«
Er hatte unerwähnt gelassen, daß seine weitsichtigen Augen einen auffallenden Reiter entdeckt hatten. Er war sehr bunt, das ließ sich nicht in Abrede stellen, und sein Gesicht war nicht weiß oder grau oder rötlich, sondern unmißverständlich schwarz. Neben ihm ritten zwei Lombarden, offenbar hatte er die Vorpostenlinie passiert, und sie geleiteten ihn zum Lager. Jetzt unterschieden auch Karl und Romont seine Abzeichen und erkannten: es war ein lothringischer Herold und ein Mohr dazu.
Karl verließ den Turm, sie galoppierten dem Mohren entgegen. Karl spürte: es geschieht etwas, es ist nicht wahr, daß die Zeit gestorben ist! Er fühlte die Unmöglichkeit, ins Oberkloster zu reiten und den Herold nach der Etikette von seinem Prunksessel aus anzuhören. Jetzt, hier, sofort!
Der Mohr plauderte mit den Lombarden, die Lombarden lachten, und der Mohr lachte, und dazwischen schüttelte er mitleidig den Kopf über die barbarisch rohe Reitkunst der Weißen, deren Schenkel und Zügelhände durch starres Eisen vom Leibe des Pferdes getrennt sind.
Mit Grinsen und Zähnefletschen erklärte er dem Herzog, getauft zu sein und zum Gefolge des Herrn von Craon zu gehören, Statthalter der Champagne, Feldherrn des Königs von Frankreich. Es war sehr drollig, wie er die Augen rollte vor Vergnügen an der Wichtigkeit des Vorgangs und wie genau er alle Formalitäten beachtete, die man ihm eingehämmert hatte, wie er trompetete und sich verneigte und kniete und wie er fragte, ob es gefällig sei, seinen Auftrag entgegenzunehmen.
Er schnatterte und schmetterte: »Monseigneur! Im Namen des erlauchten und unüberwindlichen Fürsten, meines gnädigen Herrn René des Zweiten, durch Gottes Gnade Herzogs von Lothringen, Grafen von Vaudémont...«
Aber er hatte die vielen Worte doch nicht alle behalten können, er blieb stecken, griff in seine Brusttasche und überreichte Karl strahlend einen verschwitzten Brief: die lothringische Kriegserklärung.

Chateau-Guyon hatte noch nichts begriffen, Romont fing erst an zu vermuten, Karl hatte die Zusammenhänge erfaßt: Craons Mohren hat sich der arme kleine Herzog ausborgen müssen; in der ganzen lothringischen Ritterschaft, die sich mit ihren Siegeln für den Bündnisvertrag mit Burgund verbürgte, hat sich nicht ein einziger gefunden, der es gewagt hätte, diesen Auftrag zu übernehmen.
»Verdammt, der Weg ist gesperrt«, sagte Romont.
Der Herzog lachte. »Gesperrt? Befestigt für immer. Lothringen wird meine Provinz. Die beste Nachricht seit Calais.« Dann verzerrte sich sein Gesicht. »Der Eidbrecher wird hängen. Der Eidbrecher hat seine ganze Ritterschaft eidbrüchig gemacht.«
Romont und der Herzog hatten Latein gesprochen. Daher hatte Chateau-Guyon voll Würde geschwiegen, und der Mohr hatte alle drei stolz angesehen.
Reich beschenkt ritt er am nächsten Tage heim. Karl hatte ihm keine Antwort mitgegeben außer dieser: »Bald bin ich in Nancy.«

England

»Domine reverendissime«, sagte Doktor Heßler zum Kanzler von Burgund, »sollte es Ihrem Scharfsinn wirklich entgangen sein, daß dem Kaiser nichts an einer Zertrümmerung Burgunds gelegen ist?«
Der Kanzler antwortete: »Ich habe die zarte Rücksichtnahme wohl verstanden, die darin lag, daß Erzherzog Maximilian dem Feldzug fernblieb.«
Dieses Gespräch fand in dem Zelt statt, das auf Veranlassung des päpstlichen Legaten auf der graugrünen Schafweide zwischen dem Reichsheer und der burgundischen Belagerungsarmee errichtet worden war. In die weiße Seide der Innenbespannung waren rechts die Schlüssel Petri, links die Taube Noä mit dem grünen Ölbaumblatt gestickt.
In diesem Zelt wurden Waffenstillstand und Vorfriede unterzeichnet. Doktor Heßler, der vielgewandte, hatte sich auch diesmal bewährt. Seine Formulierungen waren von unübertrefflicher Behutsamkeit; kaum fand der Kaiser, der Karls Eigenliebe zu schonen wünschte, etwas abzumildern. Die Belagerung wurde aufgehoben. Karl sagte sich von den wittelsbachischen Brüdern los und erhielt ein paar unbedeutende, indessen schmeichelhaft verkleidete Zuge-

ständnisse. Aber ein geheimer Zusatzartikel bestimmte die Wiederaufnahme der Trierer Verhandlungen.
Einen Monat danach, spätabends bei Fackelschein, stiegen die Reiter vor dem Königsquartier in Calais von den Pferden.
»Der Herzog! Der Herzog!« wurde drinnen gerufen.
König Eduard sprang von seinem Kaminplatz auf. Margarete warf sich bittend an seinen Hals wie eine Braut: »Mache ihm keine Vorwürfe! Verstimme ihn nicht!«
Eduard winkte lachend ab. Vorwürfe? Jetzt? Fast hätte er sie im Kreise geschwenkt.
Wie soll man ihm Vorwürfe machen? Karl kommt herein und sagt freimütig:
»Ich habe Sie warten lassen, Sire. Aber jetzt bin ich da!«
Margarete, die ihn seit fünf Vierteljahren nicht gesehen hatte, beobachtete ihn während des Gesprächs. Ein paar Falten hatten sich vielleicht vertieft, das war alles; er war jugendkräftig und schön wie vor dem Abmarsch an den Niederrhein. Er sprach hastig.
Eduard und Margarete nehmen seine Hast als ein gutes Vorzeichen. Wer starrsinnig ein Jahr vor Neuß vergeudet hat, wird Hast gebrauchen können. Sie möchten ihn schonen, sie fragen nicht nach Neuß, aber er selbst beginnt unbefangen zu erzählen und schildert mit Leidenschaft einzelne Kampfhandlungen.
Eduard hörte freundlich zu, die Hände über dem viereckigen Knie. Doch die erste Pause benutzte er, scheinbar nebenher, zu der Frage, die ihm im Herzen und auf der Zunge zitterte:
»Und Ihre Armee? Wann ist sie hier?«
Er hungerte nach der Bestätigung, die Vorhut zum wenigsten könne doch nicht mehr als zwei Tagemärsche hinter Karl zurück sein.
Karl sah erstaunt auf Eduards gierig vorgeneigten Kopf, dessen hellbraunes Haar ebenso wie der gelockte Bart von geschlagenem Eigelb im Zustand erstarrter Kräuselung gehalten wurde.
Die Farbe schwachpolierten Holzes, dachte Karl.
»Ich habe meine Armee geteilt«, sagte er ruhig. »Der ganze Plan muß geändert werden.«
Margarete fuhr zusammen. Eduard sprang auf. Sein Stuhl fiel um.
Der Plan hatte darin bestanden, beide Armeen, die englische und die burgundische, um Calais zu vereinigen, die Franzosen über die Somme zu jagen und gemeinsam auf Paris zu marschieren.
Der Herzog erläuterte mit großer Bestimmtheit: den kampfkräf-

tigsten Teil seiner Truppen hat er unter Campobasso gegen Lothringen geschickt, der andere ist in niederländische Erholungsquartiere gegangen. Ist er wieder feldfähig, durch Anwerbungen und Aushebungen ergänzt, so kann der Zug gegen Ludwig beginnen, nicht früher. Karl treibt die Lothringer aus Luxemburg, erobert Lothringen, gewinnt die Verbindung mit den südlichen Provinzen. Dann zieht er durch die Champagne auf Reims, hier trifft er mit dem Schwager zusammen, Eduard wird gesalbt.

»Und den Marsch auf Reims soll ich allein machen? Von der Küste fort? Ohne Rückensicherung? Die ganze französische Armee steht an der Somme!«

»Sie brauchen sie nicht zu fürchten«, sagte Karl spöttisch. »Sie wird sich teilen, sobald Ludwig merkt, daß er von zwei Seiten gepackt wird. Eben deshalb müssen Sie mit Ihrem Vormarsch warten, bis ich von Lothringen in die Champagne einfalle.«

»Warten? Die gute Jahreszeit ist zur Hälfte vorüber. Alles Ihretwegen!«

Eduard schüttelte Margaretens angstvoll tastende Hand mit einer jähen Bewegung von seinem Arm; er war nicht imstande, sich beschwichtigen zu lassen. »Glauben Sie, ich wüßte nicht«, rief er »wann der Neußer Stillstand unterschrieben wurde? Vor vier Wochen hätten Sie hier sein können. Aber Sie versteiften sich darauf, nicht abzuziehen, bevor das Reichsheer aufgelöst war. Ihrem Selbstgefühl schien der Gedanke unerträglich, irgendein alter Rheinfischer könnte Sie für den Unterlegenen halten, wenn Sie vor dem Kaiser aufbrächen. Und wenn sich nun auch in Lothringen ein hübsches kleines Neuß findet? Werden Sie sich wieder für ein Jahr festbeißen? Und was haben Sie denn erzielt vor Neuß?«

Eduard stand spreizbeinig da, die Arme zurückgeworfen, das breite rote Gesicht in der Verzerrung gereizter Gutmütigkeit.

Karl lehnte sich im Stuhl zurück und lächelte geheimnisvoll. Daß er doch aussprechen dürfte, was er erzielt hatte!

Er bezwang sich und sagte nur: »Nun, ich habe genug erzielt. Das Reich hat erfahren ... Wissen Sie nicht, daß bei meinem Marsch an den Niederrhein selbst Hamburg und Lübeck ihre Mauern verstärkten und ihre Vorstadthäuser abrissen?«

»Inzwischen werden sie Zeit gefunden haben, sie wieder aufzubauen. Die dreizehntausend Mann, die Sie vor Neuß verloren haben, bleiben tot.«

Nein, der Herzog kann nicht länger schweigen, der Gedanke, diesen beiden Engländern als besiegt zu gelten, ist nicht zu ertragen. Er will seine Lippen zusammenpressen, sie öffnen sich von selber, und Wort für Wort zitiert er lodernd den Zusatzartikel, der neue Verlöbnisunterhandlungen vorsieht und damit für Margarete und Eduard eine Hoffnung zerschlägt.
Margarete konnte eine Gebärde der Bestürzung nicht unterdrücken, Eduard fragte böse: »Erwarten Sie dazu meinen Glückwunsch?«
Karl hatte sein Herz gesättigt und lenkte ein: »Ich werde Ihnen den meinen nicht vorenthalten, wenn wir in Reims sind.«
Margarete zwang sich zum Nächstliegenden zurück. »Aber ich bitte Sie, Monseigneur, was wollen Sie mit Lothringen? Lothringen fällt Ihnen ja in den Schoß, sobald Ludwig geschlagen ist!«
»Von Ihnen erwarte ich kein Verständnis für kriegerische Dinge, Madame. Ihr Bruder wird begreifen, daß ich zunächst die Straße nach den Südprovinzen brauche.«
Am nächsten Morgen ging der Herzog zu Margarete.
»Sie haben mich gestern preisgegeben, Madame«, begann er, »indem Sie allzu deutlich offenbarten, daß Ihnen Eduards Interessen näher liegen als die meinen. Heute werden Sie das nicht mehr tun. Ich wünsche, daß Sie das Gedächtnis Ihres Bruders stärken, der mit meiner Hilfe auf seinen Thron gelangt ist.«
»Weder er noch ich haben das vergessen, Monseigneur«, antwortete sie. »Dagegen wollen wir sogar die Enttäuschung von gestern vergessen, wenn Sie sich nur wieder des ursprünglichen Kriegsplans erinnern.«
»Kriegspläne werden von Soldaten gemacht. Ihr Bruder ist ein Bett- und Tafelheld. Wer von mir eine Krone wünscht, wird sich den Weg nach Reims von mir zeigen lassen müssen. Ihr seid enttäuscht, ihr zwei? Ist es denn nicht genug, daß ihr mich erheiratet habt? Müßt ihr auch noch Burgund erheiraten? Sie enttäuschen mich seit Jahren, weil Sie Engländerin bleiben.«
»In einer Nacht hätten Sie mich zur Burgunderin machen können«, erwiderte Margarete mit Kälte und ging hinaus.
Der Kriegsrat war zusammengetreten. Karls rasche, feurige Rede hatte wie Wein geschluckt werden sollen und wurde geschluckt und verdaut wie zähes Rindfleisch. Eduard überließ dem gewandten und rücksichtslosen Gloucester die Verteidigung seiner Position.

Gloucester machte versteckte Vorwürfe und erlaubte es sich, Karls langes Verharren vor Neuß zu kritisieren.

Karl antwortete gefroren: »Sie vergessen, daß ich einen Kriegsruhm zu verlieren hatte, wie ihn andere sich erst erwerben müßten.«

Aus jedem seiner Worte sprach die stolze Verachtung des aus vorderster Kampflinie Gekommenen gegenüber den Leuten, die mit Konkubinen und Rotweinräuschen auf Daunen gelegen haben.

»Meine Truppen sollen nicht die Ruhe haben, die man jedem Pferd nach der Hetzjagd gönnt? Sie dürfen mir schon glauben, Sire, daß die Grenze dessen, was Soldaten zugemutet werden kann, für mich nicht niedrig liegt.« Er richtete seine Entgegnungen nie an Gloucester, immer an Eduard.

»Es ist niemand hier, der Lothringens Wichtigkeit für Eure Hoheit verkennt«, sagte der weißhaarige Dynham mit knarrender Verbindlichkeit. »Es handelt sich ja nur um den Zeitpunkt. Wenn der Weg nach dem Süden gesperrt ist, so muß eben der Krieg mit den Hilfsmitteln Ihrer nördlichen Provinzen begonnen werden.«

Herzog Karl hielt die Augen hinter der schützenden Hand geschlossen und hörte nicht mehr zu. – Ich weiß ja, dachte er, daß ich von euch allen keine Schonung zu erwarten habe. Ihr seht deutlich, daß ich erst diesen lothringischen Zwerghund in Stücke reißen muß, um wieder atmen zu können wie ihr, schlafen und essen zu können wie ein anderer Mensch. Ihr begreift, daß ich meine Gedanken erst in eure Sprache übersetzen und sagen muß: die Brücke nach den Stammlanden muß frei gemacht werden. Aber ihr, ihr seht, wie ich leide, und bringt es doch nicht übers Herz, mir zu sagen: gut, machen Sie sich erst den Weg frei – und dabei zu denken: gut, reißen Sie erst den kleinen René in Stücke, damit Sie wieder ein Mensch sein dürfen.

Er merkte, daß Eduard seit einer Weile zu ihm sprach.

»... und darum, lieber Schwager«, hörte er ihn schließen, »glauben Sie einem Manne von Dynhams Erfahrung.«

Karl sah auf wie ein Mondsüchtiger, er hatte ein verhaßtes Wort gehört.

»Das ist eure Weisheit: Erfahrung!« sagte er. »Fünfzehntausendmal den Morgen erleben, um zu wissen, daß die Sonne im Osten aufgeht! Ich habe Kriege geführt und Schlachten gewonnen, aber alles, was sie mich nach eurer Meinung hätten lehren können, habe

ich vorher gewußt. Ich habe auch meine Mißgeschicke vorher gewußt«, fügte er flüsternd hinzu, »aber ich habe sie gewollt...«
Der Kriegsrat dauerte drei Tage. Da Karl nicht nachgab, mußte Eduard nachgeben.
»Wenn Sie die Verantwortung übernehmen, Sire«, sagten Gloucester und Dynham achselzuckend zu ihrem Souverän, bevor sie in den neuen Plan einwilligten.
»Ich breche morgen auf, Madame«, erklärte Karl. »Ich wünsche Ihre Begleitung.«
»Nach Brüssel?« fragte Margarete entsetzt.
»Sie haben lange genug rotes Fleisch gegessen.«
Das Herzogspaar war in Brüssel, als Jean de Paris und Maître Marrazin im englischen Hauptquartier eintrafen. Dann hatten Eduard und Ludwig eine Zusammenkunft. Sie einigten sich rasch, der sparsame Ludwig wußte am rechten Ort freigebig zu sein. Als Eduard nach England zurückkehrte, da brachte er das Anderthalbfache der Expeditionsausgaben als Kostenentschädigung mit heim, dazu ein Handelsabkommen und den Vertrag über die Kinderverlobung seiner Tochter mit dem Dauphin.

SECHSTER TEIL

Spiez

Im Herrschaftsgestühl seiner kleinen Spiezer Dorfkirche folgte Bubenberg zerstreut der Seelenmesse für seinen Schwiegervater. Die Burg La Sarraz in den Jurabergen war von Berner, Bieler und Solothurner Freibeutern erstürmt, der Schloßherr mit den Überlebenden der Besatzung vom Turm in die unten aufgestellten Spieße gestürzt worden.

Neben dem Altschultheißen saß der junge Adrian, hochmütig und verschlossen und hinter solchem Ausdruck die innere Gequältheit verborgen haltend. Der Vater seiner Stiefmutter war für ihn nur der Gegenspieler im Mitgiftstreit gewesen; aber unter den Freiwilligen jenes Zuges waren die Spielgefährten seiner Kindheit – sollte er immer hinter ihnen zurückstehen müssen?

Frau von Bubenberg preßte die Daumen der gefalteten Hände schmerzhaft gegeneinander und starrte auf den Altar, als hinge ihr Heil an dem des Vaters, von dem sie wenig Liebes erfahren hatte und der ihr dennoch nun plötzlich gegenüber dem Gatten gerechtfertigt schien.

Am Kirchenausgang, unter dem hölzernen, schindelgedeckten Vordach trennten sie sich schweigend. Die Frau ging in den Obstgarten, der Sohn an den See, der Altschultheiß ins Schloß. Sie hatten sich gewöhnt, keinen unnötigen Schritt miteinander zu tun.

Drinnen erhielt Bubenberg von seinem Kammerdiener einen Brief, dessen Überbringer bereits abgeritten war. Der Herzog schrieb eigenhändig aus dem Neußer Feldlager:

»Ich kenne die Umstände nicht, unter denen Du jetzt lebst, mein Adrian, aber sie können nicht so hart sein wie die meinen; denn Du hast eine Frau und einen Sohn, Nachbarn und ein Tagewerk, also alles, was einen Mann den anderen Menschen angleicht, und Du hast es, ohne daß es Dich gemein macht.

Ich habe Dir nicht eher schreiben mögen, um Dir nicht Ungelegenheiten zu schaffen, und aus demselben Grunde bitte ich Dich auch nicht um eine Antwort außer jener, von welcher ich fast fürchte, Du werdest sie mir verweigern. Dennoch bitte ich Dich: komm zu mir, mein Adrian. Ich kenne Dein Gewissen, daher habe ich meinen sehr gelehrten Beichtvater mit der Anfertigung eines Gutachtens beauftragt, wie weit Du nach den geschehenen Dingen der Stadt Bern noch eidpflichtig bist; ich schließe es bei. Ich will nicht, daß Du irgendeinen Dienst bei mir annimmst, ich verspreche, von meinen Staats- und Kriegsdingen nicht einmal zu reden; ich will nur Dein Gesicht in meiner Nähe wissen und mit Dir Schach spielen. Damit dientest Du zugleich Deinen Landsleuten, denn es wird ja der Tag kommen, da sie sich glücklich preisen werden, einen Fürsprecher bei mir zu haben. Du hast mir früher oft meine Übereilung in wichtigen, meine Hartnäckigkeit in minder wichtigen Dingen vorgeworfen. Ich wünschte, Du überzeugtest Dich, wie sehr ich jetzt mein Leben nach Deinem Gefallen einzurichten trachte. Während meine Ratgeber in Furcht für ihre an die Eidgenossenschaft grenzenden Besitzungen auf den Abbruch der Belagerung und einen schleunigen Feldzug gegen die Schweiz drängen, zähme ich meine Ungeduld, bis ich die Stadt Neuß gewonnen habe, die mich zum Herrn des unteren Rheinstromes und der nördlichen Reichsgebiete machen wird...«

Bubenberg hatte mit Bewegung gelesen. Bei den letzten Sätzen lächelte er trübselig über den redlichen Heroismus der Selbsttäuschung.

Bubenberg verschloß den Brief in der Lade. Er lebte auf dem eigenen Erdboden wie in der Verbannung. Er ertrug die von keinem nachbarlichen Zuspruch gebrochene Dumpfheit des Zeitverflusses, ertrug die vorwurfsvollen Blicke der Frau und des Sohnes, ertrug die Sorge um Obstwuchs und Felderute, die schon auf dem Halm seinen Gläubigern gehörte.

Der Auszug

Scharnachthal fiel es anfangs noch schwer, einem Gefühl des Mißbehagens auszuweichen, sooft er beim Verlassen oder Betreten seines Stadthofes die geschlossenen Fensterläden des Bubenbergischen Nachbarhauses erblickte. Eine störende Winzigkeit, empfand er das selbst bei seiner Rückkehr von dem glücklichen Spätherbstzuge durch die Burgundische Pforte, der mit der Einnahme der Stadt Héricourt geendet hatte. Scharnachthal hatte das Berner Kontingent geführt.

In der Osterwoche lief Niklaus von Diesbachs Schultheißenjahr ab. Scharnachthal wurde sein Nachfolger: es hatte den Wählern genügt, zu wissen, daß Diesbach diese Wahl gewünscht hatte. Am Mittwoch nach Ostern gaben der alte und der neue Schultheiß ein Bankett im großen Saale der Zunft zum Distelzwang, bei welcher der bernische Adel eingeschrieben war. Gleichzeitig wurden alle anderen Zünfte auf ihren Häusern bewirtet. Die beiden Gastgeber gingen von einer Zunft zur anderen, redeten, stießen an, schüttelten Hände. Es wurden burgundische Weine getrunken, die rötlichen Kerzenflammen spiegelten sich in blankpoliertem Silbergeschirr mit den Wappen burgundischer Würdenträger. Handwerksmeister trugen brokatene Röcke aus der Beute von Héricourt.

Bei den Gerbern wurde Diesbach aufgehoben, die Musik spielte Kriegslieder, die tobenden Männer trugen ihn, durch Weinpfützen stampfend, mancher schon mit Stolpern, um die lange Tafel herum. Seine tatenfreudige Selbstgewißheit strahlte aus Dutzenden von Augen verstärkt in ihn zurück, er winkte lachend von oben, Herr und Knecht dieser Menge, ihr Anbeter und ihr Gott, der verhungert wäre, hätten seine Gläubigen ihm Brand- und Lobopfer verweigert.

In jeder Zunftstube hielt Scharnachthal die sorgsam vorbereitete Rede über die Begebnisse des Jahres. Aus seinen nüchtern gesetzten Worten wuchs jedem Hörer das Bild eines nie zuvor geglaubten Kraftausbruchs entgegen. Die Einzelsiege banden sich zur Girlande; österreichische Ritteraufgebote trugen den Eidgenossen zu Ehren das weiße Kreuz als Feldzeichen; der Münsterneubau, der lange Jahre gestockt hatte, wuchs zur Höhe, Schnitzer, Steinmetzen, Maler konnten mit Mühe nur der Fülle der Stiftungen an Kapellen, Altären, Glasfenstern Genüge tun; Häuser, Türme, Werkstätten entstanden; König Ludwig hatte der Berner Kaufmannschaft die Messe von Lyon geöffnet; Testamente schufen und mehrten gemeinnützige Stiftungen; für die Kinder Gefallener wurde reicher gesorgt, als es je die Väter vermocht hätten.

Das alles wußten die Männer, die hier mit aufgestemmten Ell-

bogen um bespritzte Tische saßen, glühende Backen aufbliesen, trampelten und lärmten. Mit Zweifeln unbekannt, hielten sie es für selbstverständlich, und dennoch spürten sie auf eine wunderbare Weise, daß alle diese Vorgänge nur verdeutlichende Zeichen für halbgeöffnete Augen waren, weil ja in dieser Stadt und in diesen Jahren jener geheimnisvolle, nie mit Willen zu bewirkende, wohl aber von Willen zu fördernde Gnadenzustand eingetreten war, der in Jahrhunderten einmal das Leben eines Staates überkommt und adelt: der Zustand, da der Nutzen jedes einzelnen eins wird mit des Ganzen verborgenem Wachstumsgedanken und die Leidenschaftskräfte der Menschen, der Gruppen und der Einrichtungen plötzlich, ihrer Feindschaft vergessend, das nämliche Ziel suchen.
Scharnachthal sprach von den Kriegsereignissen und schloß: »Altschultheiß von Diesbach wird den neuen Zug führen.«
»Diesbach! Diesbach!« riefen sie von allen Seiten.
In Diesbachs letzte Amtstage war ein Notgeschrei aus Hochburgund gefallen. Fünfzehnhundert bernische, luzernische und solothurnische Freischärler waren wieder über den Jura gestiegen und hatten die schlechtbefestigte Stadt Pontarlier am Oberlauf des Doubs genommen. Die älteren Männer verlangten Heimkehr mit der Beute, wie es Brauch war, sprachen von der Frühjahrsbestellung und freuten sich, die gewonnenen Zugtiere daheim vor den Pflug zu spannen. Der Venner Anshelm von Bern, der als Führer gegolten hatte, stimmte zu.
»Wer befiehlt hier?« brüllten die zweit- und drittgeborenen Söhne, denen nichts an der Knechtsarbeit auf den väterlichen Zelgen gelegen war. »Die Hosenscheißer sollen heimkehren! Wir bleiben noch!«
In Pontarlier gibt es städtische Weiber, die nach Rosenöl und Lavendel riechen; es gibt Wein, wie ihn daheim keiner zahlen kann; es gibt reiche Häuser mit Daunenbetten; es gibt Gänseherden, Kälber und Forellen, Fässer voll Butter, Kabiskraut und Geräuchertem. Eine Woche ist Fastnacht, trotz der österlichen Fastenzeit, dann stehen Burgunder vor Pontarlier. Die vollgesoffenen Männer begreifen, daß sie mit vier alten Kanonen eine halbzerstörte Stadt verteidigen sollen. Ein Botenläufer kriecht nachts durch die Schanzen, stiehlt in Fleurier ein Pferd, jagt nach Bern: »Hilfe! Sonst kommt keiner von uns über den Jura zurück!«

Von Bern ging Bundesmahnung an die übrigen Orte. Die meisten deckten sich mit Entschuldigungen und Bedenkfristen. Einige beriefen sich steif auf den Bundesvertrag, der sie zur Hilfeleistung nur verpflichte, wenn eidgenössisches Gebiet bedroht sei. Lediglich Luzern beschloß den Auszug, nachdem Haßfurter grob und mit rotem Kopf vier Stunden im Rathaussaal gelärmt hatte: »Will denn das nicht in die Schädel, Krüzifahnen und Marter Gottes! Es soll ja nicht erobert werden für Bern! Es braucht Rettung für anderthalbtausend Eidgenossen, dabei vierhundert Luzerner!«

Bern selber bot zweitausend Mann auf. Die Venner trugen Sorge, daß unter den Mannschaften der einzelnen Zünfte die Väter, Brüder, Söhne und Freunde der in Pontarlier Bedrohten die Mehrheit machten. Gegen Mitternacht waren die letzten Zuzüger aus dem bernischen Herrschaftsgebiet zur Stelle, die Simmentaler Bolzenschützen, die Thuner, die großen, schöngewachsenen Männer von Brienz und Oberhasli, die sich gern einer geheimnisvollen Nordlandsabstammung rühmten.

Im Morgengrauen zogen sie durch das Käfigtor: wenige Reiter, zwei kleine Feldkanonen, eine geringe Anzahl Armbrustschützen, ein Trupp Hellebardierer, dann die Masse der Spießträger, nach Zünften geordnet, Pfister, Schmiede, Gerber, Metzger. Diesbach, der beim Banner ritt und außer den Vennern der Metzger und Gerber noch den Ritter von Hallwyl bei sich hatte, einen erfahrenen Soldkämpfer, wandte sich immer wieder im Sattel, um die Marschierenden zu sehen, als könne er sich an diesem Anblick nicht ersättigen. Die Leute rannten fast mit ihrem stolzen, freudigen Beinwerfen, das sich unbefohlen zu taktmäßigem Marschtritt zusammenfand. Die achtzehn Fuß langen Zweihandspieße federten über den Schultern wie Gartenstangen. An den Hüften tanzten die Habersäcke mit dem Vorrat für die gewohnte Feldkost – Habermus mit Speckbrocken –, an den Gürteln klapperten die aus Holz oder Schafhufen geschnitzten Löffel. Rennen und Schleppen war den Männern nicht genug, sie mußten schreien, sie mußten singen.

> »Wir zunden das Schloß inwendig an,
> daß es in Grund und Boden verbrann!
> Bumperlipum! Aberdran! Heiahan!«

Flöten und Schwegelpfeifen kreischten.

Zwei Nächte zuvor war an der Spiezer Lände in großer Heimlichkeit ein Flachboot unter Segel gegangen, das außer dem Schiffsknecht nur einen Reiter und ein Pferd zu tragen hatte. Plötzlich, von einem Tag zum andern, hatte der junge Bubenberg sich entschlossen, das väterliche Haus zu verlassen und sich auf eigene Faust sein Recht zu suchen: das Recht der Teilnahme am Leben einer Gesamtheit, von dem er nicht länger ausgeschlossen sein wollte. Am Könizbergwald holte er den Berner Auszug ein und schob sich stumm unter die Reiter, voller Furcht, man werde ihm ausweichen, wie man dem Vater auszuweichen pflegte. Aber sie riefen ihm gutmütige Begrüßungsworte zu, und niemand dachte dran, ihn als Minderjährigen, wie es Vorschrift war, nach der väterlichen Genehmigung zu fragen. Diesbach bemerkte ihn erst bei der nächsten Rast. Adrian sah verlegen zur Seite; Diesbach aber ging auf ihn zu und streckte ihm freundschaftlich beide Hände entgegen.

Diesbach

Zwischen Kerzers und Ins vereinigten sich die Banner von Bern, Freiburg, Solothurn mit dem Luzerner Aufgebot. Der Marsch ging durch das freundschaftlich neutrale Neuenburg. Der Paß von Les Verrières lag noch im Schnee, in den Tannen kreischte der Wind, endlich gab es freie Sicht nach Westen.
Aufgelöste Menschenknäuel kamen bergauf gerannt: die Männer aus Pontarlier hatten sich mit Verlusten durchgeschlagen, ohne Gepäck und Beute, Verfolger hinter sich. Sie wollten heim, sonst nichts! Diesbach schrie sie an und zwang sie in die Glieder des Entsatzheeres, Haßfurter schimpfte von seinem fetten Schimmel, als sei jeder einzelne der luzernischen Freischärler sein Stallbursche. Führer und Venner berieten, jeder wollte etwas anderes, allein, zuletzt erreichte Diesbach den Weitermarsch. Pontarlier wurde zum zweitenmal besetzt, dann ging es in die Ebene. Burgunder ritten an, der Stoß wurde aufgefangen. Die Eidgenossen standen im Gevierthaufen, den keine Reiterei in der Flanke fassen konnte, weil er keine Flanken hatte, sondern spießestarrende Fronten nach vier Seiten. Die Burgunder mußten zurück, zur Verfolgung fehlte es den Eidgenossen, wie immer, an Reiterei.
Drei Wochen wurde in der Ebene gesengt. »Sackmann! Sackmann!«

riefen die Eidgenossen, wenn sie in ein Dorf kamen, wie sie »Sankt Vinzenz!« oder »Mutter Maria!« riefen, wenn sie ins Gefecht gingen. »Sackmann machen« hieß plündern, Sackmann war der große Heilige der Besitzlosen, Simmentaler Hirten und Entlebucher Melkersbuben riefen in unverzagter Frömmigkeit Sankt Sackmann an, gläubig überzeugt, dieser Wohltäter der Armen müsse im Heiligenkalender stehen, jeder Tag sein Festtag sein. Der Troß verdoppelte, versechsfachte sich. Diesbach scheute sich nicht, nach Feldhenkern zu rufen, um gerechte Beuteteilung zu erzwingen. In drei Wochen erreichte er mehr für die Kriegszucht, als alle Tagsatzungsbeschlüsse vermocht hatten. Es gelang ihm, das Unwesen des Gefangenenmachens auszurotten, welches zu nichts anderem geführt hatte, als daß ein jeder sich aus dem Gefechtsverbande zu entfernen trachtete, um lösegeldshalber einen vom Pferde gestoßenen vornehmen Ritter wie einen erbeuteten Zuchtstier vor den Zugriffen der Kameraden zu hüten.

Der junge Bubenberg, der mit einem schlechten Ackergaul von Hause aufgebrochen war, weil der Spiezer Herrschaftsstall nachts verschlossen gehalten wurde, hatte längst ein rittermäßiges Panzerpferd und löhnte von seinem Beutegeld als Reitknecht und Leibdiener einen kielkröpfigen Emmenthaler Bauernlümmel, dem gescheitere Landsleute alle Beuteanteile abgewürfelt hatten.

In Bern erschrak man, als ein Brief Diesbachs dringlich um Verstärkung bat, ohne daß der Grund der Bitte recht einsichtig werden wollte. Scharnachthal allein war über Diesbachs Absicht unterrichtet. »Ich verlasse mich auf Dich«, schrieb Diesbach. Scharnachthal rechtfertigte dies Vertrauen und setzte es durch, daß Petermann von Wabern mit zweitausend Berner Bürgern und Bauern abgeschickt wurde; eine Schar Freiburger schloß sich fügsam an.

Der Zug erreichte den Neuenburger See. In St. Blaise erzählten die Bauern, das eidgenössische Heer sei über den Jura zurückgekehrt und liege seit zwei Tagen in Neuenburg.

»Geschlagen?« fragte Wabern bestürzt.

Die Bauern bewegten träge Schultern und Köpfe. »Geschlagen, nicht geschlagen, wer kann das wissen?«

Wabern ließ die Truppe seinem Bannerhauptmann und jagte durch den hellen, windigen Frühlingstag nach Neuenburg voran. Vor der Stadt, auf deren goldgelben Häusern die heiße Aprilsonne lag, weideten Viehherden und gekoppelte Pferde. Auf der Straße standen lange Züge hochbepackter Karren. In den Gasthäusern wurde gesungen, am Seyon hockten Betrunkene schläfrig in der Sonne. Wabern sah zwei Berner Schuhmacher an einem Kneipenfenster würfeln und rief: »Wo ist der Altschultheiß?«

»Kannst ihn dir suchen«, antwortete der eine, der sich im Spiel gestört fühlte.

»Oben im Schloß«, sagte ein wenig entgegenkommender der andere, bei dem Waberns Frau arbeiten ließ.

Niklaus von Diesbach hatte sich in Unterkleidern zur Mittagsruhe auf sein Bett geworfen und sprang auf, als Wabern ins Zimmer kam.

»Salem Aleikum!« rief er, wie sich gern die Berner Patrizier grüßten, welche die Wallfahrt gemacht und an Gottes Grabe den Ritterschlag empfangen hatten. »Wieviel Mann bringst du mit? Was, gleich zweitausend? Nein, von einem Mißerfolg ist keine Rede! Du sollst alles wissen. Bleibe gleich hier, in einer halben Stunde kommen die anderen zum Kriegsrat. Bevor deine Leute in der Stadt sind, muß alles beschlossen sein.«

Diesbach hatte das stärkste eidgenössische Heer in der Hand, das in dem halben Jahr seit der Kriegserklärung zusammengebracht worden war. Er dachte nicht daran, es heimzuführen und aufzulösen. Bisher hatte man sich mit Streifereien und Beutezügen begnügt. Er aber wollte erobern, und nur um dieser Absicht willen hatte er sich die Verstärkung erbeten.

Vor dem Kriegsrat wurden einzelne Führer auf die Seite genommen. Als erster erklärte Hallwyl, ein Kriegsmann von Beruf, sich einverstanden.

»Ich freue mich schon auf die Gesichter der Wackeren«, sagte er.

»Die Wackeren« nannte man in der Berner Gesellschaft, ironisch den schwerfälligen Biedermannston der Waldorte nachahmend, die ostschweizerischen Kantone, deren von keinem anderen erreichte kriegerische Tüchtigkeit man sich gern und mit Bewunderung zunutze machte, während sie einen auf Tagsatzungen und Beratungen mit ihrer mißtrauischen Hartnäckigkeit zur Verzweiflung bringen konnten. Diese Bauern rochen schlecht und mußten dennoch als liebwerte Bundesbrüder behandelt werden.

Schwerer als der Ritter von Hallwyl waren die Venner zu gewinnen, die subaltern und mit handwerklicher Genauigkeit nach Gründen fragten und keine Notwendigkeit für weitere Unternehmungen einsehen mochten. Schließlich aber gab Wabern, der,

soeben von Bern gekommen, die Willensmeinung des Kleinen und Großen Rates doch am besten kennen mußte, den Ausschlag. Haßfurter bröckelte ein mißmutiges Geknurr und erklärte den Zweck des Feldzuges für erreicht. Diesbach griff ihn bei seiner kriegerischen Eitelkeit und dem leichtverletzlichen Reiterstolz des Hinkenden und sprach lange von Luzerns vielhundertjährigem Waffenruhm. So wurde der weitere Zug beschlossen.
Statt um das Nordostende des Neuenburger Sees den erwarteten Rückmarsch auf Bern anzutreten, brach das Heer in der letzten Aprilwoche nach Südwesten auf. Links den hundertfarbigen See, rechts die Waldberge und Rebenhügel der Juraausläufer, führte die Straße in die Herrschaft Grandson, die dem Hause Chateau-Guyon gehört.
Die Stadt Grandson ist durch das sechstürmige Schloß und durch die Bollwerke des Barfüßerklosters geschützt. Am dritten Tage der Belagerung werden Kloster und Stadt erstürmt, am vierten kapituliert das Schloß. Aber diesmal wird nicht gebrannt und zerstört. Stadtbürgerschaft und Landgemeinden müssen kniend in der Kirche den gnädigen Herren von Bern und Luzern huldigen, Schwurfinger auf die Bannerschäfte gelegt.
Haßfurter genießt diese Feier mit schlechtem Gewissen, immerhin genießt er sie. Luzern ist in der Huldigung mitgenannt, aber das bedeutet wenig. Denn da unter Haßfurters Leuten kein Landes- und Sprachkundiger ist, müssen Berner mit der Bewachung, Verwaltung und Besteuerung des Gebiets betraut werden.
Nach Grandson fällt Champvent, das Schloß auf dem Hügel, das schneeweiß vor der dunklen Wand der Juraberge steht, es fallen Montagny und Le Corbas, endlich fallen Stadt und Schloß Orbe nach wütender, tagelanger Gegenwehr; Mann für Mann, Ritter und Knecht, muß in die Spieße, dann nehmen Vögte die Landschaft in Eid und Pflicht. Diese Plätze beherrschen nicht nur das breite, feuchte, fruchtbare Orbe- und Zihltal, sondern den Zugang zu den Jurapässen von Ste. Croix und Jougne.
Diesbach hält nichts von Ruhequartieren und Räuscheausschlafen. Die Schädel noch voll Weindunst, die Taschen voll Geldstücke, die Kehlen voll Geschrei, so rennen die Freiwilligen hinter ihm her von Orbe in die Berge. Bubenberg hat schon schreien gelernt wie die anderen. Er will mit nach Jougne, nichts soll erobert werden ohne ihn!

Freie wellige Fläche, kleine schwarze Tannenpyramiden, dürftige Felder, ein paar arme Dörfer, Felsenwälder, hoch oben die Jougner Kirche, von Nachbarbergen überragt; augenbeizende Schweißbäche, Schädeldröhnen, Heiserkeitskratzen in den Hälsen; Rennschritt bergauf, Kanonenschüsse, Pfeile mit brennendem Werg umwickelt, Axthiebe gegen Tore, Spieße als Steigeisen in Mauerritzen geklemmt, Besatzungsknechte niedergestoßen, gefangener Adel dem Henker: fetzenweise jagen solche Erinnerungen durch Bubenbergs Schlaf. Fieberisch wälzt sich der Erschöpfte auf seinem Strohhaufen im Jougner Burghof. Am Morgen in der Kälte begreift er nichts, glaubt in Wolken geschlafen zu haben und wundert sich darüber, daß die anderen sich nicht wundern. Aber sie reinigen sich nur gleichmütig mit Räuspern, Husten, Spucken und Trinken die verschleimten, rauhgesoffenen, rauhgebrüllten Gurgeln.
Jougne bleibt gewonnen, die Pässe sind eidgenössisch.
In allen Plätzen werden Besatzungen zurückgelassen, dann endlich wird an den Rückmarsch gedacht.
Der junge Bubenberg, für den die Heimkehr keine Lockung hat, schließt sich der Besatzung von Grandson an. Acht Wochen nach dem Auszug reitet Diesbach in Bern ein, an seiner Rechten Haßfurter als Ehrengast. Die Glocken läuten, die Straßen sind mit Grün bestreut. Schon in Bümpliz sind ihnen vierhundert Buben entgegengekommen, mit bernischen und luzernischen Fähnchen geschmückt, kindlich bewaffnet, keiner älter als vierzehn Jahre. Scharnachthals Sohn hat mit überschnappender Wechselstimme die Willkommsrede gehalten, dann haben die Vierhundert das »Bumperlipum« gekräht.

Die Linse

In der nächsten Zeit war viel damit zu tun, die Wackeren zu beschwichtigen. Sie waren verstimmt und befürchteten Verwicklungen, zu deren Lösung man ihrer Knochen bedürfen könnte. Im Hochsommer gab es einen neuen Ausmarsch, und es verstand sich von selbst, daß er wiederum Diesbach anvertraut wurde. Der Feldzug sollte Straßburg und Herzog René entlasten; denn die Burgunder bedrohten das Elsaß, und Campobasso rückte in Luxemburg gegen die Lothringer vor. Diesbach hatte gedrängt: man brauche rasche und sichtbare Erfolge zum Überschreien des Unbehagens, das der Neußer Friedensschluß hervorgerufen hatte. Aber war das noch ein Unbehagen? Vielleicht hätte man vielerorten bereits von einem Schrecken reden können. Manche meinten schon, die ganze vor Neuß frei gewordene Armee des Herzogs auf dem Marsch gegen die Schweiz zu sehen. Diesbach dagegen erklärte mit Leidenschaft, die burgundische Armee werde noch Zeit brauchen, um sich wieder kampffähig zu machen, und diese Zeit müsse genutzt werden.

Diesbach stieß in Basel zu den Truppen der übrigen Bundesgenossen. Der Österreicher Graf Oswald von Thierstein, ein mürrischer und wenig durchsichtiger Mann, hatte auf Herzog Sigmunds Wunsch den Oberbefehl über die verbündeten Streitkräfte. Vielen paßte er nicht, er hatte früher für einen Feind der Eidgenossen gegolten.

Am ersten Marschtage schon waren die Leute matt und gereizt von der bissigen Hitze; Diesbach hatte viel zu vermitteln. Immerhin wurden in der nächsten Zeit am Mittellauf des Doubs einige Städte und Schlösser gebrochen, auf die sich bisher die burgundischen Ausfälle gestützt hatten. Aber es ging langsam, und die Kanonen von Basel und Straßburg mußten das Beste tun. Unter den Straßburger Geschützen war der berühmte »Strauß«, der von achtzehn Hengsten gezogen werden mußte. Es waren bösartige Schläger dabei, und so geschah ein Mißgeschick, das mancher für ein Unglück nahm oder doch für ein Vorzeichen kommenden Unglücks. Bei der Belagerung der Inselfestung L'Isle gab es ein Gedränge auf der Anmarschstraße, Diesbach wollte unter den Schimpfenden Ordnung schaffen. Einer der Hengste war über die Stränge getreten, Diesbach spürte einen Schlag gegen seinen Unterleib und fiel mit weißem Gesicht in den weißen Staub.

Zwei Tage nach L'Isles Zerstörung wurde nordwärts marschiert. Diesbachs hübscher Scheck ging bei den Handpferden. Diesbach saß fiebrig auf einem Karren, an hochgeschichtete Heusäcke gelehnt. Die Hitze milderte sich nicht. Vorräte waren knapp im verwüsteten Lande, tote Bauern lagen mit schwarzblauen Gesichtern in den Dorfgassen. Manche Soldaten erkrankten, man begrub sie hastig und ohne Aufsehen.

Der Zank mehrte sich, Diesbach konnte nicht mehr hin, wo er wollte, sondern mußte warten, bis Rat- und Schlichtungsuchende zu ihm kamen.

Das starke Leben hatte er in sich wogen und funkeln gefühlt, solange Menschen da waren, zu denen er reden, aus deren Mienen er die eigene Gestalt erhöht zurückempfangen konnte. Das Liegen im Zelt war erträglich, solange die Erregung eines Gesprächs, eines Zusammenseins noch in Nachwirkung stand. An die Schmerzen der Wunde setzte er keine Gedanken, aber vor den Nachtstunden ohne Widerhall fürchtete er sich. Sein Befehl zerrte Menschen herbei, gesunde Menschen, die gern geschlafen oder nach ihren Abteilungen gesehen hätten. Diesbach redete auf sie ein, die kleinsten Lagerstreitigkeiten wurden zu Welthändeln, er entflammte sich an ihrem Zuhören, entwickelte Pläne, für die weder die Zeit noch die Zuhörerschaft reif war. Er schaufelte Menschen an sich heran, fraß Menschen in Dutzenden wie Austern.

Im Lager vor Blamont trennte sich Thierstein mit seiner Reiterei von den Verbündeten: er müsse dem Herzog von Lothringen zu Hilfe kommen, auch sei die Reiterei bei der Belagerung unnütz, Eptingen mit dem Fußvolk wolle er gern zurücklassen. Als er abritt, warfen die Schweizer Steine und Pferdeäpfel hinter ihm her und behaupteten, er wolle Blamonts Fall verhindern, weil der Schloßherr sein Vetter sei.

Diesbach schrieb beunruhigt nach Bern um Verstärkung. Das Fieber war schwächer geworden, der Feldscher schien zufrieden. Dafür begann Diesbach sonderbare Entdeckungen zu machen.

Erst war es eine Linse, was er auf seiner unteren Brusthälfte entdeckte, eine kleine rote Linse, nichts weiter. Er befahl sich, sie zu vergessen. Es ist aber schwer, eine Linse zu vergessen, wenn man jedesmal daran denken muß, sie mit der Hand vor den Blicken des Feldschers zu verbergen, der nach der Schlagwunde sieht. Und selbst wenn man eine Linse vergessen könnte, eine Haselnuß oder gar eine Walnuß zu vergessen ist unmöglich, eine harte, große, dunkle Walnuß.

Nicht lange danach fährt ein verdeckter Planwagen nach Südosten, das Tal der Allaine hinan. Die Leinenwände sind mit Rosenessig getränkt. Bei jeder Rast werden sie von neuem befeuchtet. Rechts und links reiten Männer mit glimmenden Wacholderzweigen.

Im neuerbauten bischöflich baselschen Schloß Pruntrut gab es alle Pflege und Bequemlichkeit, an der es vor Blamont gemangelt hatte. Ja, bequem war es, das dunkle Zimmer mit den verhängten Fenstern und dem weichen Bett.

Dazwischen kamen Leute, die Unnötiges brachten und Störendes taten. Sie trugen feuchte weiße Pesthemden mit Kapuzen, die nur die Augen frei ließen.
»Redet doch, redet doch!« schrie Diesbach ihnen zu. Dann redeten sie gehorsam, aber er konnte ihre Antworten nicht recht verstehen, und plötzlich waren sie wieder fort. Einmal glaubte er zu entdecken, daß auch seine eigene Stimme nicht mehr klang. Wie sonderbar, zu sprechen, ohne den vertrauten, geliebten, ja, geliebten Klang zu hören!
Sein gieriger Wille mehr noch als das Fieber bevölkerte ihm das Zimmer mit Gestalten.
»Stammt die Walnuß auch aus Ihrem Spaliergarten, Sire?« fragte er eine von ihnen. »Aber nein, Linsen wachsen nicht an Spalieren, Linsen werden für Erstgeburtsrechte in Zahlung genommen. Erstgeburt, Einziggeburt«, sagte er zu Anna, seiner ersten Frau.
»Ist der Kleine gut zugedeckt? Was hat der Arzt gesagt?« Er sorgte sich sehr um seinen winzigen Buben, in dessen Gesicht er die eigenen gewölbten Brauen, die eigenen schönen und heißblickenden Augen wiederfand.
»Verzeih mir, Scharnachthal«, fuhr er fort. »Was rede ich denn? Sehen Sie, Sire, ich hatte einen Augenblick vergessen, daß mein Kleiner längst tot ist, seine Mutter auch... Aber was macht denn Ihre Schwester, die Frau von Savoyen? Ob ich Beschwerden habe, fragen Sie, Majestät, Gliederschwere, Kopfschmerzen? Nein, über die Pensionen habe ich mich nicht zu beschweren, immer pünktlich... Aber die Subsidiengelder für die Kriegführung! Und warum sagen Sie nur, Sire, der Goldtransport auf Maultieren sei schwierig... durch unsichere Halbkriegsgebiete? Ja, mein Zimmer hier, das ist Halbkriegsgebiet, Viertelkriegsgebiet... achtel, sechzehntel, immer weniger, vielleicht nur noch ein hundertstel Jahr... Überweisen Sie doch durch das Bankhaus Medici in Lyon, das wäre doch so einfach... Alles wäre einfach.«
Im rüttelnden Planwagen hatte er sich vorgenommen, er wollte seinen großen, berauschenden Gedanken denken, wenn es arg werden sollte. Aber vielleicht war es gar nicht arg geworden, und in dunklen, durchräucherten Zimmern vergessen große Gedanken sich ja auch leicht, leichter als Linsen und Nüsse.
Der Gedanke, mit dem Niklaus von Diesbach die Stadt Bern zu einer Herrschermacht gehoben hatte, sein beglückender und be-

feuernder Gedanke, war dieser gewesen: Das nämlich ist die Herrlichkeit des Menschen, daß er mit dem Entschluß eines Augenblicks den Ablauf von Jahrhunderten bestimmen kann.

Einmal war unter den Gestalten ein Priester. Diesbach hatte das Gefühl, es würde irgend etwas mit ihm vorgenommen. Irgend etwas wurde ihm in den Mund geschoben, und es rauschte dazu. Aber in welchem Zusammenhang dies Rauschen, dies In-den-Mund-Schieben mit dem Priester stand, das wollte ihm niemand erklären.

Professor Werner Wölfflin, welcher an der Basler Hochschule mit Ruhm die Heilkunde lehrte, hatte vom Rat und vom Bischof eine Vollmacht erhalten, nach der er überall frische Pferde greifen und einspannen lassen durfte. Er reiste sehr schnell in seinem leichten Kutschwagen. Aber als er in Pruntrut einfuhr, sah er oben im Schloß ein Fenster weit offenstehen, daraus zogen dünne bläuliche Räucherwolken; und ein schwarzes Fähnchen flatterte träge über den roten Dachpfannen.

Senlis

René lag auf dem Rücken im struppigen Grase und schnoberte den Geruch der luxemburgischen Moselwälder.

»Noch nichts zu sehen?« rief er dem Posten zu, der dreißig Schritt entfernt am hügeligen Waldrand saß.

»Nein, Monseigneur.«

Seine Ungeduld zu beschwichtigen, kaute René Grashalme und suchte an der Färbung der Wolken das Wetter des kommenden Tages zu erraten.

Er war braungebrannt von vier Feldzugsmonaten. Sein Gehaben strahlte den glücklichen Eifer eines tätigen Menschen aus, dessen Verantwortung und Entschlüsse überschaubaren und klar umgrenzten Dingen gelten. Jetzt hatte er einen Brief an Craon gesandt, den Feldherrn des verbündeten Frankreich, dessen behutsame, ja lässige Kriegführung ihn manchmal mit Sorge erfüllte, und ihn dringend zu einem gemeinsamen Vorstoß aufgefordert, der eine gefährdete lothringische Grenzfestung entsetzen sollte.

»Er kommt!« rief der Posten.

René lief dem Boten über die feuchte Wiese entgegen und riß ihm Craons Antwortschreiben aus der Hand. Er las bestürzt: »Monseigneur, ich könnte mich auf keinen königlichen Befehl berufen, wollte ich mich an der von Ihnen vorgeschlagenen, sicherlich zweckmäßigen Unternehmung beteiligen.«

René hastete ins Lager; das Herz klopfte ihm stärker, als die Geschwindigkeit seiner Schritte es hätte rechtfertigen können. Er trat ins Zelt des Grafen von Bitsch, der mit zwei Spaniern Karten spielte, und warf den Brief zornig auf den Tisch.

»Da!«

Graf Simon Wecker von Bitsch war einer der wenigen großen lothringischen Herrn, die sich René angeschlossen hatten. Einige andere, wie Johann Wisse, schickten Mannschaften, ohne sich in Person bloßzustellen. Sonst hatte René Städter, bewaffnete Bauern, Kleinadel, spanische, deutsche, gascognische Söldner, deren Führer unter seinen Vorgängern gedient hatten und nun aus den ärmlichen Schlupflöchern des Abgedanktseins stiegen. Mit diesen Leuten hatte er die schwachen burgundischen Abteilungen aus Lothringen gedrängt und eine Reihe von Streifzügen durch das südliche Luxemburg gemacht, während Chiffron als Regierungskommissar mit außerordentlichen Vollmachten in Nancy amtierte; aber die rätselhafte Zurückhaltung der Franzosen erschwerte jede Unternehmung.

Der Graf von Bitsch beschränkte sich auf Flüche. Gracian d'Aguerra freute sich, recht behalten zu haben, schüttelte den graugerahmten Glatzkopf und erklärte befriedigt: »Ich habe immer betont, die Kooperation mit den Franzosen läßt zu wünschen übrig.«

»Bisher hatte Craon sich wenigstens die Mühe gemacht, Vorwände zu erfinden«, sagte Bitsch.

Es gab eine beklommene Nacht. Sie hielten Rat, grimmig und sorgenvoll. Endlich beschloß René, in Person zu König Ludwig zu eilen, der nicht übermäßig weit war. Denn um den Kriegsereignissen näher zu sein, hatte er seine Hofhaltung von Plessis-les-Tours nach Senlis verlegt.

René übertrug dem Grafen von Bitsch den Befehl und ritt mit wenigen Begleitern noch vor Tagesanbruch ab. »In anderthalb Wochen bin ich zurück.«

Eine Nacht schliefen sie in Joinville, wo der Weiberhof wieder vollzählig war, denn René hatte seine Familie bei Kriegsbeginn von Nancy fortgeschickt. Die Herrschaft Joinville lag ja, von der französischen Champagne umschlossen, sicher außerhalb der lothringischen Grenzen.

»Nach Senlis zum König?« rief Drosselchen gerührt. »Liebstes Kind, wie gut, daß du ihn hast!«
Pfaffenhofen wackelte mit dem Kopf, rosig wie vor Jahren. Die Großmutter barg ihren Ärger über das Ausfallen der gewohnten Abendvorlesung hinter strengen Fragen nach den Familienverhältnissen des Grafen von Bitsch.
»Pflegst du dich auch gut genug? Überanstrengst du dich nicht?« fragte Jeanne zärtlich in der Nacht. »Ich bin ja so stolz auf dich!«
Beim Abschied durfte René seine schlafende Tochter streicheln. »Leise, leise! Wecke das Süße nicht auf, um Christi willen!«
»Das hat Craon Ihnen geantwortet?« sagte Ludwig im Tone der Anerkennung, als sie nach dem Essen durch den Schloßgarten von Senlis promenierten. »Beneiden Sie mich um den Mann! Er scheint Ihnen zu vorsichtig, aber das ist mir lieber, als wenn er auf meine Kosten den Hannibal spielte. Sie sind ein Souverän, Ihnen kann ein Mißerfolg nicht den Hals brechen. Aber Craon ist mein Untergebener, sonst nichts, und er weiß, wenn er mir an einem Tage hundert Tote meldet, dann jage ich ihn auf die Straße.«
René entwickelte seine Absichten. »Lothringen muß auf luxemburgischem Boden verteidigt werden. Erweitern Sie Craons Vollmachten, Sire, lassen Sie mir die Verantwortung. Unterstellen Sie ihn mir, Majestät«, schloß er.
Der König lächelte. »Sie dürfen nicht die Situationen verwechseln, liebster Herzog. Sie können heute eine Schlacht verlieren, morgen eine gewinnen. Bei der ersten, die ich verliere, rücken alle diese verfluchten Herzöge und Grafen, die sich meine Vasallen nennen, gegen Paris.«
René drängte unbeirrt auf größeren Nachdruck der Kriegführung. »Ohne Not Witwen und Waisen machen?« erwiderte Ludwig. »Ich riskiere, daß sie mich vor dem Jüngsten Gericht verklagen. Ich habe zwar an Sankt Dionys und Sankt Martin von Tours zwei verläßliche Advokaten, immerhin haben solche Prozesse ihr Bedenkliches.«
Er nahm den Filzhut ab und verbeugte sich vor den billigen bleiernen Heiligenbildern auf der abgegriffenen Krempe.
René gab nicht nach. Endlich bequemte Ludwig sich zu Zusicherungen.
Als René von Senlis abritt, hatte er das Gefühl, es sei alles in Ordnung. Aber mit jeder Wegstunde wurde es weniger, was er in

Händen hatte. Als er bei Châlons über die Marne kam, fühlte er sich preisgegeben. Er mied Joinville, ritt aber nach Nancy, bevor er ins Feld zurückkehrte. Ohne Anmeldung lief er in Chiffrons Kanzlei. Chiffron wandte den Kopf vom Schreibtisch, dann sprang er auf. René gewahrte ein gramvolles und verbissenes Gesicht.
»Was bringen Sie, Monseigneur? Nein, nein, erzählen Sie mir nichts, ich weiß es besser.«
René sah ihn erschrocken an. Chiffron atmete tief, dann sagte er ohne Schonung: »Vorvorgestern ist der Friede zwischen Frankreich und Burgund unterschrieben worden.«
Chiffron, der seine Agenten auszuwählen verstand, war gut unterrichtet. Nach dem Friedensschluß mit Eduard hatte Ludwig noch eine Weile gewartet, um in Karl nicht einen vor Zorn jeder Überlegung unfähigen Verhandlungsgegner zu haben. Dann gingen Jean de Paris und Maître Marrazin nach Namur und begleiteten den Herzog von hier auf sein luxemburgisches Schloß Soleuvre. Sie waren ermächtigt, Karl volle Freiheit zur Eroberung Lothringens, zur Wiedergewinnung der Pfandlande und zur Züchtigung der Schweizer zuzusichern. Ludwig mußte sich dazu verstehen, den Vertrag in Anwesenheit eines Bischofs, zweier Parlamentsräte und dreier Notare auf das wundertätige Kreuz von St. Laud zu beschwören. Jedermann wußte, daß dies der einzige Schwur war, den der König zu halten pflegte, denn es war bekannt, daß in Jahresfrist sterben mußte, wer auf diese Reliquie einen Falscheid tat.
»Karl braucht Lothringen«, sagte er zu Commynes, nachdem er den Eid geleistet hatte. »Man muß ihm die Chance geben, auf die Spieße der Schweizer aufzurennen oder über die Alpen zu gehen. Man darf ihn nicht beschränken wollen, dieser Wildbüffel braucht Raum, um sich totzulaufen.«
Renés Streitmacht zerfiel. Mit dem, was ihm blieb, hätten drei, vier Städte gehalten werden können. René brachte den Entschluß nicht zuwege, die übrigen preiszugeben, verzettelte sein Heer und verlor alle. Nur Nancy hielt sich.
René jagte erbittert nach Senlis und beschwor den König.
Ludwig hob abwehrend die Hände. »Ich soll Frieden mit Burgund geschlossen haben? Und so etwas können Sie glauben? Der Herzog mit vierzigtausend Mann gegen Lothringen? Wüßte ich das gewiß, ich zöge in eigener Person zu Felde! Beruhigen Sie sich, Liebster. Noch heute gebe ich Marschbefehl.«

Es dauerte nur drei Tage, bis das Hilfskorps beisammen war: fünftausend Mann unter Louis Bourbon, dem Admiral von Frankreich. René umarmte den König und ritt aus, um Nancys Entsatz zu versuchen.
Der Marsch ging durch das Herzogtum Bar, das Renés Großvater gehörte. René wußte, daß es einmal ihm zufallen mußte, aber er wußte auch, daß Karl dem unberechenbaren und leichtfertigen Alten aus seinen Geldnöten zu helfen versprach, wenn er ihm die Erbfolge zusichere. In Bar-le-Duc, der Hauptstadt des Herzogtums, verlangte Bourbon Rasttage. René mußte sich fügen. Endlich erklärte der Admiral, zu weiterem Vorrücken nicht ermächtigt zu sein. Dafür traf er Anordnungen, die nichts anderes bedeuten konnten als eine Besetzung des Herzogtums. René fragte, drohte, flehte, dann kehrte er nach Senlis zurück.
Er traf den König in Abreisevorbereitungen. Der Hof sollte nach Plessis-les-Tours zurückkehren, gleichsam um auszudrücken: der Zeitabschnitt, da alle Aufmerksamkeit den lothringischen und burgundischen Angelegenheiten galt, ist zu Ende, die Majestät wünscht sich wieder ihren innerfranzösischen Aufgaben zu widmen.
Ludwig hörte Renés Vorstellungen mit großer Gelassenheit an.
»Aber verstehen Sie denn nicht, daß ich Bar Ihretwegen besetzen lasse, liebster Herzog?« fragte er dann verwundert. »Sobald Ihr Herr Großvater stirbt, übergebe ich Ihnen Ihr Erbe. Täte ich es jetzt, so fiele es Burgund in die Hände. Warum sind Sie so mißtrauisch? Ich lasse Sie nicht im Stich. Sie beklagen sich? Wenn ich nicht eingegriffen hätte, so säßen Sie noch heute in Luxemburg gefangen. Ihretwegen habe ich damals einen Bruch mit dem Kaiser riskiert!«
René kam nach Joinville, wohin sich eine Anzahl seiner Parteigänger geflüchtet hatte. Jeanne und seine kleine Schwester hängten sich an seinen Hals und beschworen ihn, sich nicht der Verzweiflung zu überlassen. Aber sie hatten keinen Trost für ihn. Drosselchen wandte, ruckhaft pickend, den Kopf, als suche sie in der leeren Luft nach etwas Nährendem und Stärkendem. Sie sagte zwischen Mitleid und Vorwurf: »König Ludwig ist ein großer Mann, er hat nur einen Fehler, den er selbst beklagt, aber noch nicht ganz abgelegt hat: er ist nachtragend. Er läßt es dich jetzt entgelten, daß du damals das Bündnis mit Karl geschlossen hast. Hättest du auf mich gehört!«

In dieser Zeit gewöhnte René sich daran, in den Räumen der Großmutter eine Freistatt zu erblicken. Er saß bei ihr und hörte ihr zu, wenn sie mit ihrem damenhaften Lächeln erzählte, freundlich, ja, gütig, solange ihr nicht widersprochen wurde. Sie redete von alten Zeiten, von einem Leben strahlender Formen, das von keinen Bedrohungen und Befleckungen wußte. Sie redete von Burgund und hatte keine Kenntnis von allen Geschehnissen des letzten Jahres. In den Stunden, die er bei ihr verbrachte, fühlte René sich an Luxemburg erinnert. Karl stand siegreich in Lothringen, aber René vermochte ihn nicht zu hassen. Ja, es schien ihm ein Trost in der Vorstellung zu liegen, daß inmitten einer immer brüchiger werdenden Welt sich das Vollkommene in der rätselhaften Erscheinung jenes einen Mannes seinen sicheren Ort geschaffen und bewahrt hatte.
Ach, René wußte zuviel von Karl, als daß er die Vollkommenheit in ihm verkörpert glauben durfte. Dennoch konnte er sich von diesem Gedanken nicht lösen, gleichwie ja jeder von uns eines Vollkommenen ansichtig zu werden meint, wenn er einen roten Apfel im Laube, einen silberweißen Stern am Nachthimmel oder einen im gelbrötlichen Abendschein aus dem Walde tretenden Rehbock erblickt. Und doch wissen wir, der Apfel mag den Wurm beherbergen, der Stern seit Jahrtausenden erloschen sein, der schlanke Rehbock eine geschwürige Mißbildung in seinem Inneren tragen, an der er wird sterben müssen, ehe noch die Kugel des Jägers ihm ins Blatt fährt; denn auf unserer gebrechlichen Erde ist ja der Vollkommenheit keine Stätte gegeben.
In Joinville erschien ein Bote des Kommandanten von Nancy, der sich nachts durch die burgundischen Laufgräben geschlichen hatte. Er berichtete von Verlusten, Krankheiten und Hunger.
»Kann die Hoheit uns irgendeine Hilfe in Aussicht stellen, so getrauen wir uns, die Stadt noch eine kleine Weile zu halten«, schloß er.
»Kapitulieren Sie«, flüsterte René mit abgewandtem Gesicht.

Die Witwe

An einem trüben Herbstnachmittag – in vielen Häusern Berns hatte man zum erstenmal heizen lassen – erhielt Scharnachthhal Chiffrons Brief mit der Nachricht des Friedensschlusses von

Soleuvre. Der große, breitbrüstige Mann fühlte sich plötzlich von aller Kraft verlassen.

Die beiden Souveräne, auf die man gebaut hatte, hatten die Waffen niedergelegt: erst der Kaiser, und nun auch der König; und Niklaus von Diesbach war tot.

Scharnachthal war ein nüchterner und den irdischen Dingen zugewandter Mann; und doch kam ihm jetzt, da seine verstörten Gedanken nach einem Ort suchten, an welchem Rat und Trost zu erlangen wäre, Diesbachs Grab in den Sinn. Aber Diesbach lag ja nicht in der Erbgruft seiner Familie; wenige Stunden nach seinem Ableben war er eilig, wie es mit den Opfern der Pest hergebracht war, in Pruntrut bestattet worden, und es hatte niemand von seiner großen Verwandtschaft an seinem Grabe gestanden, niemand von seinen zahlreichen Freunden, seinen Mitkämpfern, Anhängern und Untergebenen, niemand von den vielen kleinen Leuten, denen er freigebig geholfen hatte.

Der Schultheiß ging zu Wilhelm von Diesbach, des Toten Vetter, als habe dieser ein Erbe an Entschlüssen und Gedanken zu verwalten. Auf der Straße hatte er Mühe, sein Gesicht in der Verstellung zu bewahren. Mit einem erkünstelten Lächeln erwiderte er die Grüße der Begegnenden, für die er ja der selbstgewisse, zuversichtliche, alle Fäden in der ruhigen Kraft seiner Hände haltende Mann zu bleiben hatte; munter winkte er diesem und jenem mit dem parfümierten Handschuh.

Diesbach war nicht daheim. Scharnachthal flüchtete sich zu seiner Nichte Barbara, der Witwe des Führers. Er hätte keinen Grund dafür angeben können; er dachte nicht daran, der Frau eine Eröffnung zu machen, die den Bruch eines Amtsgeheimnisses bedeutet hätte, es verlangte ihn nur irgendwohin, wo noch ein Stückchen Diesbach lebendig war.

Er traf Wilhelm bei ihr in einer Beratung über Nachlaßangelegenheiten. In der strengen Trauerkleidung wirkte sie noch übergeordneter als sonst. Die Kerzen brannten schon.

Für einige Augenblicke stieg in Scharnachthal ein Groll gegen den Toten auf, denn hatte zuletzt nicht Diesbach auch die jetzige Lage heraufgeführt? Dann gelang es ihm, dieses Grolles Herr zu werden; er war ja erfahren genug, um zu wissen, daß der Verzicht auf die Kräftigung und den Gebrauch von Machtmitteln kein Staatswesen vor den Folgen, die ihm aus der Erweiterung und Anwendung der Machtmittel eines anderen erwachsen, zu behüten vermag.

»Laßt euch nicht stören«, sagte Scharnachthal beklommen und setzte sich fröstelnd an den Kamin.

Auf dem Tische standen eine Kanne mit heißem Wein und eine Silberschale mit Gebäck. Barbara bat den Ankömmling, sich zu bedienen. Er trank gehorsam. Es war ihm lieb, daß die beiden, seiner wiederholten Bitte nachgebend, in ihrer Besprechung fortfuhren.

Sie redeten ruhig von Pachtzinsen und Häuservermietungen. Scharnachthal preßte die Handflächen gegeneinander und merkte, daß sie feucht geworden waren. Auch auf seiner Oberlippe spürte er Nässe.

Welcher König hat das Recht, dachte er, ein Schriftstück zu unterzeichnen, das diese Stadt, diese Menschen mit ihren Verwandtschaften, Häusern, Zinsbriefen, Gewohnheiten plötzlich in einen schwarzen Abgrund fallen läßt? »Abgrund« ist lächerlich, aber alle lächerlichen Worte haben ja recht. Abgrund, Abgrund.

Er sah sich in dem gediegen, vielleicht ein wenig zu kostbar eingerichteten Zimmer um. In diesem Raume hatte er oft mit dem Toten gesessen, seinen Entwürfen gelauscht und sich mit ihm beraten.

Zwischen den Fenstern hing das Porträt des Verstorbenen. Aber der Kerzenschein reichte nicht weit genug, um die Züge kenntlich werden zu lassen. Scharnachthal fragte sich, ob wohl auch er Stunden solcher Verzweiflung gekannt habe. Er fand keine Antwort.

Er betrachtete die beiden Menschen, die nebeneinander im Kerzenlicht saßen und die Köpfe über die Papiere auf dem Tisch beugten. Wilhelms Gesicht war von Eifer gerötet. Es war das Gesicht eines wohlgeratenen und wohlerzogenen Mannes, und es sah auch dem Gesicht des Vetters auf eine ungenaue Weise ähnlich. Aber es war nicht das Gesicht eines kühn entwerfenden, lenkenden und mitreißenden Staatsmannes, eher das eines getreuen, eines sich willig führen lassenden Anhängers.

Länger haftete Scharnachthals Blick auf dem gesenkten dunkelbraunen, fast schwarzen Scheitel der Frau. Scharnachthal hatte sie als kleines Kind gekannt, er erinnerte sich ihres Tauffestes, und es fiel ihm plötzlich ein, daß ihre Eltern sich in den ersten Jahren oft über ihr hartnäckiges nächtliches Geschrei beunruhigt hatten. Spä-

ter war sie ein verschlossenes und zugleich leidenschaftliches Mädchen gewesen, das für hochmütig galt. Er entsann sich ihrer Hochzeit, deren Prunk viel Aufsehen gemacht hatte. Barbara war kinderlos. Vielleicht würde sie in künftigen Zeiten noch einmal heiraten. Einstweilen schien es ihre einzige Aufgabe, das Andenken ihres Mannes zu hüten. Nein, nicht sein Andenken, das einer solchen Fürsorge nicht bedurfte. Eher wohl sah sie ihre Bestimmung darin, weiterhin etwas von dem zu verkörpern, das in seinem ganzen Umfange von ihrem Manne verkörpert worden war.
Nein, vor dieser Frau gab es keine Amtsgeheimnisse; Scharnachthal wußte ja, wie sehr sie an allen Plänen ihres Mannes teilgenommen hatte.
»Ich möchte euch etwas berichten«, sagte er heiser.
Sie sahen auf, vom Ton dieser Worte stutzig gemacht. Er verlas in Eile den Brief, in welchem Chiffron klar, präzis und ohne den geringsten Versuch einer Beschönigung die eidgenössischen Verbündeten davon in Kenntnis setzte, daß König Ludwig mit Karl von Burgund Frieden geschlossen hatte.
Scharnachthal faltete den Brief zusammen und legte ihn auf den Kaminvorsprung. Schweigend sah er von einem zum anderen.
Auch Diesbach und Barbara schwiegen. Diesbachs Finger spielten fahrig mit den Abrechnungen auf der Tischplatte. Mit der anderen Hand umklammerte er pressend seine Stirn. Er pfiff hilflos durch die Zähne, halb war es ein Ächzen. Endlich stellte er die flehende Frage aller Geängstigten: »Ist das wahr?«
Niemand antwortete. Barbara warf verächtlich die Lippen auf.
Scharnachthal wandte sich an seine Nichte. »Ich danke Gott, Barbara, daß dein Mann das nicht mehr zu erleben braucht.«
Die Witwe stand heftig auf. »Der? Gerade das hätte er erleben müssen, um euch zu zeigen, daß man auch bei schlechtem Wetter ackern kann! Ach, ihr!«
Scharnachthal verlas noch einmal den Brief. Er fühlte, wie Barbaras kräftiger Blick auf seinem Gesicht ruhte. Er empfand diesen Blick im Sinne einer Beschämung und gewahrte zugleich, wie seine Stimme unter der Einwirkung dieses Blickes an Festigkeit gewann.
Sie ratschlagten zu dritt. Nicht daß Barbara etwas Gegenständliches hätte sagen können, das den Männern verborgen gewesen wäre. Aber es strömte von ihr eine Entschlossenheit aus, die sich erst Scharnachthal und dann Wilhelm mitteilte.

Am Abend wurden die sichersten Männer der Diesbachpartei zu einer Beratung in der Sakristei des Münsters versammelt. Auch Wabern war dabei, denn er hatte sich ja längst, obwohl mit Bedauern, von der Bubenbergschen Freundschaft gelöst.
Scharnachtal las Chiffrons Schreiben vor und zeichnete unerbittlich, aber auch unerschüttert die Lage. Wabern fragte zaghaft nach Friedensmöglichkeiten; ja, er deutete an, es sei vielleicht geraten, Bubenberg zurückzurufen und mit einer Botschaft an Herzog Karl zu betrauen. Scharnachtal gab ihm keine Antwort, und Wabern verzichtete darauf, sein Vorbringen zu wiederholen.
Es war nicht eigentlich eine Beratung. Die Männer konnten nichts tun, als Scharnachtals Eröffnungen entgegennehmen und, nachdem das erste Erschrecken sich gelegt hatte, den von ihm gezogenen Folgerungen zustimmen.
»Wie wir hier sitzen, gelten wir als die Männer, die den Krieg gemacht haben. Jeder weiß, was ein böser Ausgang für unsere Hälse bedeutet. Von den Bundesgenossen werden einzelne kopfscheu werden. Denen ist das Beispiel der Entschlossenheit zu geben. Ich selber möchte die Stadt in diesen Tagen nicht verlassen. Diesbach wird zum König gehen und schon morgen früh aufbrechen. Ich zweifle nicht daran, daß er eine Erhöhung der Subsidiengelder erreichen wird, die den Fortfall an Streitkräften zum mindesten ausgleicht.«
König Ludwig, der gleich nach Niklaus von Diesbachs Tode den Rat der Stadt Bern in einem langen, mit kirchlichen Wendungen überreich geschmückten Schreiben seiner Betrübnis versichert hatte, empfing Wilhelm mit neuen Bekundungen seiner Teilnahme, obwohl jener Todesfall ja nun schon einige Monate zurücklag.
»Ihr Herr Vetter war ein tätiger Mensch. Ich weiß nicht, ob er daneben noch genügend Zeit gefunden hat, an den Wohlstand auch seiner Seele zu denken. Für alle Fälle habe ich Messen für ihn bestellt. Ich darf Sie bitten, mit mir einer Messe für den Abgeschiedenen in meiner Schloßkapelle beizuwohnen.«
Erst nach dem Gottesdienst konnte Wilhelm von Diesbach sich dem Zweck seiner Reise zuwenden.
»Was denn, was denn?« antwortete Ludwig. »Womit verdiene ich Ihr Mißtrauen? Ihr Herr Vetter hätte keinen Augenblick an mir gezweifelt! Bringen Sie mich doch nicht zum Lachen, mein

Kammerherr. Ihr habt in Hochburgund und im Waadtland ein paar Hundert bewaffnete Galgenstricke totgeschlagen. Ich habe die ganze englische Armee außer Gefecht gesetzt. Daß ich meine Steuerüberschüsse nicht nach Gutdünken verwenden dürfte, davon steht nichts im Friedensvertrag. Darüber reden wir noch. Ich weiß ja: point d'argent, point de Suisses.«
Er kniff ihn lachend in den Oberarm.

Nancy

Karl hatte die Besatzungen einiger lothringischer Städte hinrichten lassen, um durch ein solches Beispiel die Widerstandslust der Söldner zu erschüttern. Den Verteidigern von Nancy indessen bewilligte er freien Abzug mit Waffen, Gepäck und Geschütz. Weil sie aber die Pferde geschlachtet hatten, mußten sie Karren und Kanonen zurücklassen.
Als die hungerblassen Männer mit Pfeifen und Trommeln aus dem Stadttor St. Nicolas kamen, hielt Karl im Novemberregen, seitab der Straße, auf seinem Rappen. Er nahm den juwelengeschmückten Hut ab und bedeckte das triefende Haar nicht eher, als bis der letzte vorüber war. Für einige Sekunden erregte ein kleiner Mann seine Aufmerksamkeit, ohne sie fesseln zu können. Er stolperte lächerlich in einer viel zu großen Eisenrüstung, das Gesicht von der riesigen Sturmhaube verdeckt. Dies war Chiffron, der als Nichtsoldat von der Kapitulation ausgeschlossen war und auf dessen Kopf Herzog Karl einen Preis gesetzt hatte.
In sein Hauptquartier bei der Johanniterkomturei zurückgekehrt, empfing Karl eine Abordnung der niederländischen Stände. In ihrer Freude über den französischen Frieden boten die Nordprovinzen dem Herzog freiwillig eine Steuer für seine weiteren Unternehmungen an, von denen sie einen endlichen Gesamtfrieden erhofften. Karl überhörte es gern, daß in der Ansprache der Ständevertreter dieser Gesamtfriede einen reichlich breiten Raum einnahm. Er umarmte jeden einzelnen.
Unterdessen fuhren Wagen mit Fleisch, Brot und Wein in die Stadt. Vor den Kirchen wurde das Manifest verlesen, das René und seine Anhänger für vogelfreie Verräter erklärte.
Am Tage des heiligen Andreas, Patrons des Goldenen Vlieses, zog

Karl in Nancy ein, nicht als Sieger in einen eroberten Platz, sondern als lothringischer Herzog in seine Hauptstadt.
In Gold und Scharlach ritten Karl und die Paladine hinter Herolden und blasenden Trompetern auf das geschmückte Tor de la Craffe zu. Plötzlich wurde das Tor vor ihnen geschlossen. Aus dem Seitenpförtchen trat der alte Rheingraf von Salm als Marschall von Lothringen – hinter ihm die Amtleute der drei lothringischen Landesteile – und richtete an Karl die althergebrachte Frage, die er vor zwei Jahren an René gerichtet hatte:
»Sind Sie gewillt, Monseigneur, Wort und Schwur zu leisten, wie es Ihre Vorgänger« – sonst hieß es Vorfahren –, »die Herzöge von Lothringen, wenn sie zur Herrschaft kamen, bei ihrem ersten Einzug in diese Stadt getan haben?«
»Ja.«
»Wollen Sie also, Monseigneur, feierlich und auf Fürstenwort versprechen und schwören, daß Sie die drei Stände des Herzogtums, den Adel, die Männer der Kirche und die Bürger, bei ihren alten Freiheiten, Rechten und Gewohnheiten erhalten wollen? Und wollen Sie darüber eine offene Urkunde ausstellen, wie Ihre Vorgänger das getan haben?«
»Ja, wahrhaftig, das will ich.«
Der Rheingraf reichte ihm die vorbereitete Urkunde zur Unterzeichnung aufs Pferd. Dann wurde das Tor geöffnet, hinter dem die Adelsvertreter mit dem übergoldeten Traghimmel warteten.
Die Stadt Nancy war einen solchen Glanz nicht gewohnt; manche riß er zu Beifalls- und Willkommensrufen hin, und sie dachten auch daran, daß ihre wenig begüterten Herzöge noch nie Fleisch, Brot und Wein kostenlos an allen Straßenecken hatten verteilen lassen, wie das jetzt geschah. Andere aber verharrten in einem feindseligen Schweigen und erinnerten sich ihrer Anverwandten und Freunde, welche durch die burgundischen Durchmärsche zu Bettlern, zu Krüppeln, zu Verschollenen oder zu Toten geworden waren.
In der Stiftskirche von St. Georg hörte der Herzog die Messe, wiederholte seinen Schwur auf das Evangelium und empfing den Treueid. Darauf schenkte er, wie es herkömmlich war, sein reichgezäumtes, hochrassiges Einzugspferd der Kirche und ritt auf einem ungesattelten lothringischen Bauerngaul ins Schloß. Auf der

Straße redeten ältere Leute davon, manche der früheren Herzöge hätten den Einzug auf einem zurechtgeputzten billigen Klepper gehalten.

Im großen Saal des Schlosses hielt Karl seine Rede an die huldigenden Stände, wie immer, ohne ihren Inhalt mit seinen Räten besprochen zu haben.

»Diese Stadt Nancy, in der Mitte unserer Staaten gelegen, werden wir zu einer königlichen Hauptstadt erheben, um welche Lothringen von Frankreich und Deutschland beneidet werden soll, und sie wird in der Zukunft unsere ständige Residenz sein und das Herzstück aller unserer Länder. Unsere ersten Bauten werden ein Königsschloß, eine Markthalle, eine große Geschützgießerei und vier Papiermühlen sein. Alle Kaufmannschaft, aller Kunstfleiß, die unsere Länder reich gemacht haben, sollen auch in Nancy eine Stätte erhalten. Aus unseren niederländischen Provinzen werden wir die ruhmvollsten Maler, die geschicktesten Steinmetzen kommen lassen, um den Kirchen dieser Stadt einen Glanz zu geben, hinter dem mancher andere verblassen wird.

Wir wollen den Großen Parlamentshof von Mecheln nach Nancy verlegen, dennoch Lothringen von ihm unabhängig bei seiner alten Gerichtsverfassung erhalten. Wir in Person werden unser neues Herzogtum bald verlassen. Die Schweizer Kuhhirten als Mordfeinde aller Ritterschaft haben soeben einen neuen Raubzug getan, ärger als alle früheren, durch das Gebiet unseres Bundesfreundes und Großmarschalls, des Grafen von Romont, und in das Land unserer Freundin, der Frau von Savoyen. Genf, Vevey, Lausanne sind gebrandschatzt! Gott hat die Ritterschaft zum Schutz der Witwen verordnet. Die Welt ist nicht geschaffen, daß sie von Bestien nach ihrem Gefallen zerfleischt, sondern daß sie von fürstlicher Gerechtigkeit gebändigt werde. Wenn wir zur Bestrafung ausziehen, werden wir den Sieur de Bièvre als unseren Statthalter Ihrer Liebe und Ihrem einsichtsvollen Gehorsam empfehlen. Ihm zur Seite wird ein Staatsrat stehen, in welchem nur gebürtige Lothringer aller drei Stände Sitz haben sollen.«

Nach der Galatafel fanden die Belehnungen statt. Die Grafschaft Vaudémont wurde dem Großbastard übertragen. Campobasso erhielt die Besitzungen des Grafen von Bitsch und wurde am nächsten Tage für ein halbes Jahr beurlaubt, um sein neues Lehen zu übernehmen, um eine bei Briey empfangene Schulterwunde auszuheilen und um endlich die vor Neuß gelobte Wallfahrt nach San Jago di Compostela zu machen.

Genau wie vor Trier gingen Briefe und Boten zwischen Karl und dem Kaiser hin und her. Fremde Gesandtschaften kamen zur Beglückwünschung. Karl hielt täglich offenes Gericht, wie er es sonst an zwei Tagen jeder Woche gewohnt war, ließ Bauern gegen Vögte, Lehrlinge gegen Meister klagen. Einen Entschädigungsprozeß schlichtend, sagte er: »Ihr seid Schuldner des Geldes. Ich bin ein Schuldner der Gerechtigkeit.«

Zu Herrn de la Marche bemerkte er eines Nachts: »Jetzt kann ich auf eigenem Boden von Amsterdam bis Charolais reiten und auf verbündetem von Charolais bis Parma. Bist du schon einmal glücklich gewesen, Olivier? Wie ist es, wenn man glücklich ist?«

SIEBENTER TEIL

Grandson

Noch am letzten Abend versuchten der Großbastard und der Graf von Nassau den Herzog umzustimmen.
»Nicht über den Jura, Monseigneur! Greifen Sie von Norden an! Lassen Sie uns mit der Reiterei durch die Ebene, besetzen Sie die Pfandlande, dann legen Sie Fußvolk und Artillerie vor Basel.«
Karl erwiderte: »Ich habe endlich die Hände frei. Es steht außer Zweifel, daß ich zuerst denen zu Hilfe kommen muß, die meinetwegen am ärgsten gelitten haben, das sind Hochburgund, die Waadt und Savoyen.«
Mit dem Angriff von Norden rechneten auch die Eidgenossen. Auf solche Meinungen gestützt, hatten die Wackeren die Räumung der entferntesten waadtländischen Plätze durchgesetzt, darunter der Paßfeste von Jougne. Durch diesen Paß stiegen im Januar Romont und Chateau-Guyon, lange vor dem Anmarsch des Hauptheeres, und rückten in die Waadt. Hartgehaltene Menschen empfingen ihre Befreier mit Dankprozessionen und mit nächtlichen Überfällen auf die landfremden eidgenössischen Besatzungen. Als Herzog Karl mit der burgundischen Hauptmacht erschien, war nur noch Grandson in eidgenössischen Händen.
König Ludwig – ein stiller Begleiter – zog parallel der burgundischen Marschrichtung, jenseits der Grenze, nach Süden und nahm in Lyon Wohnung, um dem Kriegsschauplatz nahe zu sein; sein Aufenthalt in Plessis-les-Tours hatte diesmal nicht sehr lange gewährt.
»Sie werden lästig, mein Vetter. Querulieren Sie nicht«, sagte er in Commynes' Gegenwart zu Herzog René, der ihn im Februar aufsuchte. »Aber bitte, wenn Sie meine Gastfreundschaft in Anspruch nehmen wollen, natürlich sind Sie mir willkommen«, fügte er gleichgültig hinzu.
Und René blieb, René ertrug die Demütigung dieser Worte, die

Demütigung dieser Gastfreundschaft, die Demütigung des Abstandes zwischen der eigenen Ärmlichkeit und dem Reichtum Lyons. René nährte sein widerwilliges Herz mit Hoffnungen, vor deren Leere er erschrak, René saugte mit Gier jede Nachricht ein, die Ludwigs Kuriere und Agenten aus der Waadt, dem Reiche, der Eidgenossenschaft brachten. Mit Zittern folgte er den eidgenössischen Tagsatzungen, deren bald hastige, bald saumselige Verhandlungen wie die durcheinandergeschüttelte Tabelle eines philosophischen Arztes alle Gemütszustände wiedergaben: Argwohn und Vertrauen, Trägheit und Ungeduld, Eifersucht und Hilfsbereitschaft, Schrecken und leidenschaftliche Schlachtbegier. Er erschrak über die Ablehnungen, die Bern von befreundeten Reichsstädten, wie Nürnberg, Frankfurt und Ulm, erfuhr: Absagen, die den Widerhall der neuen Verhandlungen zwischen Herzog Karl und dem Kaiser erkennen ließen.

Heißhungriger noch als René empfing die Besatzung von Grandson jeden Kundschafter, jeden von Bern rückkehrenden Boten. Sie war fünfhundert Mann stark, für diese Festung die zweckmäßige Anzahl. Sie getrauten sich, die burgundische Armee aufzuhalten, bis die Eidgenossen zur Hauptschlacht und zum Entsatz da wären. Indessen war der Führer, Hans Wyler von Bern, nicht ohne Bänglichkeit, wenn er von den Schwierigkeiten hörte, gegen welche auf den Tagsatzungen in Zürich und Luzern die bernische Diplomatie anrannte. Die Waldorte, die binnen zwei Tagen den letzten Hüterbuben vom Melkkübel weggerufen hätten, wenn es um die Eroberung eines mailändischen Tales gegangen wäre, konnten sich jetzt nicht darüber einigen, ob der Bündnisfall gegeben und ob denn wirklich Bern bedroht sei oder nur eine gleichgültige waadtländische Kleinstadt, die gegen ihren Wunsch besetzt worden war. Und in dieser Unlust, dieser Saumseligkeit offenbarte sich noch eine Nachwirkung des Schreckens, den die Friedensschlüsse von Neuß und Soleuvre erregt hatten; diesen Schrecken hatten sie inzwischen überwunden, aber verziehen hatten sie ihn der Stadt Bern noch nicht.

Hans Wyler, ein geselliger Mann, der in Bern allerlei städtische Ämter zur Zufriedenheit bekleidet hatte und diesem Umstand seine Ernennung dankte, ließ die dreifache Weinportion ausgeben, als ihm geschrieben wurde, die eidgenössischen und verbündeten Orte hätten endlich den Zug beschlossen. Bern hatte siebentausend

Mann unter Scharnachthal und Hallwyl aufgeboten und bereits nach Neuenburg als dem Sammelplatz ausrücken lassen; aber mit siebentausend Mann konnte nicht gegen den Herzog von Burgund marschiert werden, und so mußte man erst die Zuzüge der übrigen abwarten.

Plötzlich war der Tag da – es war ein trüber, aber noch frostiger Februartag –, an dem die Männer in Grandson begriffen, daß keine Botschaft mehr zu ihnen kommen konnte. Gestern noch war Grandson eine entfernte Vorstadt von Bern gewesen, heute war es eine Insel, die kein Schiff anzulaufen vermochte. Was die Männer mit einem leichten Zerren in den Gedärmen als die Plötzlichkeit dieses Vorganges empfanden, war vielleicht nur seine Unwiderruflichkeit, denn sie hatten ja sein gemächliches Näherrücken erlebt, hatten die Streifscharen im Schnee durch Niederung und Hügelgelände reiten und marschieren sehen und hatten gewußt, daß der Herzog im Lager von Orbe nur auf die Ankunft seiner Belagerungsartillerie gewartet hatte, ehe er Grandson einschloß.

Der junge Bubenberg stand auf der Mauer des befestigten Barfüßerklosters und sah die anrückenden Truppen zwischen kahlen Bäumen, schmutzigem Schnee und schwarzen Trümmern, wie kleine Gegenstände aus dem Dunst geschoben werden. Er konnte sich schwer vorstellen, daß diese Rechtecke, Wulstlinien und Schlangen Menschen enthielten, die wie er selbst schliefen, aßen, froren und sich rasierten. Wie sonderbar, daß sein Vater unter diesen Figuren Freunde hatte, darunter den einen sagenhaften Freund, dessen Freundschaft vielleicht nur noch ein Erinnerungshauch war, eine in den Hirnen der Berner am Leben erhaltene Vorstellung – wer konnte das wissen? Der Vater hatte in Spiez kaum je seinen Namen genannt.

Es waren fast zehn Monate vergangen, seit der junge Bubenberg von Spiez aufgebrochen war. In dieser Zeit hatte er zum ersten Male mit vielen anderen Menschen als einer ihresgleichen gelebt. Er hatte mit ihnen aus einem Kessel gegessen, und wenn zu eifrig nach den Speckstücken im Habermus gefischt wurde, dann hatten sie einander lachend mit den Löffeln auf die Finger geschlagen.

Mit aller Wärme eines gestauten, eines lange gesparten Gefühls überließ er sich den Menschen und ihrer Gemeinsamkeit. Er machte ihre Beweggründe gierig zu den seinen und nahm wichtig, was sie wichtig nahmen. Mit Bedauern trennte er sich von den

Abgelösten, mit Erwartung empfing er die Ablösenden, die er zu seiner Befriedigung ihren Vorgängern ähnlich fand. Er liebte diese Lebensweise, die sich aus Müßiggang, kleinen Pflichten, Abenteuern und Gewöhnlichkeiten zusammensetzte. Er dachte gern an Erlebnisse des zweiten Waadtlandzuges, an dem er von Grandson aus teilgenommen hatte. In Yverdon hatte er ein Mädchen, zu dem er abends die halbe Wegstunde von Grandson hinüberritt.

Gott weiß, wo sie jetzt ist, dachte er ohne tiefere Anteilnahme, als sein Blick über die Bucht hinweg auf das klotzige viertürmige Schloß von Yverdon fiel, das rauchschwarz inmitten der brandverschonten, häuserlos gewordenen Feueressen stand. Deutlich unterschied er die burgundischen Troßwagen in den immer noch kenntlichen Straßen. Am Hafen brannte ein Feuer, um das kochende Weiber saßen. Winzige Männer schlugen insektenhaft mit den Armen, um warm zu werden.

»Sieh dir das nur an«, sagte der Unterhauptmann Rudi Dietrich. »Wenn du morgen auf der Mauer stehst, wirst du keine Zeit mehr zum Augenwerfen haben.«

Adrian gab keine Antwort. – Wie sonderbar, dachte er wieder. Dort drüben kommt ein Mann, der meinen Vater liebt. Mein Vater liebt wiederum mich, und dieser Freund meines Vaters befiehlt seinen Leuten, mich und alle die Männer, die meine Freunde sind, totzuschießen. Und wenn sie ihm das nicht eifrig genug tun, dann läßt er sie aufhängen.

Seine Gedanken blieben am Vater haften, vielleicht hätte er einmal nach Hause schreiben sollen; es wäre gestern noch möglich gewesen.

Das Barfüßerkloster lag der feindlichen Anmarschrichtung zunächst, dann kam die kleine hügelige Stadt, endlich das Schloß, dessen mehrere Stockwerke hohe Mauer zum See abfiel. Anstatt im Kloster und in der Stadt zwei jederzeit preisgebbare Vorbefestigungen des Schlosses zu sehen, hatte Wyler auf Grund seiner untadelig verwalteten städtischen Ämter die Vorstellung, er dürfe, wie er sich mit Hilfe gängiger Wortmünze ausdrückte, »keinen Mauerstein und keinen Zollbreit verlorengeben«.

Nach einigen tastenden Fehlschlägen wählten die Angriffe sich als schwächstes Ziel die Stadt. Angelo Campobasso, der während des Vaters Urlaub die Lombarden führte und in den Kampfpausen über Buchungssystemen von kunstvoller Undurchdringlichkeit brütete, stürmte mit abgesessenen Reitern den Ort, während Karl von einem der Rebhügel zusah. Dem größten Teil der Verteidiger gelang der Rückzug ins Schloß; von den Stadtbürgern hängten sich ihnen die wenigen an, die sich durch Willfährigkeit gegen die eidgenössische Fremdherrschaft bloßgestellt hatten. Nachts schlug sich unter Dietrichs Führung die abgeschnittene Besatzung des Klosters, welcher auch Bubenberg zugeteilt war, zum Schlosse durch; die Verluste waren hoch.

Wyler zerrte an seinem Schnurrbart und wußte nicht, ob er Dietrich beschimpfen sollte, weil er eigenmächtig das Kloster geräumt hatte, oder ob der Gottesmutter für die Rettung der Abgeschnittenen zu danken sei. Endlich entschied er sich für einen stummen Händedruck.

»Dein Vater hätte hier befehligen müssen«, sagte Dietrich in Wylers Gegenwart zu Adrian. »Ich habe drei Züge unter ihm mitgemacht.« Dann fiel er über Wyler her, ohne Rücksicht auf die Umstehenden: »Rotzbubendummheiten hast du gemacht, du Sauluder!«

Unvermögend, den Fall des Klosters und der Stadt in Rechnung zu setzen, hatte Wyler einen großen Teil der Vorräte in städtische Keller und in die Speicherräume des Klosters eingelagert. Plötzlich war man auf das im Schloß verwahrte Minderteil angewiesen.

Von diesem Tage an richtete sich das stärkste Geschützfeuer gegen den Südwestturm. Der Büchsenmeister kam dringlich zu Wyler. »Die Stadtleute müssen es ihnen verraten haben, wo unser Pulver liegt. Es muß sofort umgeräumt werden.«

Wyler gab ihm recht, aber viele von den Leuten waren daheim seine Zunftgenossen, Handelsfreunde und Schützenbrüder, was vermochte er gegen ihre Einwände?

»Ach was, heute schießen sie hierhin, morgen dorthin! Der Turm ist zu dick, das gibt keine Löcher. Das Umräumen ist gefährlicher als die Beschießung.«

Eines Morgens waren neue Geschütze in Stellung, nie gesehene Ungeheuer. Die erste Kugel riß dem Büchsenmeister den Kopf ab. Vierzehn Freiwillige, darunter Dietrich und Bubenberg, erboten sich, die Pulvervorräte aus dem Turm zu schaffen. Sie verloren ein paar Mann, sie brachten ein paar Fässer fort, dann, schon bei Dunkelheit, geschah mit Krachen und rotem Feuerspringquell die Explosion, die in der stillen und klaren Frostnacht bis ins Neuenburgische, bis nach Estavayer und Cudrefin über den ganzen See hinweg wahrgenommen wurde.

Gegen Morgen schlug das Wetter um, der Südwind hetzte Wolken und Nebel über See und Uferland, den ganzen Tag lang hemmte der Regen das Artilleriefeuer.

In der Nacht wurde Bubenberg, der erschöpft auf einer Binsenmatte in der großen Schloßhalle lag, durch einen Druck am Oberarm geweckt.

Es sah im Licht der Pechfackel – wie sie stank, Gott, wie alles hier stank! – Wylers verquetschtes Gesicht.

»Komm mit!«

Wyler führte den Halberwachten in ein verunreinigtes Zimmer mit zerrissener Wandbespannung.

»Bubenberg, du mußt fort. Über den See. Hilfe holen. Nach Neuenburg.«

Adrians Abwehr war zunächst nur die ungeprüfte des Schlaftrunkenen. Dann begriff er, daß er dem Schicksal der Männer entzogen werden sollte, mit denen er lebte, Gleicher unter Gleichen, und sträubte sich.

Er gab erst nach, als er Wylers Beweggrund erfaßt hatte. Einige Fischer waren tot, andere verwundet, die übrigen waren Städter oder Bergbauern, denen Wyler die schwierige Fahrt über den nächtlichen, vom Nebel verhüllten See nicht zutrauen mochte; Bubenberg aber, der ja einen großen Teil seiner Kindheit in Spiez verbracht hatte, war mit Ruder und Segel aufgewachsen.

Wyler schärfte ihm ein, aufgeregt wiederholend und die Zahlen durcheinanderwirrend: »Vierhundertzwölf Mann, dreiundsechzig Brote, fünf Sack Habermehl, zwei Speckseiten, Wein keiner, siebzig Armbrustbolzen, zweieinhalb Fäßchen Pulver, Blei keins, aber das tut nichts, solange wir Zinngeschirr zum Kugelgießen haben. Und sofort Feuerzeichen auf den Höhen von Ins, daß sie kommen wollen.«

Dann bekreuzte er ihn. Bubenberg nahm Dolchmesser und Armbrust und ging. Wyler lief ihm nach, warf ihm den zerwühlten Kopf an die Brust und flehte: »Komm durch. Versprich, daß du durchkommst. Versprich, daß sie uns entsetzen.«

Zwischen der Ostmauer des Schlosses und dem See gab es einen schmalen Durchgang, der von einem zinnengedeckten Mauerbogen überwölbt war. Auf diesem Mauerbogen gelangte man

vom Schloß in den niedrigen Seeturm, dessen Fundamente im Wasser standen.
Hart am Seeturm lagen, nur vom Turm aus zu erreichen, ein paar halbvergessene Boote. Wie weit sie noch brauchbar waren, wußte niemand, denn der Turm hatte tagelang im Geschützfeuer gelegen. Der Turmausgang war durch Trümmer versperrt, man hätte sie ohne Lärm nicht wegräumen können, so wurde Bubenberg an einem Seil aus der Turmluke hinuntergelassen, mit jeder zurückgelegten Elle tiefer in die kalte, feindselige Feuchtigkeit, die vom See aufstieg. Er tappte und tastete zwischen Mauerbruchstücken, Bootstrümmern und Wasser. Ein Nachen schien seetüchtig, aber Bubenberg mußte eine halbe Stunde lang mit der Blechhaube Wasser ausschöpfen. Die auf dem Turm hörten ihn hantieren, ohne etwas zu sehen. Der Nebel war so dicht, daß nicht einmal die Feuer von Yverdon zu erkennen waren. Irgendwo in diesem Nebel lagen, lauerten, kreuzten die burgundischen Wachtboote.
Endlich riß Bubenberg zweimal am Seil; dies war das vereinbarte Zeichen, daß er zur Abfahrt bereit war. Das Seil wurde hochgezogen.

Nebel

Bubenberg entschied sich dafür, die Ruder unbenutzt zu lassen. Bei noch so leisen Schlägen hätte das Knarren der Dollen ihn verraten können. Nur an der Feuchtigkeit merkte er, daß er durch Nebel fuhr. Die Schwärze blieb sich gleich, unabhängig davon, ob er die Augen offen oder geschlossen hielt. Es war nichts zu hören als das fast schmeichlerische Gebrodel des Bugwassers und das leise Drängen des Windes in der Segelleinwand. Nur der Wind ließ ihn ungefähr die Richtung ahnen, allein, dieser Wind war nicht gleichmäßig, bald schien ein Stoß aus der Niederung von Yverdon zu kommen, bald mehr aus der Gegend des Mont Suchet, es war ein mühseliges Kreuzen.
Es ließ sich nicht erkennen, ob der Nebel so fest gelagert war, daß der Wind ihn nicht zu scheuchen vermochte, oder ob der Wind für jeden abgetriebenen Ballen einen neuen heranführte.
Plötzlich zuckte Bubenberg zusammen. Er hatte in diesem Augenblick begriffen, wie allein er war. Das beschossene Grandson erschien ihm wie eine Zuflucht. Deutlich sah er seine Binsenmatte,

die große Küche im Obergeschoß, die abspreizende Daumenbewegung, mit der Heini Amstaig sich den wimmelnden Kopf kratzte, er hörte Stürlimanns torkelnde Aufschneiderstimme und roch geborgen den beißenden Kotgestank des Schloßgrabens.
Aus der Finsternis löste sich wieder ein stärkerer Windhauch und warf Bubenberg zurück in die Erbarmungslosigkeit der Nacht. Die Gemeinschaft hatte ihn ausgestoßen, in ein kaltes, feuchtes Gefängnis geworfen, tief unter der Erde, deren Menschen er nie wiedersehen würde. Es überfiel ihn eine wilde, verbotene Lust, laut aufzuschreien, zu weinen, ein Kindergebetlied zu singen, um wenigstens an der eigenen Stimme die Bewohntheit der Erde zu erfahren. Plötzlich hörte er ein Geräusch, das wie Gähnen klang. Gleich darauf sagte eine Stimme: »Brr!«
Auf Grund dieser Stimme meinte Bubenberg sofort einen Mann zu sehen, der ein Frösteln schläfrig abzuschütteln suchte. Dieser Mann war mittelgroß, grob und gutmütig. Am Kinn hatte er eine haarige Warze, unbedingt eine Warze. Sonderbarerweise saß er nicht in einem Boot, sondern an einem weißgescheuerten Tisch, auf den er beide Arme gestützt hatte.
»Und was sagte dein Schwager?« fragte eine ruhige Baßstimme.
»Den Verleider kann man kriegen von seiner Besserwisserei«, antwortete der mit der Warze. Beide sprachen deutsch, Entlebucher Mundart. »Ich sage ihm, es tut gar nichts, daß das Gras spät gekommen ist. Er sagt, es tut doch was, wirst sehen heuer wird die Alpung schlecht. Ich sage, gib acht, auf Sankt Basil kommt Regen, die Emdweide wird besser als voriges Jahr. Er sagt –«
Bubenberg hörte nur noch ein Summen, dann wurde die Stimme mit einem Male wieder deutlich.
»Und meine Schwester sagt auch –«
Es summte. Waren sie weit? Waren sie nah? Der Schall kam immer nur zwischen zwei Windstößen. – Vielleicht, weil der Wind eine Gasse durch den Nebel gemacht hat, dachte Bubenberg.
Mit einem Male wurde ihm heiß vor Freude.
»Holla, holla!« schrie er. »Eidgenossen! Sankt Vinzenz!«
Es donnerte. Der Nebel wurde für einen Augenblick milchig gerötet. Etwas Hartes klatschte kurz ins Wasser.
Bubenberg wollte noch einmal rufen, vernehmlicher, denn sie mußten ihn mißverstanden haben. Da schoß, gleich nach dem Handrohr, eine Armbrust; das Schnurren der Sehne und der harte

Ruck waren deutlich zu hören. Bubenberg zuckte zusammen und erinnerte sich, daß ja noch genug schweizerische Reisläufer bei Herzog Karl Solddienst taten. Er griff hastig nach dem Steuer. Aus der Schußrichtung, aus der Schußrichtung!

Es wurde geschrien, es wurde geschossen. Bubenberg war es, als gäbe es plötzlich keine Seite mehr, von der nicht geschrien und geschossen wurde. – Das Segel ist durchlöchert, das Boot ist durchlöchert, das Wasser wird kalt sein, Sankt Vinzenz, Sankt Vinzenz, dachte er.

Er wagte nicht, zu rudern. Aber er stemmte wütend im Liegen den Fuß in den Spannbügel der Armbrust. Zu spät fiel es ihm ein, daß der Schuß ihn verraten konnte, aber da hatte er schon angelegt, in der Richtung des letzten Feuerblitzes. Der Bolzen schlug irgendwo gegen Hartes. Sofort wechselte Bubenberg den Kurs. Jemand schoß.

Plötzlich war alles wieder schwarz, still, feucht wie zuvor. Der Wind füllte die Leinwand, das Bugwasser brodelte. Bubenberg wischte sich mit den steifgefrorenen Fingern den Schweiß vom Gesicht.

Hatte er die Richtung verloren? Es wollte ihm scheinen, als habe der Wind sich gedreht, allein, er war sich der Sache nicht sicher. Daß es doch endlich hell würde! Aber vielleicht wurde die Helligkeit sein Verderben ...

Es verging eine unendliche, eine nicht zu messende Zeit. Adrian geriet in eine halbe Träumerei. Er begriff, daß er in Thun Einkäufe gemacht hatte und nun über den See nach Spiez heimkehrte, an einem kühlen, feuchten Abend im November. Der Vater würde vielleicht unzufrieden sein, weil er zu spät zum Nachtessen kam. Nachtessen, gebackene Fische, Kalbsschlegel, Birnenmus, gewärmter Wein, dann schnell zu Bett, weiße Tücher mit heißen Steinen drin ... Der Vater gurgelte nur noch leise scheltend am Bug des Bootes ...

Bubenberg schrak auf und wunderte sich, daß er plötzlich vom Steuer bis zum Mast sehen konnte. Nur von welcher Seite die blasse, tückische Helle kam, das war nicht zu ermitteln. Hinter dem Nebel ließen sich Umrisse ahnen. Der Nachen stieß an.

Wo war er? An welcher Seite des Sees? Wieder am Turm von Grandson? An den Trümmern von Estavayer? Bei Yverdon, mitten unter Feinden? Würde jetzt, sofort, diesen Augenblick noch, jemand schießen?

Bubenberg bekreuzte sich und sprang auf den grauschwarzen Sand. Er zog den Nachen behutsam ans Ufer, machte die Armbrust schußfertig und tat ein paar Schleichschritte. Ein Schatten kam. Bubenberg zitterte. Der Schatten hatte einen Weiberrock und trug zwei Eimer am Schultertragholz. Bubenberg sprang vor und packte ein Handgelenk.

Das bloßfüßige Frauenzimmer wollte schreien, aber vor Entsetzen brachte sie nur ein mattes Ächzen hervor. Die Wassereimer klapperten vom Beben ihrer Schultern.

»Was ist das für ein Ort?« zischte Bubenberg.

Sie antwortete nicht, sie starrte ihn aus quellenden Augen an wie eine kalbende Kuh. Bubenberg wiederholte seine Frage auf französisch.

»Auvernier«, sagte sie flehend.

Bubenberg wußte, daß Auvernier eine Fußstunde vor Neuenburg liegt. Er lief auf die großen Schatten zu, stürzte in einen Stall, zerrte ein Pferd heraus, fragte nicht erst nach dem Sattel.

Am Spätnachmittag sahen die Männer in Grandson das rote Feuerzeichen auf der Höhe von Ins, dies Feuerzeichen, das ihnen sagen sollte: die Hilfe ist unterwegs.

Rondchamps

Es war der Brauch aufgekommen, daß die Verteidiger von den Mauern hinunter mit den Posten in den burgundischen Laufgräben redeten. Erst waren es Schimpfereien, endlich sprach man in Kampfpausen davon, ob der Winter wohl vorüber sei.

Wyler konnte es nicht hindern, daß Lagerhuren ins Schloß kamen. Das war gefahrlos; die Weiber fanden sich an der Nordmauer ein, wo es keine Deckung gab, hinter der ein Feind sich hätte anschleichen können. Die Schweizer ließen zwei aneinandergebundene Leitern hinunter. Manche von den Weibern brachten unter den Röcken eine Kanne Wein, ein weißes Brot oder eine Wurst.

Man raufte sich wütend um Weiberfleisch, Bissen und Schluck. Verzweifelte Menschen durften für Augenblicke vergessen, daß die Neuenburger Landstraße immer noch leer war.

Sie blieb leer. Nachts gingen vier Mann über Mauer und Graben zu den Burgundern über.

Rondchamps, ein hochburgundischer Landjunker ohne Bedeutung, aber nicht ohne Ehrgeiz, wünschte Grandson zu nehmen, nicht es eines Tages ohne sein Zutun genommen zu sehen. Er ging waffenlos mit einem weißen Tuch an die Nordmauer. Dietrich wollte schießen, aber seine Leute rissen ihm die Armbrust weg. Rondchamps sprach deutsch. Er erzählte, wie es stand. Um Grandson liege nur noch ein Belagerungskorps, der Herzog sei bei Nacht mit der Hauptmacht gegen Bern gezogen und habe unterwegs Freiburg genommen.
Dietrich lachte höhnisch und wollte ihm ins Wort fallen. »Still! Zuhören!« riefen die anderen. Rondchamps erzählte weiter. Der Großbastard rücke von Osten gegen Neuenburg, um das eidgenössische Heer abzuschneiden. Unterwegs habe er Ins verbrannt. Ob sie nicht vorgestern den Feuerschein gesehen hätten?
Den Feuerschein? Das also hatte er zu bedeuten gehabt? Und sie hatten gemeint, es wäre das erbetene Zeichen, daß sie entsetzt werden sollten!
Rondchamps ging. Wyler wollte ihn als einen Lügner verdächtig machen. Ein überhungerter Bauernjunge brach in Tränen aus. »Es ist wahr, es ist wahr, ich schwöre euch, daß es wahr ist!« schrie er zwischen zwei Schluchzanfällen. Keiner wagte ihm zu widersprechen oder ihn auszulachen.
Die Huren wurden befragt, die Posten wurden befragt. Niemand in Grandson wußte, daß bei Strafe des Vierteilens den Burgundern jedes Gespräch mit dem Feinde verboten war, ausgenommen die Leute, die hierzu bestimmt waren und genaue Anweisungen empfangen hatten.
Wyler lag in der Schloßkapelle auf den Knien und gelobte Kerzen. Zwei Leute mit flackernden Blicken rissen ihn vom Muttergottesaltar, er mußte sich mit dem Schwert verteidigen. »Sie kommen nicht!« schrien sie auf ihn ein. »Du hast Bubenberg entwischen lassen, weil sein Vater Schultheiß war! Der Herzog würde uns frei abziehen lassen, wenn der kleine Bubenberg ihn bäte!«
Rondchamps kam noch einige Male wieder. Zuletzt sagte er: »Nein, ohne Bedingung. Der Herzog läßt nicht mit sich handeln. Aber er hört auf mich. Ich verspreche, für euch zu bitten. Darauf könnt ihr euch verlassen.«
Sie legten zusammen und machten ihm ein Geschenk von hundert Gulden, um seinen Eifer zu stärken.

»Madame«, schrieb Karl spätabends mit eigener Hand an Herzogin Yolande von Savoyen, »mit Dankbarkeit habe ich gestern den Zuzug Ihrer Hilfstruppen empfangen und mit Rührung gehört, daß Sie nebst Ihren Kindern meinethalben Ihre Residenzstadt Turin verlassen und die beschwerliche Reise über den Mont Cenis angetreten haben. Ihre weibliche Güte und Ihr männlicher Herrscherverstand werden es mir vergeben, daß ich nicht, wie es mein Vorsatz und meine Sehnsucht war, Ihnen zur Begrüßung nach Lausanne entgegeneile. Allein, ich habe sichere Nachricht, daß der Feind marschieren wird, auch erwarte ich stündlich Grandsons Einnahme. Erlauben Sie mir, Madame, Sie des guten Ausganges zu versichern, und seien Sie überzeugt, daß ich Sie in der Regentschaft befestigen werde, selbst gegen Ihren Schwager, meinen Marschall Romont. Ich danke Gott täglich für die Freundschaft, mit der Sie mich für alles Böse entschädigen, das ich von Ihrem Bruder Ludwig habe erfahren müssen.«
Karl übergab den Brief zur Abfertigung dem Geheimschreiber. Dann fragte er: »Haben Sie Nachricht von Herrn de la Marche aus Salins?«
Olivier hatte keine kräftige Natur, aber sein Eifer erlaubte es ihm nicht, den Notwendigkeiten seines Körpers Rechnung zu tragen. Der lothringische Feldzug hatte ihn mitgenommen; jetzt hatte man ihn, sosehr er sich sträubte, unterwegs als einen Kranken zurücklassen müssen.
»Die Ärzte sehen keine Gefahr mehr, Monseigneur«, wurde dem Herzog geantwortet, »aber sie fordern Zeit.«
Karl verzog das Gesicht. Er fragte ungern nach Kranken. – Ich überwinde mich und bekomme zum Dank die Antwort, daß ich Olivier noch entbehren muß, dachte er gereizt. Karl war gewohnt, Kranke zu verachten. Warum mußten sie ihre Leiden zeigen? Er, er litt täglich die qualvollen Schmerzen seines Magens, er spürte es wie eine anschwellende Stachelkugel, die mit feinen Spitzen nach allen Seiten stach. – Zu keinem Menschen habe ich darüber gesprochen, und doch ist es unmöglich, daß die Schmerzen eines anderen so arg sein können wie meine.
Draußen wurde eine Tür stürmisch aufgerissen; die wohlriechenden Kerzen auf Karls Schreibtisch flackerten. Der Großbastard rief, noch im Vorzimmer: »Monseigneur, die Übergabe!«
Am nächsten Morgen ließ Karl die Besatzung von Grandson an

sich vorbeimarschieren. Die erschöpften Männer waren zu zweit aneinander gefesselt. Alle starrten sie den Herzog an und suchten umsonst in seinem verschlossenen Gesicht zu lesen. Rondchamps, der hierbei zum ersten Male Karls Aufmerksamkeit für ein paar flüchtige Augenblicke auf sich zu lenken vermochte, berichtete ihm weitläufig und gab sich Mühe, die eigene Geschicklichkeit unauffällig ins Licht zu rücken.
»Vielleicht könnten sie ausgelöst werden, Hoheit«, schloß er.
»Ich brauche kein Berner Geld«, antwortete Karl.
Später kamen Deputationen. Es waren waadtländische Edelleute, deren Burgen nicht mehr standen, deren Söhne und Pferde getötet waren, Stadtbürger von Grandson, die Überlebenden von Orbe, Yverdon, Estavayer, deren fünfzehnhundert Webstühle die Freiburger Tuchmacher weggeführt hatten, bevor sie die Stadt zerstörten. Alle flehten: »Keine Gnade für die Schweizer!«
Karl entließ sie ohne Bescheid. Dann befahl er sein Pferd. Am Lagerausgang warteten schon die zur Begleitung bestellten Herren und die Reiterabteilung, mit der er den Rekognoszierungsritt machen wollte.
Rasch und gleichgültig durchtrabte der Herzog die kleinen Orte der Seestraße. Erst als der bräunlich strömende Arnon überquert war, wurde er aufmerksam. Zwischen Corcelles und Concise bog er landeinwärts von der Straße, galoppierte auf Hügel, ließ einzelne Stellen durch aufgesteckte Lanzen kenntlich machen, zog Striche auf seine Schreibtafel, verwischte sie und kritzelte neue. Er sprach wenig, niemand erlaubte sich eine Frage, jeder wußte, daß sich hinter den Stirnfalten Gedanken und Entwürfe kreuzten, schieden, vereinigten, die sich am Abend, zu Befehlen geronnen, dem Kriegsrat mitteilen würden.
Nördlich von Concise beginnt das Gelände sich zu schließen. Der mächtige Mont Aubert, urtierisch gelagert, schickt bis fast an den See seine bewaldeten, unten manchmal in mauerdurchschnittene Rebhügel übergehenden Ausläufer. Dreiviertel Stunden lang führt die Neuenburger Straße durch eine Enge, die jeden Aufmarsch unmöglich macht. Eine kurze Strecke ritt der Herzog noch auf dieser Straße, die sich bald mehr, bald weniger vom Ufer entfernte, fast immer aber durch unzugängliches Gestrüpp, Hopfen, Weiden, Erlen, Brombeeren von ihm geschieden. Auch links verdichtete sich der ansteigende Wald; zwischen den schlanken, efeuberank-

ten, erst hoch oben sich zur Breite dehnenden Eichen stand Dorngesträuch. Karl kehrte um und ritt, vorbei an der Kartause La Lance, wieder in das stattliche, wohlhabende Dorf Concise, dann abermals durch spritzende Schneewasserpfützen im Galopp landein.
Der Graf von Nassau wagte, den kahlen Zitronenschädel hin und her wiegend, die Bemerkung, daß sich das Defilee mit leichter Mühe abriegeln lasse.
»Sie verkennen meine Absicht, lieber Graf«, antwortete Karl, fast mit Schärfe. »Ich will die Schweizer nicht fernhalten, sondern herankommen lassen.«
Der Zitronenschädel rötete sich bei dieser Zurechtweisung. »Machen Sie ihm klar, daß wir am gescheitesten die Schweizer im Lager von Grandson erwarten«, flüsterte der Graf dem Herzog von Cleve zu.
»Er würde mir mit Recht erwidern, daß die Schweizer nicht daran denken, gegen ein Lager von dieser Stärke anzurennen«, sagte Cleve.
»Aber es würde ihnen ja nichts anderes übrigbleiben«, antwortete Nassau ungeduldig. »Wenn nichts unternommen wird, können sie doch ihr Heer nicht länger als drei Wochen zusammenhalten. Und wir haben Zeit.«
Cleve deutete mit dem Kopf nach vorne und sagte: »Er hat keine Zeit.«
Sie hielten auf einem Acker, auf dessen feuchtem Schwarz vereinzelte Schneeklümpchen lagen. Nicod de la Sarraz streichelte die Kätzchen eines überhängenden Zweiges, die gelb und flaumig waren wie junge Entchen.
La Sarraz gehörte immer noch zu Chateau-Guyons Gefolgsleuten, obwohl er mit vielen anderen nach dem Einzug in Nancy den Ritterschlag empfangen hatte, eine Zeremonie, deren Folgen er schätzte, obwohl sie selbst ihm läppisch und anstrengend erschienen war.
Der Herzog erteilte Befehle, die sich auf Prüfung von Geländebeschaffenheit, auf Wegeuntersuchungen und Schußbahnberechnungen bezogen. Plötzlich unterbrach er sich mitten im Satz, rief La Sarraz und sagte leidenschaftslos:
»Reiten Sie ins Lager und melden Sie dem Grafen Romont, daß ich das Schicksal der Gefangenen in sein Belieben stelle, weil sein Gebiet am härtesten unter diesen Männern gelitten hat.«

Dann gab er dem jungen Campobasso Anweisungen für den Transport der Geschütze.

Romont überlegte eine Weile. Unter den Herren seiner Umgebung, unter seinen Lehensleuten und Untertanen war nicht einer, der es verstehen würde, wenn er die Gefangenen begnadigte, die Töter ihrer Angehörigen, Zerstörer ihrer Behausungen, Fortführer ihrer Habseligkeiten. Unablässig hatten sie auf ihn eingeredet, die Gesichter verzerrt von Wut, Haß und Rachgier.

»Sie sollen hängen«, entschied Romont.

»Rond-champs! Rond-champs!« schrien im Chor die Gefangenen, als sie zu den Nußbäumen am Seeufer vor der Stadt geführt wurden, und es hatte sich für diese beiden Silben sehr schnell ein besonderer Rhythmus ausgebildet. Man befahl ihnen zu schweigen, man schlug sie, aber was hatten diese Männer noch zu fürchten?

»Rond-champs! Rond-champs!«

Dieser Schrei sollte von nun an das Leben füllen, das ihnen noch blieb. Er bedeutete alles, er rief nach dem Gerufenen, nach Frauen und Müttern, nach Gott, Kühen und Kornfeldern, nach einem Schinkenknochen, der vor Jahren, erst zur Hälfte abgenagt, dem Hunde vorgeworfen worden war. Der eine flehte, der andere fluchte, dieser hoffte noch, jener war stumpf, aber alle schrien sie das gleiche.

»Rond-champs! Rond-champs!«

Vor den Nußbäumen fragte der Generalprofoß, wer sich durch Mithelfen Leben und Freiheit verdienen wolle. Er mußte die Frage dreimal wiederholen, bevor ein kleiner Teil sie verstanden hatte. Zwei Mann meldeten sich.

Rondchamps lag in seinem Zelt, die Finger in die Ohren, den Kopf in die Kissen gewühlt, Decken über dem Gesicht. Immer noch schrien sie: »Rond-champs! Rond-champs!«

Das Geschrei drang bis in sein Zelt, unter die Decke, durch die Kissen hindurch, und nach vielen Jahren noch brandete es bei Nacht durch seine Träume. In reiferem Alter machte er eine mildtätige Stiftung, es waren hundert Gulden, dazu Zins und Zinseszinsen, genau berechnet. Aber der nächtliche Ruf fuhr fort, sein Ohr zu erreichen.

Jetzt, vor Grandson, wurde gegen Abend das Geschrei heiserer und spärlicher. Dreiheinhalbhundert hingen in den Bäumen, dann gab es keinen Raum mehr. Die übrigen wurden an Seilen in den

See geworfen. »Rond-champs! Rond-champs!« schrien sie bis zum Versinken. »Rond – ...«
Einer entkam schwimmend, im Dunkel war er schlecht gefesselt worden. Zwischen Bevaix und Boudry stieß er auf die Eidgenossen, die, obwohl immer noch nicht vollzählig, den Marsch angetreten hatten.

Die Spitze

Die eidgenössischen Anführer hatten sich geeinigt, südlich des Defilees aufzumarschieren und dem Herzog die Schlacht anzubieten, die Grandson retten sollte. Weil aber die schmale Seestraße nur ein langsames Vorrücken erlaubte und weil der gefährliche Ausritt aus dem Engpaß einer Sicherung bedurfte, sollte auf Hallwyls Rat die Vorhut hoch oberhalb der Seestraße durch das Bergland marschieren; ihr folgte die erste Staffel des Gewalthaufens, während die zweite mit der Nachhut durch die Enge vorrückte, jenseits deren die Wiedervereinigung zu geschehen hatte. Dann sollte der burgundische Anmarsch erwartet werden.
Der junge Bubenberg, den Scharnachthal mit einem seiner Handpferde beritten gemacht hatte, befand sich bei der Kavalleriespitze, welche die Vorhut aussandte. Es war eine laue und föhnige Vorfrühlingsnacht. Gegen Morgengrauen schwenkten sie bei St. Aubin von der Seestraße nach rechts, ortskundige Bauern mußten führen. Die Wege waren steil, von stürzenden Wassergüssen aufgerissen. Die schattengrauen Pferde platschten, das Wasser gluckerte zu Tal, die Männer waren müde und ungesprächig, manche kauten an ihrem Morgenbrot. Bubenberg erhielt kurze Antworten von diesen aus verschiedenen Bannern zusammengebrachten Leuten, Bernern, Sankt-Gallern, Baslern, von denen er am liebsten jeden einzelnen ausgefragt und zum Freunde gewonnen hätte. Sie kamen sehr langsam vorwärts. Es war heller Tag, als die Höhe erreicht wurde. Damit war das Beschwerlichste getan. Jetzt folgte man zwischen steinigen Äckern und fahlen Wiesen dem holprigen Karrenweg, der von den Bauern Vy d'Etraz genannt wurde. Die Leute wurden munterer und begannen sich zu unterhalten.
»Hast du auch jemand in Grandson?« wurde Bubenberg von seinem Nebenmann, einem langen, graubärtigen Menschen, gefragt.
Alle! dachte er und erzählte.

Der Alte hörte ihn ruhig an und fragte dann nach seinem Bruder Klewi Wannrieder von Frutigen.
»Das ist doch der mit dem Dudelsack!« sagte Bubenberg eifrig. »Der war mit mir auf dem Kloster und auch beim Pulverräumen, dem ist nichts geschehen.«
Im Gewalthaufen wußte man schon den Fall Grandsons, bis zur Spitze war die Nachricht noch nicht gelangt.
Bubenberg ließ sich von einem der Bauern die Gegend erklären.
»Es heißt, die Vy d'Etraz ist von den römischen Kaisern gebaut worden, als sie noch Heiden waren und große Städte am See hatten. Wir kommen erst durch Frésens. Später ist da eine Schlucht am Waldrand, die Combe de Ruaz, da müßt ihr achtgeben. Wann kann ich denn umkehren?«
In Frésens waren alle Türen und Fenster verrammelt. Das Dorf schien verlassen. Nur einmal schrie ein Kind, einmal brüllte eine Kuh. Ein paar Leute wollten absitzen und plündern, der Ritter, der die Spitze befehligte, trieb sie kollernd in die Sättel zurück. Hinter Frésens war eine leicht ansteigende Wiese zu durchreiten, die dicht mit Obstbäumen bestanden war. Die Gespräche waren plötzlich verstummt. Als die Obstbäume aufhörten, wurde einen Augenblick gehalten. Bubenberg sah den Ritter mit einigen Männern flüstern. Links gewahrte man durch einen dreieckigen Geländeausschnitt ein Stückchen des entfernten, tief unten liegenden Sees, vorne jenseits der Wiese den zum Ausläufer des Mont Aubert gehörenden graubraunen Buchenwald.
»Da ist die Schlucht, gleich hinter den ersten Bäumen, die Combe de Ruaz«, sagte der Bauer leise zu Bubenberg. »Frage doch, ob ich nicht umkehren darf. Von jetzt an findet ihr den Weg doch allein.«
Bubenberg hatte Herzklopfen. Dieses stille Wiesenstück würde vielleicht schwer zu durchreiten sein.
»Galopp«, sagte der Ritter. Plötzlich war der Waldrand ganz nah, Bogensehnen schnurrten, Geschwader von Pfeilen zischten, einer der Reiter schrie auf.
Sie rissen die Pferde herum und galoppierten zurück zu den Obstbäumen. Ein Pferd lahmte, sein Galoppgehumpel sah drollig aus, jemand lachte.
Jetzt wurde abgesessen und gewartet, bis das schnell benachrichtigte Fußvolk der Spitze zur Stelle war.
Die Armbrustschützen und Spießträger riefen im Vorbeilaufen den

Reitern hundertmal gehörte Neckworte zu: »Da sieht man's! Die Ochsen vor dem Scheunentor!«

Sie rannten über die Wiese auf den Waldrand zu. Die burgundische Feldwache gab noch ein paar Bogenschüsse ab, klomm über Felsstücke zum Wildbach der Schluchtsohle hinab, stieg jenseits wieder empor und lief zu den Pferden. Die nachsetzenden Schweizer schimpften laut auf ihre Reiterei, die langsam und mühselig, einer hinter dem anderen, an der einzigen passierbaren Stelle die Schlucht überschritt und nicht mehr zur Verfolgung eingreifen konnte. Erst viel später, im Walde von Vernéaz, überholte sie endlich das Fußvolk. Die Bauern wurden entlassen. Jetzt brauchte man nur den Pferdespuren der burgundischen Bogenschützen bergab zu folgen. Die Wolken teilten sich und gaben einer zarten Bläue Raum.

Plötzlich öffnete sich der Wald. In der durchbrechenden Sonne tat sich ein Anblick auf, der Bubenberg überwältigte. Der See war blau hingebreitet, von grauen, bräunlichen und smaragdgrünen Wasserstreifen durchzogen. Hinter den Vorbergen des östlichen und südlichen Ufers lag schneeweiß die Kette der Alpengipfel. Schlösser, Türme und Städte schienen unversehrt mit Sonne und Schatten zu spielen. Bubenbergs Blick blieb ruhend am spitzen Kirchturm von Concise hängen, das sich weit hügelauf vom Seeufer ins Land schob, dann glitt er ab, und erst in diesem Augenblick begriff Bubenberg die überraschten Ausrufe der anderen.

Von Grandson bis Concise war das ganze Land in Bewegung. Dunkel oder blitzend schob sich Kolonne um Kolonne vor. Deutlich waren drei feindliche Treffen zu unterscheiden. Die Vorhut hatte schon Concise erreicht, auf einzelnen Erhöhungen wurde von winzigen Zinnsoldaten geschanzt, Spielzeuggeschütze fuhren auf. Bubenberg, der noch vor wenigen Jahren mit Zinnsoldaten gespielt hatte, konnte sich nicht lösen von der Vorstellung eines wundervollen Spielzeugs, das hier in der märzlichen Morgensonne aufgebaut war.

Noch immer starrten sie alle auf dieses Schauspiel. Dann begannen sie lebhaft zu reden. Sie hatten gerechnet, den Feind in Erwartung ihres Angriffs in seinem Lager vor Grandson zu finden. Nun aber war er ausmarschiert, um sie in einem Gelände, das ihm alle Vorteile gewährte, zur Schlacht zu zwingen.

Der Anführer rief Bubenberg zu sich und machte ihn auf die Einzelheiten aufmerksam.

»Sieh dir genau an, was dort zu sehen ist, und präge es dir gut ein. Reite sofort die Vy d'Etraz zurück, suche den Schultheißen von Scharnachthal und mache ihm Meldung!«

Bubenberg ritt davon, das Spielzeug in den immer noch verzauberten Augen mit sich tragend. Er traf Scharnachthal bei Frésens. Von ihm erfuhr er, was in Grandson geschehen war und daß von den halbtausend Männern, mit denen er in Grandson Brot und Gefahr geteilt hatte, nur noch ein einziger lebte: jener schwimmend Entkommene, der die Nachricht von der Übergabe Grandsons und von der Hinschlachtung seiner Verteidiger zu den Eidgenossen gebracht hatte. Bubenberg erblaßte und schrie auf. Für einige Sekunden legte sich vor seine Augen ein winziges Teilchen jener großen Dunkelheit, welche die Männer, deren Rettung er hatte beschleunigen sollen, nun für immer umfing.

»Ritterschaft!«

Der hitzige Hans Waldmann von Zürich, der ruhige Scharnachthal und der erfahrene Hallwyl waren sich darüber einig, daß die unten auf der Straße Anrückenden nicht abgewartet werden durften. Die Schlacht mußte mit den achttausend Mann der Vorhut begonnen werden, ehe noch der feindliche Aufmarsch beendet war.

Als sie aus dem Walde traten, sahen sie ihre Spitze, langsam bergauf gedrängt, im Gefecht mit der herzoglichen Bogenschützengarde. Unweit davon, mehr seewärts, erblickten sie Herzog Karl mit seinem Stabe um die große Standarte von Burgund. Karl hatte beim Erscheinen der ersten Feinde das von ihm selbst geführte Mitteltreffen verlassen und sich im Galopp zur Vorhut begeben. Jetzt, da der unten auf der Seestraße erwartete Feind von oben her anrückte, ritt er, auf den Grund der geänderten Lage augenblicks ein neues Gedankengebäude türmend, zur Artillerie, um selbst die Umgruppierung der Geschütze zu leiten. Unterwegs, Kopf und Augen in unaufhörlicher Bewegung, rief er den Herren seines Stabes Befehle zu:

»Herr von Lalaing zum Mitteltreffen, Anmarsch beschleunigen, Pulverkarren rechts heraus, um die Hecke auf die Anhöhe. Herr von Agnesie zu den Lombarden, sofort absitzen, Pferde brauchen

Schonung. La Beaulme zur Bogenschützengarde, Verfolgung abbrechen, Feind an Vereinigung nicht hindern, dann langsam zurückgehend in die Ebene locken, Richtung Birnbaum.«
Die Sammlung der Eidgenossen geschah unterhalb der Höhenkette auf einem langgestreckten Hügel, dessen Achse dem Ufer parallel lief. Immer noch kamen Nachzügler aus dem Walde. Scharnachthal gab das Zeichen zum Gebet. Achttausend Mann stießen die Spieße in den Boden und knieten, nach schweizerischer Sitte die gehobenen Arme ausbreitend, drei Vaterunser und drei Ave-Maria lang. Mit lauten Stimmen, gläubig und dreist wie Kinder, forderten sie Gott und seine Mutter auf, die schuldige Hilfe zu leisten.
»Sie flehen um Gnade!« rief Karl seinen Artilleristen zu, wandte sich zur Seite und wiederholte aus aller Lungenkraft zur Reiterei hinüber: »Sie flehen um Gnade!«
Der Ruf wurde weitergegeben, manche lachten, die Troßweiber und Lagerhuren, die hinten auf die Hügel geklettert waren, kreischten vor Vergnügen.
»Muh! Muh!« wurde geschrien. »Kuhbeschäler! Kälberbeschläfer! Geißenschwängerer!«
Niederdeutsche versuchten in höhnischen Zurufen die ihnen unverständliche Schweizer Mundart nachzuahmen: »Fähnli lupfe? Bumperlipum, Kühlesbrütigame! Ho-ho!«
Scharnachthal, Hallwyl und der Landammann Kätzi von Schwyz umritten prüfend das Viereck. In der Mitte standen, von Hellebarden umgeben, die Banner, dann kamen nach allen vier Seiten die Glieder der Spießträger, Männer mit Brustharnisch und Blechhaube, ohne Schild, denn die Führung des langen Spießes bedurfte beider Hände. Rechts außerhalb waren die kleinen Feldkanonen aufgefahren, hinten hielt die schwache Reiterei, vorne waren als Vorhut dreihundert Büchsen-, Bogen- und Armbrustschützen postiert.
Langsam, wie ein riesiges Stacheltier, setzte die Masse sich in Bewegung. Der Wind strich durch die Fahnen mit dem Berner Bären, dem Baselstab, dem Blau und Weiß von Luzern. Über Trommelgerassel und Flötenschrillen schwoll das Geschrei: »Grandson! Grandson! Die Nußbäume!«
Die erste Kanonenkugel riß zehn Mann zu Boden. Die Vorhut wurde von lombardischen Reitern mit solcher Gewalt gegen den

Haufen geworfen, daß die Schützen sich kaum in die rasch geöffneten Vierecksglieder unter den Schutz der Spieße retten konnten. Die Lombarden schwenkten im Hohngeschrei der Schweizer ab, es blieb ungewiß, ob es der Riesenspieße wegen geschah oder um der Artillerie Schußfeld zu geben. Nun ritten sie hügelan gegen die Kanonen der rechten Flanke, die schweizerische Reiterei wollte zur Bedeckung vorbrechen, Bubenberg, noch immer in einer halben Betäubung, schrie »Grandson! Wyler! Dietrich!«, aber gleich darauf wurde Halt befohlen und umgekehrt, denn die Lombarden hatten dem Geschützfeuer nicht standgehalten, und die schwache Kavallerie der Eidgenossen sollte nicht unnütz einem Zusammenstoß mit den bereitstehenden feindlichen Reitermassen ausgesetzt werden.

Diese Massen begannen jetzt anzureiten. Herzog Karl selbst auf seinem Rappen, die schwarze Stahlrüstung strahlend von eingelegtem Golde, ritt mit der Großstandarte voran. Die eidgenössischen Führer sahen sich unruhig nach der Höhe um, von der sie die erste Staffel des Gewalthaufens erwarteten, und nach dem Ausgang des Engpasses, durch den die zweite Staffel und die Nachhut kommen mußten.

Die erste Staffel hatte, da sie der größeren Geschütze wegen die Combe de Ruaz umgehen mußte, einen weiten Weg. Im Marsch der zweiten Staffel und der Nachhut gab es häufige Verstopfungen der engen Straße. Einmal brach ein Kanonenrad. Ein anderes Mal ließ Haßfurter halten und erklärte, es gehe nicht an, daß das Luzerner Banner hinter dem Solothurner marschiere. Es bedurfte begütigender Verhandlungen, um die Stockung zu beheben. Erst als man am Kanonendonner merkte, daß die Schlacht schon begonnen hatte, konnte der Marsch beschleunigt werden.

Mittag war vorüber. Zweimal war der Reiterangriff an den Spießmauern abgeprallt, die Karl bei allem Ingrimm mit kennerischer Freude bewunderte. Karl wollte den dritten Stoß führen, als plötzlich Handbüchsenfeuer von der Höhe kam. Beim Bauernhof Gaulaz stieg die erste Staffel aus dem Walde.

Der Herzog machte halt und schickte einen Befehlsüberbringer nach hinten. Das zweite und dritte Treffen unter dem Herzog von Cleve und dem Grafen von Egmont, die noch nicht im Gefecht gewesen waren, sollten vorrücken. Die Mannschaften des dritten Treffens lagen am Boden, hatten Frauenzimmer bei sich und ließen sich aus dem Grandsoner Lager Wein bringen. Niemand rechnete darauf, heute noch zum Schlagen zu kommen.

Das unerschütterte Spießviereck setzte sich wieder in Bewegung und rückte mit freudigem Geschrei halbrechts vor, um den Aufmarsch der Neueingetroffenen zu decken.

In diesem Augenblick erschienen die ersten Glieder der zweiten Staffel am Ausgang des Engpasses. Der Herzog war, wie alle burgundischen Führer, fest überzeugt gewesen, schon mit der ganzen schweizerischen Macht im Gefecht zu stehen.

Einer der Herren des herzoglichen Stabes schrie auf: »Monseigneur! Dort!«

»Teufel!« sagte gleichzeitig eine Baßstimme.

Karl schleuderte den Kopf herum. Körper und Pferd folgten dieser Bewegung eine Sekunde später.

Niemand konnte erkennen, ob Karls Schultergebärde ein wütendes Abschütteln war oder ein Zusammenzucken.

Aus seinem Munde kam ein Luftstoß wie ein Schuß.

Dann gab er, klar und scharf, seine Befehle:

»Die Reiterei des rechten Flügels schwenkt links ab, um der vorgehenden Artillerie des zweiten Treffens Schußfeld zu geben. Schützen gegen das Viereck, Artillerie des linken Flügels gegen die Höhe.«

Die Befehlsüberbringer jagten davon.

Die Entscheidung fiel weder vor der Paßöffnung, noch vor der Höhe, noch beim Viereck. Die Entscheidung fiel beim dritten Treffen der burgundischen Armee.

Der Lärm der Schweizer war unbeschreiblich. Das Krachen der Schüsse ertrank in dem grauenvollen Gebrüll des Stiers von Uris, der Kuh von Unterwalden, der Harsthörner von Luzern, die auf der Seestraße zu tosen begannen. Aus allen Haufen kam das Geschrei: »Heiahan! Grandson! Grandson! Die Nußbäume!« Die Freiburger und Solothurner riefen es französisch, des furchtbaren Doppelsinns bewußt: »Les noyers! Noyer! Noyer!«

Mit diesem Lärm verband sich der Anblick der unerschöpflich aus der Enge quellenden Massen und das plötzliche Abschwenken der Reiterei des rechten Flügels. An zehn verschiedenen Stellen des letzten Treffens wurde gleichzeitig geschrien: »Die Reiter gehen zurück! Die Schweizer kommen! Sauve-qui-peut!«

Die Panik sprang von hinten nach vorn.

Das Rätselhafte, das die Menschen den Geist der Schlachten nennen und das nie bei beiden Teilen zugleich sein kann, flutet wie Wasser in verbundenen Röhren: je mehr es auf der einen Seite sinkt, um so mehr steigt es auf der anderen. Niemand kann den Augenblick kommen sehen oder verhindern, da der Flutwechsel geschieht, niemand ihn erklären. Nicht weil die kriegsgewohnten Männer des dritten Treffens die Bewegung der Reiterei mißverstanden, wurden sie vom Geist der Schlachten verlassen; sondern weil er sie verlassen hatte, konnten sie die Schwenkung mißverstehen.

Schäumend wie ein Eber jagte Karl mit bloßem Schwert unter die Fliehenden. Dreimal bildete er am Arnon aus Trümmern geschlossene Abteilungen und führte sie den nachrennenden Schweizern entgegen. Sie zersplitterten im Wildstrom der Fliehenden, ehe sie am Feinde waren. Der Rappe verendete unter einem Faustrohrschuß. Karl fing sich einen reiterlosen Fuchs. Endlich begriff er, daß er hier nichts mehr zu suchen hatte, und jagte zum Lager, um dort die Flüchtlinge zu sammeln und von neuem vorzutreiben.

Von einem Hügel, abseits der Fluchtrichtung, kam Geschrei: »Ritterschaft! Ritterschaft! Sankt Georg! Sankt Andreas!«

Der Ruf war von Chateau-Guyon ausgegangen, der hier unbeweglich auf seinem Schimmel hielt, die große Standarte seines Hauses, braun, blau und weiß mit goldenem Andreaskreuz, hoch aufgerichtet. Der Ruf wurde weitergegeben, fortgerissene Ritter arbeiteten sich aus dem Fluchtstrom und galoppierten einzeln oder truppweise zu ihm. Sie waren nicht mehr besoldete Offiziere besoldeter Knechte, sie waren die Ritterschaft von Brabant, von Hoch- und Niederburgund, von Holland, Hennegau, Waadtland und Luxemburg. Schweigend ordneten sie sich nach Ländern und Geschlechterverbänden.

»Was hat er vor?« raunte mit einem Blick auf Chateau-Guyon der dicke Herr von Les Clées seinem Nebenmann La Sarraz zu. »Das ist ja Wahnsinn!«

Er wollte sein Pferd aus dem Gliede drängen.

»Ohne Zweifel, Messire«, antwortete La Sarraz höflich. »Aber da ich entschlossen bin, diesen riesengroßen Wahnsinn mitzumachen, so kann ich Ihnen nur dringend raten, dasselbe zu tun, wenn Sie je wieder mit einem dieser notorisch Wahnsinnigen an einem Tische sitzen wollen.«

»Ich glaube, wir werden überhaupt an keinem Tische mehr sitzen«, sagte der Dicke.

»Möglich. Nicht unwahrscheinlich«, erwiderte La Sarraz. »Im entgegengesetzten Fall stehe ich Ihnen zur Verfügung, wenn sie sich gekränkt fühlen sollten.«

Lombardische und flämische Soldreiter sahen den Haufen sich sammeln und ritten auf den Hügel zu.

»Weg da! Weg da!« wurde ihnen entgegengerufen. »Hier reitet die Ritterschaft an!«

»Meine Herren«, sagte Chateau-Guyon feierlich, »dies Dorf heißt Bonvillars.«

Dieses Mal begriff jeder sofort den Sinn des Satzes. Er hieß: »Wir werden auf dem Erdboden des Hauses Chateau-Guyon fechten. Gestatten Sie mir, den Wirt zu machen.« Jeder begriff: hier hatte Chateau-Guyon zu führen oder keiner.

»Meine Herren, ich bitte«, rief Chateau-Guyon, schwenkte die Standarte und preßte die Schenkel hinter den Sattelgurt.

Die Ordnungen der Eidgenossen hatten sich gelockert. Jetzt, vor dem anbrausenden Rittergeschwader, formierte sich rasch ein Spießhaufen.

Die Ritterlanze, die nur von einer Hand geführt werden kann, da die Zügel der Linken bedürfen, ist um die Hälfte kürzer und schwächer als der furchtbare Schweizerspieß. Dennoch hat dieser letzte Adelsanprall eine solche Gewalt, daß er Spieße knickt, Männer stürzt und eine Gasse zum Mittelpunkt des Haufens freilegt, in welchem das Landesbanner von Schwyz aufragt. Die splitternden Lanzen werden fortgeworfen, Schwerter aus den Scheiden, Streithämmer, Äxte und Kolben von den Sätteln gerissen. Die Schweizer lassen die Spieße fallen, die im Knäuelgedränge nicht zu regieren sind; sie greifen zu Dolchmessern und Kurzschwertern. Chateau-Guyons Standarte steht mit dem Fuß im linken Bügelschuh und ist durch die Riemenschlinge an seinen zügelführenden linken Arm geknüpft. Er läßt den bleigefüllten Streitkolben an der Silberkette ums Handgelenk fallen und packt mit der Rechten den Schaft des Schwyzer Banners. Aber da knickt der Schimmel unter ihm zusammen, Hans von der Gruben, ein Berner Goldschmied, jagt dem Reiter das Schwert durch den zerbeulten Harnisch, Heini Elsner von Luzern reißt ihm schreiend die Standarte vom plötzlich nachgebenden Arm.

Sackmann

Die Kanonen im Lager waren ohne Bedienung, die Vorratsbaracken ohne Wachen. Die viertausend Gepäckskarren der Wagenburg standen verlassen, die Fuhrleute waren mit Pferden und Maultieren davon. Die Fluchtmassen teilten sich vor dem Lager, umbrausten es rechts und links, ein Strom ging mittendurch. Gesichter huschten vorüber. Erst später begriff man, daß das Angstgeschrei zu ihnen gehörte. Manche rannten unter den Nußbäumen gegen die Hängenden, die gleichgültig zu schaukeln begannen. Überlastete Kähne stießen vom Ufer.

Karl erschlug im Lager zwei plündernde Pikarden. Er sammelte einige Dutzend Leute. Als er sie vorwärts führen wollte, hatten sie sich schon wieder verlaufen. Mit Stößen und Schlägen kämpfte er sich zu der Batterie durch, die den Lagerzugang sicherte. Zwischen den Kanonen flatterte verlassen ein Banner mit dem Brabanter Löwen. Mitten unter den Flüchtenden erkannte der Herzog bereits feindliche Reiter. Er sprang vom Pferde. Er hätte nicht gewußt, daß es so viele unbekannte Gesichter in seiner Armee geben konnte.

Ein fremder flämischer Offizier drängte sich an ihn.

»Ich flehe Sie an, Monseigneur, geben Sie nicht den Feldzug verloren, indem Sie sich hier festbeißen! Sie müssen fort!«

Karl sah ihn gleichgültig an.

»So? Meinen Sie?«

Dann stieg er gehorsam auf den Fuchs. Er ritt mit hochgezogenen Knien, sein Vorgänger mußte ein kurzbeiniger Mann gewesen sein, und Karl hatte keine Zeit gefunden, die Bügelriemen länger zu schnallen.

Mit seinen drei, vier Zufallsbegleitern sprach er kein Wort. Sein starres Gesicht zeigte keinerlei Verzerrung. Flüchtig kam ihm der Gedanke an alles, was den Schweizern in die Hände fallen mußte; gleich darauf hatte er es wieder vergessen. Viele von den Reitern und Läufern sprangen erschrocken von den Wegen, wenn sie ihn kommen sahen, aber er bemerkte sie gar nicht.

Die Flucht ging südwärts gegen den Genfer See, rechts der sumpfigen Niederung. Karl bog bei Orbe nach Westen ab. Auf einem Feldwege sammelte ein bloßfüßiger Junge Maultier- und Roßmist in einen zerrissenen Sack. Für zwei Sekunden wandte er stumpf sein braunes Gesicht den vorüberjagenden Reitern zu.

Vielleicht haben Tausende noch nie meinen Namen gehört, dachte Karl erschüttert.

In Jougne blieb das Pferd stehen, der Herzog stieg ab. In dem rauchgeschwärzten, leergebrannten Schloß waren beim Anmarsch ein paar Zimmer für ihn hergerichtet worden. Er betrachtete eine Weile die Wände, dann kehrte er in den Hof zurück und stieg wieder in den Sattel. In der Nacht erreichte er das hochburgundische Nozeroy. Die Begleiter baten ihn, sich zur Ruhe zu legen. Er verlangte Schreibzeug. Es erwies sich, daß kein Schriftkundiger zur Stelle war. Karl schickte alle hinaus und begann zu schreiben. Am Morgen trat Panigarola ein, der Gesandte des verbündeten Herzogs von Mailand. Er hatte sich und sein Gepäck rechtzeitig aus dem Lager retten können.

Karl sah von seinem Schreibtisch auf. »Meine Hand ist müde«, sagte er. »Darf ich Sie bitten, noch ein paar Befehle nach meinem Diktat zu schreiben?«

Ein Kriegsgericht sollte die Urheber der Panik ausfindig machen. Die Statthalter wurden angewiesen, die eigenmächtig aus dem Felde Heimkehrenden hinrichten zu lassen. In allen Provinzen hatte jede Haushaltung die Hälfte ihres Metallgeschirrs an die herzoglichen Geschützgießereien abzuliefern. Die und die Aufgebote waren zu veranlassen, die und die Abgaben zu erheben, die und die Truppen südwärts in Marsch zu setzen. Zum Sammelpunkt des Heeres wurde Lausanne bestimmt; so könne am ehesten einem etwaigen schweizerischen Raubzug ins Innere Savoyens vorgebeugt werden. Herzogin Yolande wurde gebeten, Bauholz und Lebensmittel für das Lager über den See zu schicken.

Panigarola schrieb, aber er ließ sich nicht irreführen. Er begriff, daß diese Befehle nicht nur für Karls Statthalter und Heerführer bestimmt waren, sondern zugleich ihm eine Unerschüttertheit vortäuschen sollten, an die zu glauben er sich weigerte. In diesem Sinne berichtete er noch in der Nacht an seinen Herrn; und zehn Tage später ging von Mailand ein Bündnisangebot an König Ludwig.

Die Verfolgung kam nicht sehr weit über das Lager von Grandson hinaus. Das Paradies hatte sich aufgetan, wer könnte vorüber? Tausende schrien inbrünstig: »Sackmann, Sackmann!«
Es gab Fässer voll schwerer süßer Südweine, Burgunder und Champagner. Hellebardenschläge zertrümmerten die großen fahr-

baren Wasserbehälter, aus denen wimmelnde Aale glitten. Ein Straßburger Brauknecht hatte sich Herzog Karls Juwelenhut über den Schädel gestülpt. Betrunkene schlangen Salzheringe aus Riesentonnen, die für die Fastenzeit angeführt worden waren. Ein Glarner Armbrustschütze raufte mit einem Oberaargauer um das goldene Großsiegel; der Glarner schlug seinem Gegner den herzoglichen Rosenkranz um den Kopf, der Rosenkranz riß, die edelsteinernen Kugeln verschwanden in einer Lache erbrochenen Rotweins, sie galten für buntes Glas, man ließ sie liegen. Bauernknechte von Bremgarten und Dietikon stachen Hafersäcke auf, die Pferde versanken im Futter bis über die Sprunggelenke. Einer schmiß in Rausch und Schläfrigkeit drei wasserklare Glasstücke unter einen Karren, weil er die Hand nicht länger geschlossen halten mochte. Als er aufwachte, war es ihm leid darum, er suchte eine halbe Stunde, bis er sie fand, ließ sie dem Feldpriester um einen Gulden, der Feldpriester verkaufte sie einem Ritter für das Dreifache, später kamen sie um vierzigtausend in die päpstliche Schatzkammer. Silberteller wurden als Zinngerät für Pfennige losgeschlagen.

Alle Taschen mit Feuersteinen vollgestopft, schleppte sich einer mit hölzernen Tränkeimern und warf sie weg, um dafür einen Kasten mit Sattelriemen auf die Schulter zu nehmen. Einen Sack mit indischem Gewürz, der mehr wert war als sein Viehstall daheim in Sarnen, schleuderte er ins Feuer, um die stumpfgesoffenen Sinne am Geruch zu ermuntern.

Goldschmiede mit nüchternen Köpfen rannten suchend durch das Getümmel, Rutenzweyg von Basel, Hans von der Gruben aus Bern, Angestellte der großen Handelshäuser Diesbach und May. Sie kannten des Herzogs berühmteste Juwelen bei Namen, die Lampe von Flandern, die drei Stände von Brabant, die drei Bräute von Antwerpen, den flandrischen Ball, die Sultansrose. Wilhelm von Diesbach kaufte um viertausend Gulden Dinge im Werte von achtzigtausend.

Betrunkene begannen Pulverkarren zu sprengen, es gab mehr Tote und Verwundete als in der Schlacht.

Die Gehängten wurden von den Bäumen geholt, an den gleichen Ästen, an den gleichen Stricken hingen tags darauf die burgundischen Edelleute, die sich ins Schloß von Grandson geflüchtet hatten.

Das Portal der Grandsoner Kirche trägt uralte Steinbildnereien, links einen grinsenden Löwen, rechts einen bogenspannenden Schützen. Ein Schwyzer Armbruster ritzte mit dem Messer darunter: »Hier wurde der Löwe von Brabant gejagt.«

Nachdem Scharnachthal als der Älteste zwanzig Männer zu Rittern geschlagen hatte, kamen die Führer im herzoglichen Zelt zum Kriegsrat zusammen. An den Wänden hingen, von Hieben und Stichen zerfetzt, die Tapisserien mit den Bildern der Amalekiterkämpfe und Alexanderschlachten, an den Leisten Karls goldgestickte Devise: »Je l'ay emprins – ich unternahm's.« Haßfurter saß massig auf dem vergoldeten Silberthron des Herzogs wie auf der Trinkbank einer Dorfkneipe.

Die Beute sollte unter die Orte und unter die Kämpfer geteilt werden. Bei den vierhundertundneunzehn Geschützen, den dreihundert Pulvertonnen, den sechshundert Fahnen, den vierhundert Prunkzelten des Hofes gab es keine Schwierigkeiten. Aber was ein einzelner Mann brauchen oder bei sich tragen konnte, das war mühsamer zu greifen. Der Goldbestand der Kriegskasse, ein Teil der Reliquien in ihren kostbaren Behältern ließ sich bergen, ein Eckchen der Tafel Mosis, Bruchstücke der heiligen Lanze, der Rute Aarons, der Dornenkrone. Vier Zentner Silbergeschirr wurden gesammelt, dazu Kriegsbedarf, dessen Zählung kaum zu endigen war. Die Führer schrieben an ihre Orte, es möchte jeder Heimkommende auf verheimlichte Beutestücke untersucht werden. Dennoch geriet knapp ein Zwanzigstel in die Hände der Obrigkeiten, Streit und Schacher gingen durch ein halbes Jahrzehnt.

Der Kriegsrat im Zelt wiederholte oft erlebte Situationen. Die Berner verlangten Fortsetzung des Krieges und sprachen von den geringen Menschenverlusten des Herzogs, der durch augenblicklichen Vormarsch an der Wiederaufstellung eines Heeres zu hindern und für alle Zeit zu vernichten sei. Die übrigen aber waren mehr um Heimschaffung der Beute besorgt. Drei Tage nach der Schlacht löste das Heer sich auf. In Grandson verblieb nur eine bernische Beobachtungsschar mit dem Befehl, vor einer etwaigen Belagerung den Ort zu räumen. Auch dieses Mal ließ der junge Bubenberg sich der Truppe zuteilen.

ACHTER TEIL

Ein lombardischer Kaufmann

Ludwig blieb stehen und legte die Hand auf Commynes' Arm. »Da kommt ja ein kleiner Karl«, flüsterte er belustigt, als René keuchend, alle Zeichen einer leidenschaftlichen Erschütterung im Gesicht, durch die Gartenbüsche auf die beiden zusprang. Es war zwei Tage nach der Schlacht bei Grandson, und die Nachricht war eben in Lyon eingetroffen.
»Brechen Sie den Frieden, Sire! Riegeln Sie Karl von seinen Ländern ab! Nützen Sie die Lage! Bitten Sie Gott, daß er Sie endlich von Ihrer eigenen Geduld erlöst!«
König Ludwig hatte Gott um andere Dinge zu bitten als um derartige Erlösungen.
»Liebster Herzog«, antwortete er empfindlich, »ich rüste mich zu einer Dankeswallfahrt nach Puy-Notre-Dame, und Sie haben Gedanken an Irdisches.«
René gab nicht nach. Er sprach erbittert und mit sehr lauter Stimme.
»Wahrhaftig, es steht Ihnen an, mir Vorwürfe zu machen«, antwortete Ludwig lächelnd. »Erinnern Sie sich doch, lieber Vetter, mit welcher Behendigkeit Sie mich damals im Stich gelassen und Ihr Bündnis mit Herzog Karl geschlossen haben! Sie befanden sich in einer Zwangslage, sagen Sie? Ja, womit sonst hat es denn die Staatskunst zu tun als mit Zwangslagen? Wenn Sie das noch nicht wußten, so liegt eine wichtige Erfahrung noch vor Ihnen.«
Die Nachricht von der Grandsoner Schlacht rief allenthalben Erschütterung und Bewegung hervor; und in besonders hohem Grad tat sie das am Weiberhof von Joinville.
Am Weiberhof von Joinville ging es seit längerem lebhafter zu als zuvor, denn ein Seitenflügel des Schlosses war den lothringischen Emigranten eingeräumt worden. Auch Chiffron, auch der Graf von Bitsch, dessen Besitzungen Campobasso zugefallen waren,

auch Gracian d'Aguerra und einige andere der ausländischen Söldnerhauptleute waren darunter. Sie führten das schwer erträgliche Leben, welches Männern in solcher Lage auferlegt ist. Sie machten Pläne, sie warteten auf Nachrichten, sie vertrieben sich müßig die schleichende Zeit mit Unterhaltungen, deren sie bald überdrüssig wurden, mit Schachspiel, Kartenspiel und Trunk. Und jeder von ihnen hatte seine eigene Art, mit der Aufgabe fertig oder nicht fertig zu werden, mit der Aufgabe, die Hoffnung festzuhalten und sich doch nicht von falscher Einschätzung kleiner Anzeichen in Luftgespinste verlocken zu lassen.

Der Graf von Bitsch wurde häufig zu den Damen herübergebeten, seltener der ungeschliffene grauhaarige Spanier, am seltensten Chiffron, obwohl er ohne Zweifel von den dreien der unterhaltendste Tischgenosse war. Allein, Drosselchen vermochte ihre Abneigung nicht zu überwinden, und Jeanne, die wohl wußte, wieviel Chiffron bei René galt, hatte dem kräftigen Willen der Schwiegermutter wenig entgegenzusetzen; und doch war sie jedesmal froh, wenn sie ihm im Garten oder auf der Treppe begegnete und ein paar Worte mit ihm reden durfte, und sie rechnete es ihm hoch an, daß er ihrer Schwiegermutter nie anders als mit seiner gleichmäßigen und heiteren Höflichkeit entgegentrat.

Die Nachricht von der Schlacht bei Grandson stürzte dies Leben von Grund aus um. Plötzlich trat eine erregte Geschäftigkeit an die Stelle des Müßigganges. Chiffron hatte viel zu schreiben. Boten kamen und gingen. Drosselchen bat Chiffron zu sich und ließ sich von ihm in Jeannes Gegenwart die Geschehnisse beleuchten. Die Damen begannen Feldbinden zu sticken, und nur die Großmutter, die von Tag zu Tag verfiel, konnte an diesem neuen Aufschwung nicht mehr teilnehmen.

Von Chiffron ausgewählt und unterrichtet, gingen Leute aus Joinville und trugen die Nachricht von der burgundischen Niederlage mit gestaltlosen Vergrößerungen durch Lothringen. Bandenführer begannen burgundische Wagenzüge zu überfallen. Der Graf von Bitsch verließ Joinville und überschritt nachts mit dreißig Abenteurern die lothringische Grenze. Gracian d'Aguerra ging in die Grafschaft Vaudémont, Renés Vatererbe, und versicherte in den Dörfern, Herzog Karl sei von den Schweizern erstochen worden, neben ihm der Großbastard, der sich Graf von Vaudémont hatte nennen lassen. Es gelang ihm, die Bauern von Dommarie, Vandeleville und Chaouilly von der Frühjahrsarbeit fortzurufen und in der Osternacht mit ihnen das Schloß Vaudémont zu überrumpeln. Diese tolldreiste, von Mißverständnissen, Fehlern und Zufällen begünstigte Unternehmung lief durch Lothringen wie eine Wundersage, machte Zuversichtliche zu Zweiflern, Zweifler zu Zuversichtlichen.

Von all diesen Hergängen und Entwicklungen wurde René durch Chiffrons Berichte fortlaufend in Kenntnis gehalten, und mit beharrlichem Anspruch berichtete er immer wieder dem Könige. Es wollte ihm nicht in den Kopf, daß Ludwig, der ihn zu den Erfolgen seiner Parteigänger lächelnd beglückwünschte, in diesen lothringischen Geschehnissen keinen Grund erblickte, seine Haltung zu ändern.

Es war schwer, dies demütigende Bittstellerdasein zu ertragen. Häufig erwog René die Abreise und vermochte doch den Entschluß nicht zu fassen; immer noch meinte er, sich der Möglichkeit zu unmittelbarer Einwirkung auf den König nicht berauben zu dürfen.

In dieser zwistigen Lage erhielt er einen Brief seiner Mutter. Sie schrieb von einer schweren, ja hoffnungslosen Erkrankung der Großmutter; wenn René sie noch sehen wolle, werde er eilen müssen. Es fehlte auch nicht an einer Hindeutung auf die großmütterliche Erbschaft.

Diese Nachricht gab den Ausschlag. René verabschiedete sich sofort von Ludwig, der sich gar keine Mühe gab, seine Befriedigung über diese Abreise zu verheimlichen.

Während René sich unterwegs mit Berechnungen abmühte, wieviel Reiter und Fußknechte er wohl aus dem mutmaßlichen Erbe der Großmutter werde löhnen können, stieg zu Joinville in der »Goldenen Sonne« ein fettleibiger, ohne Dienerschaft reisender lombardischer Kaufmann ab und schickte den Hausknecht mit einem Zettel aufs Schloß. Eine Stunde danach saß er mit Chiffron in jenem Zimmer beisammen, in welchem sein Sohn den Herzog von Lothringen geknebelt hatte.

Sie hatten ein langes Gespräch miteinander.

»Ich freue mich, Sie bei guter Gesundheit zu sehen«, sagte Chiffron. »Ihre Wunde ist verheilt?«

»Sie war nicht so gefährlich«, antwortete Campobasso mit Behagen. »Ich komme von St. Jago di Compostela. In Zeiten wie den jetzigen lernt man hoch von Wallfahrten denken, von Wallfahrten und von der Fürsprache der Heiligen; die Welt, mein Herr, ist höchst ungewiß geworden. Ich gehe jetzt wieder zur Armee und bin neugierig, wie sie aussehen wird. Den kleinen Umweg über Joinville habe ich gern gemacht, ich bin ein Freund von mündlichen Aussprachen.«

»Sie verpflichten mich«, sagte Chiffron höflich.

»Von mündlichen Aussprachen und von klaren Verhältnissen«, fuhr Campobasso fort und zeigte lächelnd seine gewaltigen Fresserzähne. »Aber hören Sie, in was für eine Lage hat der König mich gebracht, damals vor Neuß? Gestehen Sie, es hätte schlimm auslaufen können! Haben Sie sich meinetwegen nocheinmal an den König gewandt?«

»Ja«, erwiderte Chiffron, »und er hat geantwortet: ›Bestellen Sie dem Grafen, ich hätte damals sein Anerbieten nicht deshalb dem Herzog unterbreitet, um ihm Ungelegenheiten zu machen, sondern erstens, weil mir der Zeitpunkt schlecht gewählt schien, und zweitens, um den Grafen in Karls Vertrauen zu befestigen. Wenn ich jemanden bei Karl verdächtige, so schließt er daraus, es müsse mir viel daran liegen, ihn mit dem Verdächtigten zu entzweien, und wendet ihm seine doppelte Gunst zu.‹«

»Glauben Sie, mein Herr, daß der König Ihnen die Wahrheit gesagt hat?«

»Nun, es war freilich gerade zu der Zeit, da er sich um die Verlängerung des Waffenstillstandes bemühte. Aber was wollen Sie? Nehmen wir getrost an, es verhielte sich so, wie der König behauptet, denn Herzog Karls Verhalten zu Ihnen gibt ja der Darstellung des Königs ein nachträgliches Recht. Vielleicht ist es unter Menschen nicht wohlgetan, die Frage nach Wahrheit oder Unwahrheit allzu unumwunden zu stellen.«

Campobasso dachte ein wenig nach und sagte dann lebhaft: »Ich möchte nicht mißverstanden werden. Sie müssen mich nicht für rachsüchtig halten. Ich gebe zu, es hat mich verdrossen, daß Herzog Karl mir vor Neuß einmal eine unangenehme Szene gemacht hat, und noch dazu im Beisein meiner Leute. Aber schließlich hätte sich das vergessen lassen. Nein, mein Herr, dem Könige habe ich jenes Angebot nicht deswegen gemacht. Aber ich verstehe Herzog Karl nicht, und das wird mir unbehaglich. Was will er? Kann das, auf die Länge gesehen, noch ein hübsches Ende nehmen? Ich liebe es, sicherzugehen.«

»Seien Sie überzeugt, daß wir für Ihre Motive alles Verständnis haben«, antwortete Chiffron mit einer verbindlichen Neigung des Kopfes. »Ich bin gern erbötig, weiter beim König zu vermitteln. Ich nehme an, er wird bereit sein, Ihnen ein Jahrgeld auszusetzen. Auch Herzog René wird Ihnen zu seiner Zeit seine Erkenntlichkeit beweisen. Im Augenblick könnte es freilich noch Schwierigkeiten haben.«

»Das macht nichts. Man muß an die Zukunft denken, mein Herr. Ihr Herzog gefällt mir. Er hält sich an das Erreichbare. Vielleicht hat er noch einmal Glück. Und wenn die Umstände späterhin danach sein sollten – die Grafschaft Bitsch wird keinen Hinderungsgrund bilden. Sie werden mich jederzeit bereit finden, dem Grafen von Bitsch seine Besitzungen zurückzugeben, vorausgesetzt, daß Herzog René mich anderweitig entschädigt.«

»Man muß sichergehen«, wiederholte er nach einer Weile. Dann erhob er sein Glas. »Ihr Wohl, mein Herr, und das Ihres Souveräns! Versichern Sie Herzog René meiner dienstwilligen Ergebenheit. Und bleiben wir in Verbindung.«

Die zwei Parteien

Campobasso war bereits wieder abgereist, als René um die Abenddämmerung in Joinville einritt; er schwankte im Sattel vor Erschöpfung.

»Lebt die Großmutter noch?« rief er seiner Mutter zu, als er sie vom Schloßhof aus am Eckfenster erblickte. Sie nickte, und René erschrak über die Wildheit ihres Ausdrucks. Er lief die Treppe hinauf, sie stürzte ihm entgegen und riß ihn an sich wie einen Geliebten.

»Kind, mein Kind, es ist ja alles deinetwegen! Versprich mir, daß du mir folgen wirst! Komm, ich will dir alles erklären.«

Die Großmutter, welche ausgedehnte Ländereien in der Normandie und im Orléanais besaß, hatte vor einigen Jahren ein Testament zu Renés Gunsten gemacht. Jetzt, in ihrer Krankheit, hatte sich, fast schon außerhalb ihres durchlöcherten Bewußtseins, jener wichtige und geheimnisvolle Vorgang ereignet, den ein Beobachter zunächst nicht gewahrt, später nicht begreift oder noch nicht anerkennt, weil solche Anerkennung jedes Leben erniedrigen müßte:

sie hatte die Partei der Lebenden verlassen und sich zu der Partei der Toten begeben. Die Toten haben kein Verständnis für die Wichtigkeit der Feldbestellungen, an deren Ernten die Lebenden sich satt essen werden. Den Toten ist es gleichgültig, wer in Nancy residiert – genug, daß es ein Lebender ist –, aber viel ist den Toten daran gelegen, daß ihre Zeit im Fegfeuer gemindert werde. Kurz, die Großmutter hatte beschlossen, ein neues Testament zu machen, das ihren gesamten Besitz unter Kirchen, Klöster und mildtätige Fundationen verteilen sollte.

Die Lebenden haben starke Kräfte und versplittern sie auf hundert kleine zerrüttende Dinge. Die Kräfte der Toten sind gekürzt, aber sie pressen sie in einen einzigen Strahl, der beharrlich gegen die gleiche Widerstandsstelle prasselt.

»Liebe«, sagt die alte Frau, die nichts als ihren Namen schreiben kann – denn zu ihren Zeiten hat man junge Damen noch nicht mit unnützen Künsten geplagt –, zu ihrer Schwiegertochter, »Liebe schicke mir doch den Pfaffenhofen, er soll mir ein wenig vorlesen.«

Drosselchen wundert sich, denn die entkräftete Schwiegermutter hat diesen Wunsch seit Wochen nicht mehr gehabt. Jetzt freilich steht in ihrem kleinen strengen Gesicht ein Ausdruck von überraschender Zähigkeit.

Pfaffenhofen kommt mit dem Buch und liest. Nach einer Weile begegnet Drosselchen ihm auf dem Gange. Er ist wieder unterwegs zum Krankenzimmer und trägt Schreibgeräte, die er vor Drosselchen auf dem Rücken verstecken will.

Drosselchen horcht an der Tür. Die Alte murmelt halblaut und mit langen Pausen. Drosselchen versteht kein Wort. Nur einmal hört sie ihre Schwiegermutter ungeduldig und mit Mühe rufen: »Haben Sie? Haben Sie? St. Hilaire ... die Fischereigerechtigkeit von Clivreux ... nein, nicht Clisseux ... Clívreux!«

Bald darauf kam Pfaffenhofen heraus. Das Schreibzeug hatte er drinnen gelassen.

»Nun, haben Sie vorgelesen?« fragte Drosselchen, die zufällig aus dem Musikzimmer trat.

»Ja, ja, vorgelesen«, sagte Pfaffenhofen eifrig.

»Sie haben ja Tintenflecke an den Fingern, mein Lieber. Hat meine Schwiegermutter Ihnen diktiert?«

»Ja, ja, diktiert«, stammelte er und wollte weiter.

Die Alte hatte ihm strenge Geheimhaltung eingeschärft, allein,

Drosselchen schleppte ihn in ihr Zimmer und war bald unterrichtet. Sehr weit war die Arbeit heute nicht gediehen, weil erst die herkömmlichen Anrufungen Gottes und der Heiligen und die Segenswünsche für die Hinterbliebenen niederzuschreiben waren. Bei der Vergebung von Besitztiteln mußte sorgsam die fürbittende Kraft jedes einzelnen Heiligen und Kirchenpatrons abgewogen werden. Die alte Gräfin war bald erschöpft, hatte Pfaffenhofen entlassen und für den nächsten Morgen zur Fortsetzung bestellt.
Drosselchen sagte dem verschüchterten alten Manne kein einziges unfreundliches Wort. Aber sie gab ihm im Abendwein und am nächsten Tage in der Morgensuppe ein kräftiges Laxierpulver, das ihn lahmlegte. Er lag stöhnend in seinem Bett; bei ihm saß ein Kammerdiener, redete ihm ehrerbietig zu und machte ihm heiße Umschläge. Drosselchen war fest entschlossen, die Dosis zu wiederholen, sobald es nötig werden sollte.
Sie ließ Chiffron zu sich bitten.
»Chiffron«, sagte sie feierlich, »ich weiß, daß Sie meinen Sohn liebhaben. Werden Sie sich dazu gebrauchen lassen, seine Zukunft zu verraten?«
Chiffron, der den Szenen der Gräfin mißtraute, sah sie erwartungsvoll an.
»Meine Schwiegermutter will René enterben. Versprechen Sie mir in die Hand, daß Sie ihr keine Sekretärdienste tun werden.«
Chiffron sagte es lächelnd zu.
Jeanne, Renés Schwester und die jüngste Yolande wurden in der Morgenfrühe auf einen entfernten Gutshof geschickt.
»Es ist für ein so kleines Kind schädlich, in einem Hause zu sein, wo ein alter Mensch stirbt«, erklärte Drosselchen bestimmt. »Eine so gute Mutter wie du hat das sicherlich auch schon erwogen. Yolande wird dir Gesellschaft leisten, Kleine.«
Sie küßte ihre Schwiegertochter auf die Stirn.
Jetzt gab es nur noch einen Schriftkundigen, welcher der Großmutter zugänglich war, nämlich den Père Martin, Priester der zum Schloß gehörigen Kirche St. Laurent.
»Drosselchen!« sagte die Großmutter klagend, ohne den Kopf von den Kissen zu heben, unter denen das angefangene Testament lag, »Drosselchen, es geht ... es geht ... zu Ende. Père Martin!«
Ihre Stimme war schon sehr schwach, aber aus ihren unnatürlich vergrößerten Augen stach der wahnwitzige Haß des Sterbensol-

lenden gegen den Lebendürfenden, dazu die fristende Zähigkeit eines letzten Entschlusses.

»Aber Mamachen, an so etwas dürfen Sie doch nicht denken«, antwortete Drosselchen. »Sie sind ja noch so rüstig. Wirklich, ich finde Sie viel frischer als gestern. Wir pflegen Sie schon wieder gesund.«

»Père Martin... Père Martin... Die Sakramente!« röchelte die Alte.

»Warten wir lieber noch, Mamachen. Wissen Sie nicht, daß man Gott beleidigt, wenn man die Sakramente ohne ernstliche Todesgefahr nimmt? Mein Bruder ist gleich nach der Ölung gestorben, und den Tag zuvor hatte er noch eine halbe Ente essen können. Das ist doch sehr einfach: Gott will eben, daß die Letzte Ölung auch wirklich das Letzte sein soll...«

»Père Martin... Père Martin... Die Sakramente...«

»Was können Sie schon zu beichten haben, Mamachen?« tröstete Drosselchen. »Ihnen hat der Herr längst vergeben.«

Von der Dienerschaft durfte niemand mehr ins Krankenzimmer. Drosselchen hatte sich neben ihrer Schwiegermutter ein Lager aufschlagen lassen. Als sie die Kissen des Krankenbetts zurechtschütteln wollte, schrie die Alte auf und sah sie so zornig an, daß sie zurückwich.

René wurde von der Mutter zur Hälfte unterrichtet. Um sein Gewissen zu schonen, sagte sie ihm, Père Martin sei schwer erkrankt und könne nicht geholt werden.

Dann, noch ehe er sich von der Reise erfrischt, noch ehe er nach Chiffron gefragt hatte, eilte er in das Zimmer der Großmutter. Drosselchen schloß sich ihm an.

René küßte im Knien die winzige hängende Larvenhand. Er begriff das gierige Flehen dieser Augen und bat die Mutter, hinauszugehen.

Über das Gesicht der Großmutter lief ein schwacher Schimmer von Freude und Dankbarkeit. Dann schloß sie tiefatmend die Lider.

Es war ihr ein Gedanke gekommen, ein überraschender, aber beglückender Gedanke. Sie wird ihr Schreiben, ihr wichtiges Schreiben ihrem Enkel René diktieren. René ist ein guter Junge, er wird nicht zulassen, daß sie die bösen Flammen leiden muß, die schon aus dem Nachtlämpchen die Zungen nach ihr blecken. Sie hat ihn immer geliebt, sie hat ihn mit Konfekt traktiert, sie ist seine leib-

liche Großmutter, kann er ihr diese kleine Gefälligkeit abschlagen? Er ist ja so gewandt mit der Feder, für ihn ist es eine winzige Mühe.
Plötzlich hatte sie ihre Stimme wieder, ihre deutliche, ein wenig spitzige Stimme.
»Du wirst jetzt etwas für mich schreiben, mein Junge«, sagte sie. »Hörst du? Jetzt gleich. Ich habe deinen Vater geboren. Du wirst schreiben.«
Sie hatte sich halb aufgerichtet, seit Tagen zum erstenmal, ihr Gesicht kam René immer näher, ihr Blick hatte eine Schärfe und Eindringlichkeit, der kein Widerstand entgegengesetzt werden konnte. Sie griff unter ihr Kissen, streckte ihm ein zur Hälfte beschriebenes Blatt entgegen und deutete auf den Tisch, der immer noch Pfaffenhofens Schreibzeug trug.
René zuckte zusammen. Er sah die Großmutter an, aber er sah sie wie durch einen Schleier, jenen Schleier, den die Erschöpfung des fast schlaflosen Gewaltrittes über seine Augen gelegt hatte. Er meinte widersprechen zu müssen, aber er fand die Worte nicht. Er fühlte nur: ich bin in Joinville, in Joinville brauche ich nichts zu beschließen, nichts zu entscheiden, nichts zu verantworten, in Joinville habe ich von jeher gehorchen dürfen, auch wenn Unverständliches von mir verlangt wurde.
Und so stand er auf, nahm mit zögerndem Gehorsam das Blatt und ging langsam zum Tisch.
In diesem Augenblick wurde die Tür aufgerissen, und Drosselchen stürzte herein.
»René! René! Es ist etwas geschehen! Sofort, sofort, ich muß dir erklären... Ins Turmzimmer!«
Sie faßte seine Hand und zog ihn hinaus. René wollte fragen, aber er bekam keine Antwort. Ihr Gesicht hatte sich verzerrt, ihre Augen funkelten, nicht wie die einer kleinen Drossel, sondern eines zustoßenden Raubvogels, einer Adlermutter, die ihr Junges verteidigt. Sie ließ Renés Hand nicht los, sie stürmte krachend die Treppen hinan.
Im Turmzimmer drückte sie ihn atemlos auf die Polsterbank.
»Einen Augenblick, René!« Sie lief hinaus und drehte den Schlüssel um.
René begriff nicht, was vorgefallen war. Er glaubte an ein Mißverständnis, er meinte, die Mutter müsse doch in der nächsten

Minute zurückkommen und ihm Aufschluß geben; und dem Zorn, den er in sich aufsteigen fühlte, mochte er nicht seinen Lauf lassen, solange diese Erklärungen noch nicht zu seiner Kenntnis gekommen waren.
Er spürte die wohltätige Weichheit der Polsterbank und streckte sich aus. Und nun gewann die Müdigkeit seines Körpers augenblicks die Oberhand über jeden Gedanken. Alles, was seit dem Aufbruch von Lyon geschehen war, wurde undeutlich, unwirklich wie die huschenden, in Träume hinübergleitenden Vorstellungen eines fieberkranken Hirnes. Gleich danach war er eingeschlafen.
Sechzehn Stunden blieb René ein Gefangener seiner Mutter. Dazwischen horchte sie an der Tür und überzeugte sich, daß er schlief. Allein, auch in wachem Zustande würde er, das wußte sie, mit Rücksicht auf die Dienerschaft keinen Lärm machen.
Im Schloß hieß es: »Monseigneur ist erschöpft von der Reise, Monseigneur muß ruhen, Monseigneur wünscht niemanden zu sehen.«
René erwachte in der Helle des neuen Tages, ganz erfüllt vom Wohlgefühl der wiedergewonnenen Körperkräfte. Er trat ans Fenster und schaute auf das Städtchen, das Marnetal und die Wälder. Tauben und Dohlen flatterten um den Turm, manchmal hell in der Frühlingssonne aufleuchtend. Allmählich erinnerte er sich. Das Blut schoß ihm ins Gesicht vor Ingrimm und Beschämung.
In der Nähe der Tür erblickte er einen Korb mit Wein und kalter Küche, sogar Bücher waren dabei. Über den Rand des einen sah ein Zettel hervor. »Mein geliebtes Kind, du wirst mir verzeihen.«
René empfand einen gierigen Hunger und begann zu frühstücken. Als er gesättigt war, trat er wieder ans Fenster und erinnerte sich kopfschüttelnd seiner luxemburgischen Gefangenschaft.
Der Schlüssel drehte sich, René fuhr herum, die Mutter stand vor ihm. Er wollte Vorwürfe machen und Erklärungen verlangen, aber sie warf sich an seinen Hals und erstickte in der Leidenschaft ihrer Umarmung jedes Wort.
René erriet, was geschehen war.
»Ohne Beichte und Wegzehrung?« fragte er halblaut.
Drosselchen gab keine Antwort.
Bald danach saßen René und Chiffron beieinander. Mit keiner Miene ließ Chiffron merken, daß er die Zusammenhänge ahnte.
Sie besprachen sich lange. Mit allen Vollmachten und Dokumenten

ausgerüstet, reiste Chiffron am folgenden Tage ab, um die Erbgüter zu übernehmen, um Abgaben einzutreiben, um zu verkaufen, zu verpfänden, zu beleihen und Bauernjungen zum Waffendienst auszuheben.
»Was machst du denn, René?« flüsterte die zurückgekehrte Jeanne ihm beim Totenamt zu. »Wie bekreuzigst du dich nur?«
René wurde rot und schüttelte abweisend den Kopf.
Er schämte sich, einzugestehen, daß er sich beim Kreuzschlagen eine zusätzliche Handbewegung angewöhnt hatte, mittels deren sich das Bild des lothringischen Doppelkreuzes ergab.

Lausanne

Im Lager von Lausanne empfing Karl die Herzogin Yolande von Savoyen. Der erste Blick schon ließ Yolande erkennen, daß Herzog Karl weder einer Tröstung bedurfte noch sie hinzunehmen fähig gewesen wäre. Yolande gab ihm die Hand und sagte: »Willkommen bei Ihren Freunden, Monseigneur.«
Karl erwiderte lebhaft: »Wenn Sie mich dereinst in Bern besuchen, Madame, werde ich Ihnen den gleichen Gruß zurufen.«
Karl hatte sie seit Jahren nicht gesehen. Die Raubgier des Lebens hatte diesem Gesicht noch nichts zu nehmen vermocht, kaum daß Jahre und Geschicke sein kräftiges Feuer ein wenig verschleiert hatten. Ihr nach der Mode goldblond gefärbtes Haar füllte ihren Umkreis mit Helle. Es schien nicht glaublich, daß sie sieben Kinder geboren hatte. Glaublich schien, daß sie sich inmitten streitender Parteien und unendlicher Bürgerkriege an der Herrschaft erhalten und Savoyen weder ihrem Bruder Ludwig noch ihrem Schwager Romont noch ihrem Verbündeten Mailand zur Domäne überlassen hatte. Glaublich schien, daß sie kühne Paßstraßen baute, Seneca und Boëthius las.
»Was macht Ihre kleine Kaiserbraut?« fragte sie, und an der Unbefangenheit ihres Lächelns merkte Karl, daß ihr unbeirrbarer Sinn für das Tunliche – diesen hatte sie mit ihrem Bruder Ludwig von Frankreich gemein – schon längst an eine andere Schwiegertochter dachte.
Sie begann von ihren Anstalten zur Beschaffung des Heeresbedarfs zu sprechen. Sie nannte Zahl und Lieferzeit der Zelte, die sie ihren

Webereien in Auftrag gegeben hatte, erkundigte sich nach den Arbeitsmethoden der burgundischen Geschützgießereien und erwog deren Anwendbarkeit auf die eigenen Werkstätten. Sie war genau unterrichtet über Leistungsfähigkeit und Preise der Waffenfabriken von Brescia und Venedig.

Karl verharrte im Ausdruck des gebannt Lauschenden und gab über Dinge, die ihm im Halbschlaf geläufig gewesen wären, mechanisch Auskünfte und Urteile von sich. Aber seine Gedanken waren nicht bei den Gegenständen des Gesprächs, seine Gedanken waren bei Yolande. In ihr Gesicht vertieft, grübelte er darüber nach, welche Einzelheit ihrer kraftvoll geordneten Züge wohl die überraschende Ähnlichkeit mit Ludwigs Bocksgesicht bedang.

Diese Frau konnte Savoyerin werden, dachte er. Margarete ist Engländerin geblieben. Mit dieser Frau hätte ich Söhne zeugen können, mit dieser Frau hätte ich Europa erobert.

Plötzlich sagte er, Yolande fast in einer Satzmitte unterbrechend: »Vielleicht muß ich den Feiglingen dankbar sein, vielleicht konnte mir nichts Besseres geschehen. Ja, vielleicht habe ich mir einen Vorfall dieser Art gewünscht. Die Trägheit der Schöpfung ist so groß, daß es leichter erscheint, ein Neues von Grund aus aufzurichten, als Bestehendes zu wandeln.«

Er begann, leidenschaftlich überzeugend, seine Gedanken hinzubreiten. Die Trennung zwischen leichter und schwerer Reiterei, die er als erster Kriegsherr der Christenheit vorgenommen hatte, sollte auch auf die Milizen der Lehensaufgebote ausgedehnt werden.

»Bisher war jeder Landjunker der Führer eines achtköpfigen Armeekorps, ich werde ihn zum Truppenoffizier erziehen.« Die schweizerische Geviertordnung werde auch für seine Pikeniere zu gelten haben. »Das hat noch niemand begriffen, Madame, daß die Wagenburg ein Überbleibsel aus der Zeit ist, die noch kein Pulver kannte! Ein Gepäckwagen ist kein Schutz, sondern etwas Schutzbedürftiges! Wagenreihen, zwischen denen langgezogene Kolonnen marschieren – die Marschordnung aller heutigen Heere setzt Straßen voraus, die es nicht gibt! Ich werde den Troß zerlegen: große Bagage im Rücken, Gefechtsbagage bei der Hand! Das ist ja der Mißbrauch, in welchem alles Leben sich erschöpft, Madame, daß wir uns vor Gedanken scheuen. Wir haben Feuerwaffen, und wir haben die Erfahrungen der Strategen von Karthago, Rom und

Griechenland. Sollen wir tun, als habe die Kriegskunst mit Charlemagne begonnen und geendet?«

Die Schwierigkeiten waren ungeheuerlich. Versprengte mußten gesammelt, Deserteure verfolgt, Marodeurshorden bekämpft werden. Der Frühling war kühl und regnerisch, Zeltleinen war knapp, immer wieder verließen einzelne Abteilungen eigenmächtig das Lager, um sich Quartiere in Dörfern zu suchen. Engländer und Lombarden lieferten sich verlustreiche Schlachten. Das Umland lag wüst, es fehlte an Lebensmitteln und Fourage. In der überfüllten Stadt stieg die Teuerung, Soldzahlungen konnten nur abschlagsweise vorgenommen werden. Neugeschaffene, noch lockere Verbände waren plötzlich gegen die Walliser, den Bischof von Sitten, den Grafen von Greyerz zu schicken, die, von Bern angestiftet und verstärkt, savoyisches Land von Montreux bis Martigny verwüsteten. Mitten aus der Neuformierung heraus mußte Romont in die nordöstliche Waadt gesandt werden, wo als einziger eidgenössischer Ort Bern mit seiner Freiburger und Solothurner Gefolgschaft immer wieder kleine Vorstöße unternahm. Romonts scharf kontrollierte Mitarbeit entbehrte Karl ungern, dennoch hatte er die Gelegenheit benutzt, ihn zu entfernen. Denn hier, auf savoyischem Boden, war Romont nicht nur der ohne Rückfrage gehorchende Soldat, sondern ein Glied, und kein bequemes, des savoyischen Herzogshauses. Seine herrschsüchtige Feindschaft gegen die Schwägerin erregte Karl mehr noch als sonst gerade jetzt, da ihm nichts ungelegener war als innersavoyische Streitigkeiten.

In diesen Frühlingstagen, während die Wiederaufstellung des Heeres fortschritt, während frische Zuzüge aus den niederländischen Provinzen, aus der Pikardie, aus Hochburgund und Lothringen eintrafen und riesige Wagenzüge mit allem Kriegsbedarf anlangten, in dieser Zeit begann sich, wahrnehmbarer von einem Tage zum andern, ein befremdender Verfall in Karls Zügen auszudrücken. Es war, als habe das Brüllen des Stiers von Uri, das bei Grandson in sein Ohr gedrungen war, gehemmt weiterflutend, erst jetzt sein Herz erreicht. Er magerte ab, er aß sehr wenig, obwohl er zeremoniell die langen Mahlzeiten ausdauerte; dafür begann er Wein zu trinken. Endlich brachte der furchtsame, in täglichen Kämpfen mit seinem Herrn schnell alternde portugiesische Leibarzt Lopez ihn dahin, daß er das lärmende Lager auf den Höhen vor der Stadt verließ und nach Lausanne übersiedelte. Von da an empfing Karl ihn nicht mehr, allein, eines Mittags tat er von selbst, wozu Lopez ihn nicht hatte bewegen können, und dies war bestürzender als die Weigerung: er legte sich ins Bett. Bisher hatte er, dem Lausanner Waffenplatz das Mal des Feldlagers aufbrennend, die Nächte gerüstet im Lehnstuhl verbracht.

»Die Frau Herzogin hat ihren Leibarzt geschickt, den Priester Angelo Cato.«

Karl sah mit fieberisch glänzenden Augen auf den meldenden Kammerherrn.

Seine Ärzte pflegte Karl ebenso häufig zu wechseln wie seine Beichtväter. Er beschränkte sie streng auf einzelne Vorkommnisse, auf Erkältungen und Verletzungen, auf Aderlässe, deren Zeitpunkt und Art er der eigenen Wahl vorbehielt, und gab nie seine Gesamtheit preis. Er ließ sie nichts erfahren von seinen stechenden Magenschmerzen, von den Durchfällen, die ihm die geringste Erregung verursachte und denen zum Trotz er nie seine Ernährung änderte. Seine Furcht, von den Ärzten überschaut zu werden, in Abhängigkeit zu geraten oder etwa auf Margaretes Antreiben Liebestränke zu erhalten, barg er hinter Zweifeln an ärztlicher Kunst überhaupt.

Jetzt kam ihm ein Einfall, an dem Fieber, Wesensart und Wünsche gleichen Anteil haben mochten.

Wenn nun Yolande ähnliche Gedanken haben sollte, wie ich sie bei Margarete befürchtete? Ich könnte gerettet werden. Ich habe mich geweigert, einen Mangel meiner Natur zuzugeben. Vielleicht ist er da, vielleicht will sie mich erlösen. Angelo Cato soll kommen.

Angelo Cato erwies sich als ein ruhiger und geschickter Mann. Er benannte die Krankheit mit lateinischem Namen, machte Eisumschläge, setzte Blutegel an, gab Ernährungsvorschriften und bat um Enthaltsamkeit gegenüber allen Geschäften. Medikamente verordnete er nicht.

Einmal in dieser Fieberzeit hatte Karl Besuch von der Herzogin und dem zehnjährigen Philibert. Er erinnerte sich später nur noch ihres orangefarbenen Kleides und der Verlegenheit, die er, wie stets im Umgang mit Kindern, vor dem Erbprinzen empfunden hatte. Er strich ihm über das glattgescheitelte Haar und sagte: »Wir werden einmal zusammen jagen. Später besuchen Sie mich in Brüssel.« Ja, daran erinnerte er sich noch.

Von seinen Paladinen empfing er niemanden. Ihre Sucht, alles zum Gespräch zu machen, dünkte ihn nicht zu ertragen. Er lag sehr still.

»Ich brauche nichts zu tun, ich darf liegen und Gedanken denken. Ich will vergessen dürfen, daß während meiner Krankheit alles falsch gemacht wurde«, sagte er leise zum Kammerherrn von Lalaing, der nachher auf eine Frage des Großbastards antwortete: »Mir scheint, als sei diese Fieberkrankheit die erste fieberfreie Zeit seines Lebens.«

Einmal fragte der Herzog nach Hagenbach, als habe er dessen Tod vergessen. Der Gewandtheit des Kammerherrn gelang es, des Herzogs Frage nachträglich in eine Frage nach dem Bruder des Hingerichteten umzubiegen. Ein anderes Mal befahl er mitten in der Nacht La Sarraz zu sich und fragte: »Hören Sie etwas von Ihrem Schwager Bubenberg?«

»Nein, Monseigneur.«

Am häufigsten aber verweilte Karls Vorstellungskraft bei Yolande von Savoyen. Sein Gedanke: Mit dieser Frau hätte ich Söhne zeugen können, verschob sich in den anderen: Diese Frau hätte mir Söhne geboren. – Karl wußte, daß die Natur nirgends mit plumperer Deutlichkeit die Folge an die Ursache gebunden hat als in dem bewirkenden Verhältnis der Zeugung zur Geburt. Karl empfand mit einem geheimnisvollen Schwindelgefühl, daß er sich aus der Denkbahn aller Brotessenden und Luftatmenden löste, wenn er Margarete ihre Kinderlosigkeit vorwarf; allein, in diesem Schwindelgefühl lag ein Glück. War er nicht immer der Einsame, der Ausgeschlossene gewesen? Warum sollten für ihn nicht auch im Körperlichen andere Gesetze Kraft haben als für die übrigen? Margarete war schuld, nicht er.

Während der Genesungszeit suchte er sich vergeblich auf die Gedanken des Fiebers zu besinnen.

Damals haben sich mir Geheimnisse offenbart. Fände ich sie wieder, so wäre alles gewonnen. Das Leben ist von neuem verschüttet.

Als er wieder zu arbeiten begann, wenn auch noch im Liegen, ließ er viele Messen lesen. Den Priestern wurde gesagt: »Für ein besonderes Anliegen Seiner Hoheit.«

Dies Anliegen hieß: »Schenke mir, Gott, die wohltätige Kraft der Selbsttäuschung, von der alle anderen Menschen leben.« So flehte er ehrlichen Herzens um das, was sein sicherstes Besitztum war, und glaubte sich unerhört. Allein, plötzlich gewahrte er, daß er solcher Erhörung nicht mehr bedurfte. Begannen nicht mit einem Male alle Umstände sich zu seinem Glücke zu schicken? Campo-

basso erschien im Lager, bei Laune und Appetit. Seine Schulterwunde war verheilt, seine Wallfahrt verhieß den lombardischen Kompanien reiche Waffenerfolge. Mit einem Male war auch Doktor Heßler wieder da, in vielen Stücken entgegenkommender als bisher, die hohe Wittumsrente wurde ohne Vorbehalte zugestanden, bei der Hochzeit, am Sankt Martinstag in Köln, sollten der Braut Ehren erwiesen werden, wie sie sonst nur Kaiserstöchtern zukamen. Über die Pfandlande werde man sich in Güte einigen, da Erzherzog Max ohnehin Sigmunds Erbe sei.
Karl merkte, daß der Kaiser es eilig hatte. – Er fürchtet eine Erhöhung meiner Ansprüche nach der Einnahme Berns, dachte der Herzog. Aber ich bin reich genug, um kein Feilschen nötig zu haben.
Von einigen Punkten der Trierer Vertragsentwürfe war nicht mehr die Rede, weder vom Reichsvikariat links des Rheines noch von Kaiser- oder Königskronen. Heßler hatte diese Punkte unerwähnt gelassen. Karl lag nichts mehr an ihnen, er hatte andere Gedanken. Europa hatte ein Dutzend Könige, es stand ihm nicht an, einer von vielen zu sein. Und was war denn ein Kaisertum, das der Wahlstimmen des Kurfürstenkollegiums bedurfte! Es gab ein höheres, ein unbeschränktes, das nur auf der Gnade Gottes und der Erbfolge der Purpurgeborenen ruhte. Wenn er die Türken aus Europa gejagt hatte, würde er das griechische Kaisertum aufrichten, die Einheit der Kirche herstellen und von Konstantinopel aus Morgenland und Abendland beherrschen.
Karl lächelte über Heßlers fast zudringlichen Eifer.
Heßler erhielt beinah täglich ein kaiserliches Handschreiben. Alle wiederholten sie: »Es muß abgeschlossen werden, damit ich für den schlimmsten Fall einen Rechtstitel habe, um Marias Erblande vor Frankreichs Zugriff für meinen Sohn zu sichern.«
Und Heßler hatte ja noch einen anderen Antrieb für seine Tatkraft, nämlich des Kaisers Versprechen, ihm nach vollbrachtem Geschäft den Kardinalshut zu verschaffen. War Heßler allein in seinem Gasthofzimmer, so schlang er sich ein rotseidenes Schnupftuch um den runden Kopf und bestarrte sein Spiegelbild. Schrieb er seine Relationen für den Kaiser, so kritzelte er Hunderte von Malen an den Rand der Entwürfe das berauschende Wort: »Eminenz«.
Eines Abends wurde La Sarraz in des Herzogs Holzhaus befohlen, das genau nach dem Muster des alten angefertigt war.

Karl sagte: »Sie haben der Prinzessin einmal eine schlimme Nachricht bringen müssen, Herr von La Sarraz. Ich bin Ihnen eine Genugtuung schuldig. Sie gehen nach Gent. Vor einer Stunde habe ich den Vertrag unterschrieben, der meine Tochter zur künftigen Kaiserin macht.«

Das Bild

Ich mache das mindestens so schön wie Chateau-Guyon, dachte La Sarraz, als er kniend den Brief küßte, den er zu überreichen hatte.
Es war nicht der Brief allein; Heßler hatte ihm in Lausanne ein Brustbild Maximilians gegeben und ihn gebeten, es als kaiserliches Verlobungsgeschenk mitzunehmen. Der Rahmen war in kunstvoller Anordnung mit Edelsteinen schönen Schliffes, aber mäßiger Größe besetzt.
Maria streckte mit des Vaters Wildheit beide Hände aus, als La Sarraz die Umhüllung abstreifte. Sie machte eine an sich reißende Bewegung wie ein Kind, das eine neugeschenkte Puppenherrlichkeit dem Zugriff der Spielgefährten entziehen will. Gleich darauf lächelte sie, Nässe in den Augen, neigte dankend den Kopf und küßte das Bild mit der Feierlichkeit eines höfischen Reliquienverehrers.
Der Maler schien eine Stunde gereifter Entschlossenheit festgehalten zu haben; das frischfarbige Gesicht mit der kräftigen Nase lag trotzig im Schatten des schrägsitzenden Pelzbaretts.
Stumm, sehr bewegt, zeigte die Prinzesisn das Bild den Damen und Herren ihres Hofstaats. Herzogin Margarete war nicht zugegen, seit zwei Wochen hielt sie sich wieder einmal gastweise in London auf. La Sarraz erkannte ohne Empfindlichkeit, daß dieser junge Erzherzog, der ihn in Trier seinen Freund genannt hatte, dort zum Gegenstand einer Leidenschaft geworden war, wo er selber eine selig mit Verboten und Heimlichkeiten spielende Kinderfreundschaft genossen hatte. Kinderhaft erschienen ihm auch seine Berechnungen von einst, aber kinderhaft wie die Schreibkünste, die man sich auf der Schulbank erwirbt und dennoch ein ganzes Mannesleben hindurch zu nutzen entschlossen ist.
Die Prinzessin nahm seine Glückwünsche mit freudiger Herzlichkeit entgegen, aber offenbar, ohne sie von denen der anderen zu

unterscheiden. In dieser Stunde hätte es der Kragenerhöhung nicht bedurft, um sie schön erscheinen zu lassen.

Maria war nicht mehr das halbe Kind, das die Augen der Frau von Halewyn zu fürchten hatte. Mit Sicherheit verabschiedete sie ihren Hofstaat und blieb mit La Sarraz im Empfangsraum allein.

»Sie sind braun und streng geworden. Sie sind nicht leicht wiederzuerkennen, solange Sie nicht reden. Reden Sie. Erzählen Sie mir von meinem Vater.«

La Sarraz erzählte von Karls Freude über Oliviers Genesung und Ankunft.

»Aber am nächsten Tage hat er ihn schon ausgeschickt, um Marodeure zu fangen, und Herr de la Marche hat das ebenso schön und feierlich gemacht wie einen Gesandtenempfang. Er ist rührend, Prinzessin. Mit was für Augen er Ihrem Herrn Vater nachschaut, auch wenn niemand zusieht!«

La Sarraz mochte Grandson nicht erwähnen, aber Maria fragte ihn selbst:

»Und was haben Sie zu der Schlacht am See gesagt?«

La Sarraz prüfte ihr Gesicht und fand dann, daß er ihr unbedenklich seinen schwer unterdrückbaren, vielkolportierten Ausspruch: »Nous sommes bernés« wiederholen dürfe, in welchem sich die Feststellung: »Wir sind geprellt« mit einer Anspielung auf die glücklichen Preller verband.

Maria lachte unbefangen. Ihr Vertrauen in das Glück des Vaters war an diesem Tage eigenen Glückes unerschütterlich.

»Übrigens dürfen Sie nicht glauben, Prinzessin, Ihr Herr Vater müsse jetzt von Holztellern essen. Der Papst hat mit seinem Segen silbernes Tafelgeschirr zum Ersatz des verlorenen geschickt. Wenn der Segen nur halb soviel wiegt wie das Silber, dann kann nichts mehr fehlschlagen.«

Maria entließ ihn. Als er schon an der Tür war, rief sie ihn zurück und sagte mit einer leichten und reizvollen Verlegenheit:

»Vor zweieinhalb Jahren haben Sie mir auf der Landstraße bei Namur den Brief übergeben. Sicher hat kein Priester so oft den Meßkanon gelesen wie ich diesen Brief. Ich dachte immer: La Sarraz hat dir damit etwas versprochen, La Sarraz wird es schon einlösen. – Ich danke Ihnen, La Sarraz.«

La Sarraz wurde in Gent durch zahlreiche Einladungen ausgezeichnet. Er mußte beim Statthalter speisen, einem sorgenvollen Mann, der ihn fragte, ob er sich von dem Verlöbnis eine starke Wirkung auf die Armee verspräche.

»O ja«, sagte La Sarraz, »besonders auf den Prinzen von Tarent und den Bruder des Königs von England. Obwohl ich am Tage der Unterzeichnung aufbrach, hieß es schon, die beiden wollten mit ihren Hilfskorps wieder nach Hause gehen. Düpierte Freier sind keine überzeugten Bundesgenossen.«

»Und Monseigneur konnte nicht veranlaßt werden, die Bekanntgabe bis nach dem Feldzug zu verschieben?« fragte der Statthalter seufzend.

»Wenn Chateau-Guyon noch lebte, hätte ich ihn mit diesem Auftrag zum Herzog geschickt«, antwortete La Sarraz mit einem gedrückten Lächeln.

Der Kanzler, der La Sarraz in seinen Amtsräumen empfing, wünschte über den Zustand des Heeres unterrichtet zu werden. Wie alle Überlebenden des großen Adelsangriffs hatte La Sarraz sich schnell daran gewöhnt, nach seinem Urteil gefragt zu werden.

»Die Neuerungen mögen genial sein«, sagte er. »Ich fürchte nur, Monseigneur verliert die Geduld und tritt den Vormarsch an, ehe die Armee in sie hineingewachsen ist.«

»Wie denken die Herren des Gefolges?«

»Es gibt überall Schwerfällige und Bewegliche«, erwiderte La Sarraz vorsichtig. »Viele sind überhaupt gegen den Krieg und schlagen statt dessen einen Kreuzzug vor.« Er lächelte. »Die einen sagen sich, bei den Schweizern sei selbst im besten Fall keine Beute zu holen, die ihnen die Verluste von Grandson ersetzen könnte. Andere haben keine Sehnsucht nach den langen Spießen der Eidgenossen. Die meisten gehen auf die Jagd und machen Ruderpartien auf dem See mit den Damen der Herzogin von Savoyen.«

»Und wie beurteilen *Sie* die Aussichten der Unternehmung, Herr von La Sarraz?«

»Gar nicht, Herr Kanzler. Da ich sehe, daß Monseigneur sich durch nichts und durch niemanden von dem Zuge gegen die Schweizer abhalten lassen wird, so schenke ich mir die Mühe, mir eine Meinung zu bilden, die nicht ins Gewicht fiele.«

Bubenberg

Im Berner Rathaus brannten in diesem Frühjahr die Kerzen durch jede der kürzer werdenden Nächte. Gingen die Höker in regnerischer Morgendämmerung zu ihren Krambuden, so sahen sie unter dem Rathausvorbau die lange Reihe der paarweise geordneten Überschuhe stehen. An den Stadttoren wurden fast stündlich die Wachthabenden geweckt, um die Pässe ein- oder ausreitender Eilkuriere zu prüfen.
Es gibt drei Wege von Lausanne auf Bern. Der westliche und weiteste, über Grandson und Neuenburg, schied aus, weil das Sumpfland am Nordende des Sees keinen Transport schwerer Belagerungsartillerie duldete. Der östliche wurde durch Freiburg gesperrt, das seiner Fels- und Flußlage wegen für kaum einnehmbar galt. Verläßliche Spionenmeldungen bestätigten dem Berner Rat seine Annahme, Herzog Karl werde den mittleren Weg wählen, der sich hinter Murten gabelt und zu den Saanebrücken von Gümmenen und Laupen führt. Das kleine Murten, zu den Besitzungen des Grafen von Romont gehörig, jetzt in bernischen Händen, würde also den Weg ins Bernbiet gegen ein Heer zu verteidigen haben, das doppelt so stark war wie die Belagerungsarmee von Grandson. Wilhelm von Diesbach verfügte sofortigen Beginn der Festungsarbeiten und verlegte die Besatzung von Grandson nach Murten.
Schon vor seiner österlichen Schultheißenwahl hatte Diesbachs Gestalt sich aus dem Schatten des toten Vetters zu lösen begonnen. Er bereiste selbst die Orte, vertrat Bern auf den Tagsatzungen und legte den in Luzern versammelten Abgeordneten den bernischen Kriegsplan dar.
»Murten ist Berns und der Eidgenossenschaft, ja der ganzen deutschen Nation Vormauer!«
Die Bundesgenossen, so drängte er, möchten an der Verteidigung teilnehmen oder doch zusichern, gleich bei Beginn der Belagerung auszuziehen, Murten zu entsetzen und den Feind vor der Stadt anzugreifen.
Diesbach hatte nicht die Feuerrede seines Vetters, aber er sprach klar, und seine Gründe waren nicht zu widerlegen. Die Tagboten widerlegten sie auch nicht, sie beriefen sich einfach auf die Bundesbriefe und erklärten: »Murten liegt außerhalb der Grenzen, Murten

geht uns nichts an. Wird altbernisches Gebiet angegriffen, so mag man uns rufen.«

Diesbach wollte auf die Verspätung von Grandson hinweisen, allein, er brach ab, denn diese Erinnerung ließ die Tagboten empfindlich werden, statt sie willig zu machen. Außerdem hatte sich bei den Zuspätgekommenen inzwischen die Meinung gebildet, Grandson hätte sich ohne Mühe bis zur Entsatzschlacht halten können, wenn die bernische Besatzung etwas getaugt hätte.

Arnold ab der Halden von Uri erklärte: »Unsere Männer hüten ihr Vieh in Brokatröcken und lassen flämische Ritterpferde im Geschirr gehen. Aber wer weiß denn, ob diesmal die Beute lohnt? Viel Geld kann nicht mehr dasein.«

Und der Landammann Kätzi von Schwyz nahm Diesbach vertraulich beiseite: »Lieber Freund, hast du je gehört, daß man Männer für Wochen und aber Wochen ins Feld stellen kann, wenn sie daheim ins Heuet fahren müssen?«

Erschöpft berichtete Diesbach in Bern: »Niemand kommt.« Der überanstrengte Mensch begann seine Mitarbeiter mit gereizten Vorwürfen zu bespritzen. Er tobte: »Drüben befiehlt einer, und es wird marschiert!« Ringoltingen erzählte Anekdoten zur Begütigung, kleine bissige und unterhaltende Geschichtchen, welche erweisen sollten, daß auch dort drüben mit Wasser gekocht wurde und daß es, um dies Wasser zum Kochen zu bringen, der nicht immer glücklichen Zusammenarbeit zahlloser Köche und Küchenjungen bedurfte.

Als erster bemerkte Scharnachthal eines Abends, daß im Bubenbergischen Stadthause, das fast zwei Jahre mit geschlossenen Läden finster und still dagelegen hatte, Licht brannte. Er ging sofort zu Diesbach, um ihm seine Wahrnehmung mitzuteilen. Sie riefen die anderen zusammen und besprachen sich bis Mitternacht.

In der Frühe erschien eine Abordnung des Kleinen Rats beim Altschultheißen Bubenberg. Er empfing sie im großen Saal seines Hauses. Es waren Diesbach, Scharnachthal, Wabern, Ringoltingen und der Schatzmeister Fränkli. Diesen hatte man mitgehen heißen, weil er immer für einen geheimen Freund Bubenbergs gegolten und auch seiner Entfernung aus dem Rat widersprochen hatte.

Diesbach als Schultheiß hatte das erste Wort zu sagen. Er suchte einen Ruhepunkt für seinen Blick und fand ihn in Bubenbergs

rechter Schläfe. Sie war gebuckelt und halbverdeckt von einem Streifen noch nicht grau, aber schon farblos gewordenen Haares.
Diesbach begann zögernd: »Wir wissen nicht recht, zu wem wir gekommen sind. Einmal kommen wir zu einem Manne, dem Kränkungen geschehen sind, die seine Gerechtigkeit vielleicht mehr den Zeitumständen zuschreiben wird als einzelnen Personen... und von diesen Personen ist eine nicht mehr am Leben – eine, die dir vielleicht mehr zugetan war, als sie hat zeigen dürfen... Aber wir kommen wohl auch zu dem Haupt einer Familie, die –«
Der alte Fränkli, fast schon eine Sage mit seinem neunzigjährigen Erzvaterbart, rief laut dazwischen: »Bubenberg, du mußt Murten verteidigen!«
Scharnachthal löste sich von den übrigen, trat mit zwei schweren Schritten auf Bubenberg zu und fragte:
»Bubenberg, warum bist du in die Stadt gekommen? Hast du uns erwartet?«
Bubenberg antwortete, ohne einen einzigen anzusehen:
»Wäret ihr nicht gekommen, so wäre ich heute zu euch aufs Rathaus gegangen. Wenn der Herzog auf Bern marschiert, so kenne ich meine Schuldigkeit.«
Auf Ringoltingens Vorschlag war die Ratsstube am nächsten Morgen mit den sonst im Münster aufbewahrten Fahnen geschmückt, die von Gliedern der Familie Bubenberg in früheren Kriegszügen erbeutet worden waren. Die Hüte in der Hand, erwarteten die Ratsherren Bubenberg am Eingang und ließen ihm den Vortritt.
Ohne auf Diesbachs sorgfältig erwogene, behutsame und ehrende Ansprache mit einem Wort einzugehen, erklärte Bubenberg sich bereit. Er verlange zweitausend Mann, darunter ein Drittel Büchsenschützen, ferner im voraus Bewilligung alles dessen, was er an Kanonen, Munition, Baumaterial und Lebensmitteln fordern werde.
Diesbach überflog die Mienen der Anwesenden und erklärte das Einverständnis des Rats.
Bubenberg dankte kurz und fuhr fort:
»Aber ich muß noch andere Bedingungen stellen. Ich habe in Spiez Zeit gehabt, mir über Grandson meine Gedanken zu machen. Darum verlange ich ungeteilten Oberbefehl, Vereidigung der Besatzung und Stadtbürgerschaft von Murten auf meine Person und schon jetzt Genehmigung aller Todesurteile, die ich etwa als Ge-

richtsherr zu fällen und zu vollstrecken für notwendig halte. Dafür bin ich unter Eid erbötig, Murten bis an meinen Tod zu behaupten.«
Einige erregten sich über die unerhörte Schärfe dieser Bedingungen.
Diesbach fragte: »Wird eine Abstimmung gewünscht?«
Scharnachthal stand auf und sagte mit Entschiedenheit: »Mir scheint, es ist in Grandson genug abgestimmt worden.«
Bubenbergs Bedingungen wurden angenommen.
Bubenberg erbat sich noch einmal das Wort.
»Ich habe noch einen dritten Wunsch. Es ist zu vermuten, daß Herzog Karl, wenn er vor Murten rückt, Streifkommandos ausschickt, um die Saaneübergänge zu rekognoszieren. Ich selbst bin entschlossen, eine solche Unternehmung nicht zu hindern. Ich bitte auch die versammelten Herren, sie nicht vorzeitig abzuwehren, sondern nur darauf zu achten, daß die Brücken nicht verlorengehen. Mit dem ersten Büchsenschuß auf eine der Brücken ist bernisches Hoheitsgebiet angegriffen und den anderen Orten der Anlaß zur Bundeshilfe gegeben, dessen ihre sorgsamen Gewissen zu bedürfen scheinen.«
Bei seinem Einzug in Murten fand Bubenberg die Besatzung neben der Landstraße vor dem Berner Tor aufgestellt, die wenigen Reiter abgesessen an den Flügeln. Er begrüßte sie kurz, verlas das Dekret des Rates und nahm sofort die Vereidigung vor. Als er die Leute wegtreten ließ, blieb ein junger Mensch unschlüssig und voller Hemmnisse stehen. Bubenberg ging auf seinen Sohn zu und umarmte ihn.

Murten

In dem belagerten Murten erschien einem jeden etwas anderes als das Schwersterträgliche. Für den jungen Bubenberg war es nicht das Geschützfeuer, nicht das Schanzen an den zerschossenen Bollwerken, nicht der Alarm, der fast allnächtlich seinen Erschöpfungsschlaf zerriß, sondern der Blick über den Murtensee hinüber auf den Wistenlacher Berg. Dort drüben lagen Uferdörfer im Sonnenschein. Winzige grüne Vierecke bewegten sich, es mußten Heuwagen sein. Zwischen zwei Schüssen war Glockengeläut zu hören. Es gab keinen Tod dort drüben, nicht diesen furchtbaren Kampf

mit der Schläfrigkeit, niemand schrie, niemand schoß. Einmal glaubte er etwas wie einen Leichenzug zu erkennen. Ja, starben denn auch dort Menschen, durften sie sich unterstehen, auch dort zu sterben, im Paradiese?
Anderen war das Härteste der Gedanke an die Boote. Der Murtener Hafen, sicher innerhalb des Befestigungssystems liegend, enthielt eine große Menge von Fahrzeugen, denn der Altschultheiß hatte Sorge getragen, sich rechtzeitig aller erreichbaren zu versichern. Allein, sie waren an Ketten geschlossen, und Schlüssel, Ruder, Segel bewahrte der Altschultheiß in einer versperrten Kammer neben seinem Schlafzimmer. Nur langsam brachte der Feind eine geringe Zahl von Wachtbooten zusammen. Über den See, die Broye, den Neuenburger See, die Zihl und den Bieler See bestand eine ungehinderte Verbindung mit Bern. Das war am schwersten zu sehen, wie Boote ein- und ausliefen, Boote, die Fleisch, Habermehl, Brot, Wein und Schießpulver gebracht hatten und leer zurückfuhren. Ein- und Abfahrt jedes Bootes überwachte Bubenberg in eigner Person, jedes nach Bern abstoßende durchsuchte er; einmal fand er einen Versteckten, zerrte ihn hinaus und ließ ihn ertränken.
In der zweiten Woche der Belagerung fand der Altschultheiß seinen Sohn, der auf der Ringmauer abgelöst worden war, lesend in seinem Zimmer auf dem Schloß. Der Altschultheiß erkannte mit Bewegung das kostbare Stundenbuch, er hatte es manchmal auf Karls Nachttisch liegen sehen.
»Ist das aus deinem Beuteanteil von Grandson?« fragte er.
»Nein, ich habe es von einem anderen gekauft.«
»Wieviel hast du gegeben?«
»Vier rheinische Gulden.«
»Hier hast du zehn.«
Der Altschultheiß nahm das Buch und ging an seinen Schreibtisch. Einige Minuten blätterte er, hier und da ein Bild betrachtend, einen Satz lesend. Dann schrieb er auf die erste Seite seinen Namen, strich ihn aus und setzte den des Herzogs darunter. Nachts warf er das Buch von einer vorgeschobenen Bastion in die burgundischen Laufgräben und fühlte schwermütig, daß dies vielleicht der letzte Gruß war, der von ihm zu Karl gelangte. Am Morgen wurde das Buch dem Herzog in sein Holzhaus gebracht.
Dies Holzhaus stand auf dem Bois Domingue, einem Hügel in-

mitten des Lagers, eine halbe Stunde südlich der Stadt. Von hier aus umfaßte der Blick des Herzogs nicht nur das Lager mit seinen Verschanzungen, Zeltreihen und Krambuden, sondern auch das längliche Rechteck der Stadt auf dem niedrigen, nur gegen den See steil abfallenden Hügel. Karl übersah den dreifachen Wall- und Bollwerkgürtel, den der Stadtkommandant in wenigen Wochen nach Niederreißung der Vorstadtbauten und des Katharinenklosters errichtet hatte; er übersah das kunstvolle Laufgräbensystem des Großbastards; er übersah die sattgrüne weite Ebene im Westen und das waldbegrenzte Hügelland im Osten bis an die Hochfläche zwischen Altavilla und Salvenach, deren Äcker in der Berner Richtung die lange Feldbefestigung durchschnitt. Mit jedem einzelnen Punkt seines Blickfeldes verbanden ihn Winksignale, verbanden ihn die Galoppsprünge seiner Meldereiter und Befehlsüberbringer. Die einzige Stelle, die sich vom Holzpavillon aus nicht überblicken ließ, war Murtens Nordostseite, wo zwischen dem Berner Tor und dem Fischerdorf Muntelier Romonts riesige Belagerungskanonen Turm um Turm, Mauerstück um Mauerstück langsam zu Trümmern schossen.

Hierhin ritt Karl dreimal, viermal des Tages. Mitten in der Nacht erschien er, Schrecken verbreitend, in den Laufgräben, schlug Langsame mit seinem goldgeschmückten Ebenholzstock, packte Hauptleute bei den Schultern und schüttelte sie schreiend.

Ich sehe viel, viel weiter aus den Fenstern meines Pavillons, als jemand ahnt, dachte er. Ich sehe die schlotternden Männer im Berner Rathaus, ich sehe die Schultheißen und Landammänner der eidgenössischen Orte, die ihre Banner nicht aufbieten wollen, bevor es zu spät ist. Ich sehe Ludwig vor seinen bleiernen Heiligen wimmern, ich sehe die Prozessionen in Dijon und Brüssel um meinen Sieg beten, ich sehe durch die Mauern und Panzerhemden von Murten die flatternden Herzen ... Ich sehe die Augen der savoyischen Herzogin, die heißer an mich glaubt als alle anderen, ich sehe ihren Sohn mit dem glatten Haar, den ich zum glanzvollsten meiner Vasallen machen werde. Ich sehe die rote Frühsonne über dem Türkenmeer aufsteigen und meinen Kaiserthron entzünden.

Aber es war irgendwo ein Stück Finsternis, etwas, von dem er fühlte, daß es seinen Blick abprallen ließ, er konnte nur nicht erkennen, wo es lag.

Jetzt, da ihm bei der Morgenmahlzeit sein Stundenbuch überreicht wurde, hatte er das Gefühl, plötzlich gegen diese ernste und undurchdringbare Finsternis gerannt zu sein. Er stand rasch auf, winkte seiner Tischgesellschaft, sich nicht stören zu lassen, und ging ins Arbeitskabinett.

Der Herzog schrieb hastig:

»Habe Dank, mein Adrian, für das Buch, das mich, wiewohl auf eine stumme Art, Deiner alten Freundschaft versichert. Wüßte ich nur, wie es geschehen könnte, so möchte ich Dir wohl meinen Dank anders ausdrücken als in bloßen Worten! Wir sind einander so nahe, Adrian, wie wir es seit den Luxemburger Tagen nicht gewesen sind. Ich fordere Dich nicht mehr auf, mir die Stadt zu übergeben. Ich bitte Dich nur, komme zu mir mit sicherem Geleit, für eine einzige Stunde nur! Es soll Stillstand sein so lange, und Deinen Handlangern magst Du sagen, wir verhandelten, gleich wie ich es tun werde. Ich habe Gedanken, die auf eine Veränderung der Welt abzielen, Gedanken, neben denen Murten und Bern kleine Dinge sind. Ich muß mit Dir reden, Adrian. Seit ich Lausanne verlassen habe, bin ich ganz allein.«

Den Brief schoß ein Schütze von der englischen Bogengarde über die Mauer bei der Marienkapelle.

Der Nagelschmied Schürlin von Bern sah ihn auf das spitze Schindeldach des Wehrganges niederfallen, kroch hinauf und holte ihn.

Zettel mit Drohungen und Schimpfworten wurden oft in die Stadt geschossen. Dies aber war ein gesiegeltes Schreiben. Schürlin lief zum Schloß, in dessen Hof der Altschultheiß den größten Teil der Besatzung hatte antreten lassen.

Bubenberg stand in der grellen Sonne vor ihnen auf der Freitreppe und hielt bereits einen Brief in der Hand. Er sprach hinunter auf die Reihen der Männer, hinein in die verbrauchten Gesichter mit den dunklen Erschöpfungsringen um die fiebrigen Augen.

»Es hat in der vergangenen Nacht einer von euch versucht, die Kammer zu erbrechen, in der ich das Schiffsgerät aufbewahre. Ich will nicht nachforschen, wer es war. Vorgestern, nach dem letzten Sturm gegen das Nordbollwerk, habe ich die ersten Worte von Übergabe und von Rückzug über den See gehört. Der Ratsbote, der heute früh ankam, hat mir dieses Schreiben gebracht.«

Er verlas mit seiner kräftigen, strengen Stimme den Brief. Der Berner Rat benachrichtigte ihn von dem zurückgeschlagenen burgundischen Vorstoß gegen die Brücken und von dem Beschluß der eidgenössischen Orte, den Bündnisfall für gegeben zu erklären und die Auszüge zum Marsch auf Murten aufzubieten.

Herzog Karl, der die Südwestbatterien besichtigte, hörte plötzlich vom Schlosse her das wilde, freudige Aufschreien einer großen Kehlenzahl und konnte es sich nicht versagen, an einen geheimnisvollen Zusammenhang zwischen diesem Freudenausbruch und jenem Brief, den er an Bubenberg geschrieben hatte, zu glauben.

Bubenberg wartete geduldig, bis es still wurde. Dann fuhr er fort: »Ich sage nicht, daß sie morgen kommen werden, und nicht, daß sie übermorgen kommen werden. Aber sie kommen. Ich habe euren Eid, und ich habe die Gewalt über euer Leben und euren Tod. Aber wie ich nichts vor euch habe voraushaben wollen, so will ich euch auch an diesem Recht teilnehmen lassen.«

Er hielt inne und bildete den nächsten Satz, ehe er ihn aussprach. Die Leute sahen ihn erwartungsvoll an.

In diesem Augenblick lief Schürlin auf ihn zu und schwenkte ihm den Brief entgegen. Bubenberg erkannte das persönliche Siegel des Herzogs und die gewaltsam hingeschleuderten Buchstaben der Aufschrift. Es war ihm, als sei die letzte Freude seines versteinerten Lebens in seine Hand gelegt worden.

Er wog im Weitersprechen den uneröffneten Brief, hinter dem er das Herz von Burgund, das Herz der Ritterwelt, das Herz seiner Jugend schlagen fühlte.

»Ich gestatte und ich befehle, daß von jetzt an jeder jedem mit dem Spieß ins Gedärm fährt, der von Unterhandlungen zu sprechen beginnt, und wenn es mein Sohn wäre, ohne Gericht und auf der Stelle, und es soll nur eines einzigen Zeugen bedürfen, um zu gelten, als sei es ein richterliches Erkenntnis.«

Dann hob er den Brief in die Höhe und wendete ihn, so daß jeder das große, noch unverletzte Siegel sehen konnte. »Hier wird mir ein Brief des Herzogs gebracht«, sagte er und riß ihn vor aller Augen durch, einmal, zweimal, viermal. Die kleinen Fetzchen flatterten träge über die Treppenstufen.

Herzogsreise

Als Chiffron von den Erbgütern der verstorbenen Gräfin heimkehrte, kam er gerade noch rechtzeitig, um René einen Entschluß auszureden; es kostete Mühe, aber zuletzt gab René nach.
»Sie müssen einsehen, Monseigneur, daß es ein Wahnsinn wäre, wollten Sie sich jetzt an die Spitze einer lothringischen Erhebung stellen! Verpflichten Sie sich die Eidgenossen, nehmen Sie an ihrem Auszug teil, sie sind gerührt über jeden Reiter, der zu ihnen stößt. Auf den Ausgang kommt es nicht an: schlägt Karl die Schweizer, so haben Sie Lothringen eine unnütze Ächterei und Schlächterei erspart. Wird er geschlagen, so ist die Zeit für den Marsch auf Nancy da, zu dem Sie dann auf Schweizer Spieße rechnen können.«
Chiffron löste, ehe er selbst verkleidet nach Lothringen ging, die schwierigste Frage: die, wie René den Kriegsschauplatz erreichen könne.
Ludwig, dem der Friede von Soleuvre für Gesandtschaften und Warenzüge das Geleitsrecht durch Lothringen zugesichert hatte, machte sich ein Vergnügen daraus, dieses Geleitsrecht zur Verstärkung des schweizerischen Aufgebots auszuüben. Craon erhielt den Befehl, mit ausreichenden Streitkräften den Herzog René und seine Reiter sicher durch Lothringen zu führen, aber alle Händel mit burgundischen Besatzungstruppen zu vermeiden.
Von Joinville brachen sie auf. Der Weiberhof winkte lange. René winkte zurück, auch als niemand mehr zu erkennen war, um der peinlichen Anfangsunterhaltung mit dem neben ihm reitenden Craon überhoben zu sein.
Nach drei Vierteljahren gelangte er zum ersten Male wieder auf den Boden, welcher der seine war. Ein Fürst des Heiligen Reiches, ritt er unter fremdem Namen, fremdem Geleit durch die Fülle des lothringischen Frühsommers. Die Weizenfelder der welligen Hochfläche wogten silbern und grün; in feuchtriechenden Wäldern drängten sich wild und üppig alle Bäume der lothringischen Erde zusammen; auf den obstbestandenen Dorfwiesen summte es von den Bienenstöcken; an den abseits stehenden Gemeindebacköfen sangen die heizenden Weiber ihre eintönigen Kehrreime; abends huschten Hexen und Irrlichter um schwarze tote Wassertümpel im Heidekraut. Es war Sonntag, die Bauern standen nach dem Hochamt um die Dorfulme vor der Kirche. René mußte sich Ge-

walt antun, um nicht vom Pferde zu springen und auf sie zuzulaufen. – Ich will mich ja nicht zu erkennen geben, sie sollen mir ja keine Ehren tun, ich will sie ja nur nach ihren Ferkeln fragen, nach Wildschäden und Rübenstand und ob sie heuer nicht wieder eine Fischpest im Fluß haben.

Er dachte an den Ritt, den er mit dem jungen Campobasso von Joinville nach Luxemburg hatte tun müssen, einen Ritt, an dessen Ende sein erstes Zusammentreffen mit Herzog Karl stand. Die burgundischen Truppen, mit denen René es bisher zu tun gehabt hatte, waren von Karls Heerführern befehligt worden; zum ersten Male zog er jetzt zu einem Kampfe aus, bei dem Karl in Person sich auf der anderen Seite befand. Würde er ihm selber begegnen, vielleicht gar mit ihm handgemein werden? Seine Gedanken streckten sich leidenschaftlich der Gestalt dieses Feindes entgegen. Er stellte sich die heimlich geliebten Züge vor Augen und meinte hinter ihnen eine verborgene Schwermut zu erkennen, die ihn bewegte, ja ihn erschütterte, einen schmerzlichen Durst der Seele, der keiner Stillung fähig war. Wäre die Macht über die Weltgeschicke in seine, Renés, Hände gelegt, so würde er, dies fühlte er mit der Süße eines plötzlichen Schreckens, diesen Durst stillen und Karl die Herrschaft der Erde überantworten müssen; vielleicht wäre aber auch diese Gabe zur Stillung jenes Durstes nicht vermögend gewesen.

René scheuchte die Gedanken von sich, wohl wissend, daß er ja nicht Karl und Lothringen zugleich haben konnte. Er hatte wählen müssen, und er hatte gewählt.

Selten sahen sie in den Ortschaften burgundische Waffenknechte, alle entbehrlichen Truppen waren südwärts gerufen worden. Nur Nancy hielt Herr von Bièvre, ein maßvoller und vornehmer Mann, der von niemandem gehaßt wurde, mit starken Streitkräften besetzt. Nancy wurde umgangen, erst in St. Nicolas-du-Port, oberhalb von Nancy an der Meurthe gelegen, erreichten sie wieder die große Straße.

St. Nicolas-du-Port ist eine Stadt der Wunder und Wallfahrten, der Messen und Märkte. Es gibt Badehäuser und Läden, große Gasthöfe mit allen Bequemlichkeiten. Täglich kommen dienstfreie Offiziere und Mannschaften der Nancyer Besatzung herübergeritten. In allen Herbergen liegen Burgunder, auf allen Straßen spazieren sie mit Mädchen. René übernachtet im Einhorn, im rechten

Nebenzimmer schläft Craon, im linken schlafen deutsche und italienische Söldneroffiziere des Herzogs von Burgund. René hat Craon versprechen müssen, jeder Berührung mit den Einwohnern aus dem Wege zu gehen. Nachts raschelt und rauscht es durch seinen Schlaf. Beim Erwachen sieht er, daß von der Straße her Haufen von Blumen durch das offene Fenster geworfen worden sind.

Vor dem Aufbruch ging René zur Frühmesse. Dem Werktage zum Trotz war die große Wallfahrtskirche dicht voll. Nur das Herzogsgestühl stand leer. René kniete mitten unter der Menge. An seinem rechten Ärmel spürte er eine streichelnde Bewegung. Er sah zur Seite und gewahrte eine kleine alte Frau in schwarzem Umschlagetuch, die den Kopf mit den hellblauen Augen rasch wie ein Ertappter abwandte. René hielt sie etwa für die Witwe eines jener Handwerker, die Andenken für die Pilger herstellten. Nach einer Weile fühlte er, wie seine gefalteten Hände erfaßt und geöffnet wurden, etwas Hartes schob sich zwischen sie. René sah hin, es war ein praller Geldbeutel, auf dem ein kleines kupfernes Niklaskreuzchen lag.

»Kaufen Sie sich Schießpulver, Monseigneur«, sagte die Alte leise und gleichsam beschämt. René fühlte einen aufschnellenden Druck im Halse, er ergriff die verknitterten, blaugeäderten Hände, die sich im Tuch verkriechen wollten, und küßte sie.

In der Saarburger Gegend half kein Verleugnen mehr. Aus den Dörfern kamen geschmückte Karren mit Lebensmitteln, an den Häusern der Bauernvögte hingen Fähnchen in den herzoglichen Farben. Arme Landedelleute brachten René ihre Söhne. Der Graf von Bitsch kam aus seinen Wäldern geritten, schmutzig und wüst. »Ich komme mit, Monseigneur!« rief er schon von weitem und drängte sein brabantisches Beutepferd rücksichtslos an Craon vorüber.

Craon kehrte an der Grenze um. René und seine dreihundert Reiter legten als Feldzeichen wieder die gelben lothringischen Doppelkreuze an. Vor Straßburg empfingen Bischof, Bürgermeister und Ratsherren den verbündeten Herzog. Beim Einreiten läuteten die Glocken. René erfuhr vom Ausmarschbeschluß der eidgenössischen Orte. Das Straßburger Kontingent war schon aufgebrochen. Zwischen Bern und Gümmenen überholte er im klatschenden Regen den Zürcher Auszug, der seit drei Tagen erschöpft durch aufgeweichte Straßen stapfte, von reitenden Boten immer wieder um Eile gemahnt.

In Dunkel und Nässe kam René mit seinen Reitern über die Saanebrücke, nachts irrten sie durch die Ulmitzer Wälder, fragten sich von einem Dorfhaus zum andern. Gestörte Schläfer schrien aus Scheunen und Stuben: »Kein Platz mehr! Was für ein Herzog? Scheiß auf deinen Herzog! Er soll zu den Hauptleuten gehen, ich will schlafen, bin sechzehn Stunden marschiert! Der Herzog kann mich...«
René lachte über das Geschimpf, glücklich wie ein Hüterjunge, mit dem der Bauernvogt einen Sonntagsspaß macht.
In einer großen Stube mit scharfriechenden Zwiebelschnüren an den Wänden, im Dunst feuchter Kleidungsstücke, im stinkenden Qualm der Kienspäne fand René endlich die Führer, manche darunter, die er von Gesandtschaften und aus dem Felde kannte, den Grafen von Thierstein, Scharnachthal, Hallwyl, Diesbach, Waldmann, Haßfurter. Einige sprangen auf, als sie ihn erkannten, andere blieben sitzen; es gab Höflichkeit und Herzlichkeit, Derbheit und Zurückhaltung. Jemand führte ihn zur Ofenbank, er saß eingeklemmt, hatte Wein, Brot und Käse vor sich und war hungrig, müde, glücklich und erwartungsvoll. Er verstand die Mundarten nicht, Thierstein dolmetschte, aber manchmal brach er ohne Rücksicht mitten im Satze ab, um eine Äußerung nicht zu verlieren oder unwidersprochen zu lassen. Vieles blieb René unverständlich, zuletzt erklärte ihm Thierstein, er solle die Reiterei des rechten Flügels führen.
Beim Morgengrauen, in dünnsträhnigem, kaltem Regen setzten sich die Reiterpatrouillen in Bewegung. Es war der Tag der heiligen zehntausend Ritter.

Die Schlacht

Der Altschultheiß Bubenberg hatte Botschaften aus Bern; er kannte den Krieg, das Gelände, Herzog Karl und seine Armee. Mit solchen Kenntnissen folgte er vom Schloßturm den Begebenheiten auch in jene Geländestücke, die seinem Blick durch Kuppen und Baumwuchs verhüllt waren.
Das Bombardement durch die Belagerungskorps des Großbastards und Romonts dauerte an und wurde erwidert; allein, Stürme waren nicht mehr zu erwarten, denn beide Korps hatten Truppen an das zur Feldschlacht bestimmte Haupttheer abgeben müssen. Bu-

benberg wußte, daß die zerschossenen Werke, aller Nachtarbeit zum Trotz, einen neuen Generalsturm nicht mehr bestanden hätten.
In der Morgendämmerung des Zehntausend-Ritter-Tages war er auf den Turm gestiegen, ganz allein; denn er meinte kein Gesicht erleiden zu können. Ein Stockwerk tiefer hockten ein paar Leute, denen er dazwischen Befehle zur Weitergabe zurief.
Einen Tag um den anderen hatte er beobachtet, wie das Lager in Alarm geriet, wie die Truppen singend ausmarschierten, den erwarteten Eidgenossen entgegen in die Feldbefestigungen; er hatte gesehen, wie sie am späten Nachmittag stumm ins Lager zurückkehrten; an Haltung und Marschtritt glaubte er ihren Mißmut, ihre Müdigkeit zu erkennen.
Auch im grauen Regen dieses Morgens sah er sie ausrücken und nach sechs Stunden triefend zurückkehren, ohne daß ein Schuß gefallen wäre. Der Nebel hinderte die Sicht, dennoch erkannte sein geübtes Auge, daß in den Feldschanzen starke Wachabteilungen zurückgeblieben sein mußten. Im Lager wurde abgesattelt und gekocht.
Bubenbergs Gedanken suchten Karl hinter den Wänden des hölzernen Pavillons auf dem Hügel. Er bildete sich ein, die Mienen der Korpsführer zu sehen, die dem Herzog Vorschläge machten oder gar Ratschläge geben wollten und schroffer Abweisung begegneten.
Aus der Nebelgegend der Vorposten und der Feldbefestigung galoppierten Meldereiter auf das Lager zu, sprangen oben von den Pferden, rannten ins Holzhaus. Offenbar war die eidgenössische Spitze am Waldrand gesichtet worden.
In Bubenbergs Hirn und Mund bildeten sich Schreie, die diesseits der Lippen blieben.
»Monseigneur! Karl! Hannibal! Alarm! Marschbefehl! Diesmal sind sie da! Höre auf deine Hauptleute!«
Wird Karl hören und glauben, wird er auf der Stelle die hungrigen nassen, müden Männer abermals ausrücken lassen?
Bubenberg nötigte sich zur Rückkehr in die Stetigkeit seiner Obliegenheiten. Er verließ den Turm zum Rundgang um die Festungswerke. Er besichtigte die Ausbesserungsarbeiten, prüfte das Richten der Geschütze, ermunterte und rügte. »Mögen sie schießen«, sagte er. »Stürmen werden sie heute nicht. Heute nicht und nie mehr.«

Der Regen war schwächer geworden, Sonnenstreifen fielen über den See, die Wölbung des Farbenbogens band zwei ferne, krieglose Länder aneinander.

»Sie kommen, sie kommen!« riefen die Posten auf den Ringmauern. Von Osten her dröhnte dumpfes Angriffsgeschrei, Stier-, Kuh- und Harsthörner heulten, dann krachten Kanonen und Handbüchsen.

Bubenberg klappte das Helmvisier herunter. Niemand sollte sein Gesicht sehen. Er verließ das Nordbollwerk, er ging müde durch die Große Straße zum Schloß. In den Laubengängen liefen erregte Menschen. Frauen schluchzten an den Fenstern. »Sie kommen! Sie kommen! Herr Altschultheiß, ist es wahr?«

Bubenberg nickte. Er war plötzlich alt geworden, achtzig Jahre, neunzig Jahre, hundert Jahre.

Das Geschrei war verstummt. Nur die Kanonen schossen noch, dann waren auch sie still: der erste Angriff der Schweizer schien abgeschlagen.

Vom Turm aus sah Bubenberg die wilde Bewegung im Lager. Menschen wimmelten durcheinander, Pferde wurden vorgeführt, die Bogenschützengarde ging ins Gefecht.

Mit einemmal war der Lärm wieder da, das Gebrüll schien näher, es brauste über das Wilerfeld, Reitertrupps galoppierten über die Hügel, Bubenberg erkannte im Getümmel österreichische und lothringische Fähnchen. Die Feldbefestigung war umgangen, gestürmt, Verfolger, Flüchtende, nachziehende Verstärkungen verknäuelten sich, die Knäuel standen still, wirrten sich durcheinander. Endlich wälzten sie sich dem Lager zu, schon hatte die Bewegung das Belagerungskorps des Großbastards vor der Murtener Schloßseite erfaßt.

In den Straßen, im Schloßhof wurde gelärmt.

Bubenbergs Sohn sprang keuchend die Turmstufen hinan.

»Den Ausfall, Vater!« schrie er. »Sie verlangen den Ausfall! Befiehl den Ausfall, Vater!«

Bubenberg antwortete langsam, ohne das Visier zu öffnen. Seine Stimme kam wie aus einem anderen Zimmer.

»Ich bin hergekommen, um Murten zu halten, und ich habe es gehalten. Aber ich bin nicht hergekommen, um dem einzigen Mann, von dem ich Freundschaft erfahren habe, in seinem Unglück nachzuhetzen. Ich bin nicht hergekommen, um mich mit Zürcher

Wollweberknechten und Unterwaldner Viehhütern in Mehlsäcke und Pferdegeschirr aus der burgundischen Beute zu teilen. Das sage ich dir, und das werde ich dem Kleinen Rat sagen, wenn er mich fragt. Den Leuten da unten, deren Köpfe für die Wahrheit nicht gemacht sind, magst du sagen, ich könne nicht ausfallen, solange Romonts Kanonen noch vor dem Berner Tor stehen.«

NEUNTER TEIL

Die Notbrücke

Als Herzog Karl mit hundert Pferden in das zwei Meilen vor Genf am Fuße des Jura gelegene Gex einritt, war Yolande von Savoyen schon seit vier Stunden über den Ausgang der Murtener Schlacht unterrichtet. Von diesen vier Stunden hatte die erste der Schwäche gehört. Als sie dann Bonnivard, Cara und Mercurino, die einzigen ihrer Räte, die ihr nicht eines geheimen Verständnisses mit Romont verdächtig schienen, ins Erkerzimmer des Schlosses rufen ließ, da waren keine Tränenzeichen mehr zu sehen.
»Solange der Umfang der Katastrophe noch nicht feststeht...«, sagte Pietro Cara, als habe er eine Scheu, schon jetzt die Unwiderruflichkeit des Unglücks anzuerkennen und die Herzogin ihr gegenüberzustellen.
Yolande fiel ihm ins Wort: »Es kommt nicht darauf an, ob es achtzehn- oder neunzehntausend Getötete sind.«
»Ich pflichte der Hoheit bei«, erklärte Mercurino, der jüngste der drei Männer, »es gibt nur die eine Frage, ob Monseigneur imstande ist, den Feldzug zu erneuern. Aber angesichts der Unmöglichkeit, bei Monseigneurs Charakter im voraus –«
Im Gesicht der Herzogin stieg ein zarter Blutnebel auf, zog sich zusammen und stand, scharf getrennt von der hellen Haut, auf beiden Gesichtshälften.
»Es liegt kein Grund vor, des Herzogs Charakter den Gegenständen dieses Gesprächs zuzuzählen«, sagte sie heftig.
Es gab eine geringe Pause flüchtiger Verwunderung. Dann wogen sie die Hilfsmittel und die Leistungswilligkeit der burgundischen Provinzen; sie wogen die Lage Savoyens zwischen Frankreich, Burgund, Mailand und der Schweiz, eine Lage, die es immer wieder nötig machte, der gefährlichen Feindschaft des einen die nicht ungefährlichere Freundschaft des anderen entgegenzusetzen; sie wogen die Bestrebungen Romonts, der die Herzogin bereits einmal

unter einen von ihm und seinen Brüdern abhängigen Regentschaftsrat gezwungen hatte.

Mercurino drängte: »In jedem Fall, Madame, kehren Sie nach Turin zurück. Gex liegt zu nahe an der burgundischen Grenze. Die Geste wird verstanden werden.«

Bonnivard, der Alte, hatte sich bis jetzt zurückgehalten. Nun bemerkte er vorsichtig: »Der Kessel brennt durch, Madame. Wir werden trachten müssen, rechtzeitig die Suppe herauszuschöpfen, auch wenn sie dünn geblieben ist. Savoyen darf nicht hungern.«

Er verstummte. Aber die Fältelung seiner Stirn, der Ausdruck seiner Augen, die Bewegung seiner Lippen, denen man es ansah, daß ein fast zahnlos gewordener Mund hinter ihnen lag, dies alles ließ erkennen, daß er sich anschickte, etwas Wichtiges auszusprechen. Yolande, Cara und Mercurino blickten ihn voller Erwartung an. Langsam hob er den gebückten weißhaarigen Kopf, langsam löste er den Oberkörper von der Lehne seines Sessels, richtete ihn auf und neigte ihn vor. Dann sagte er:

»Ihr Herr Bruder von Frankreich, Madame, ist der einzige, der uns einen erträglichen Frieden mit den Schweizern verschaffen kann.«

Der alte Mann hatte eine zarte Art der Bitte, auch wo er glaubte, vom Dämon der Begebenheiten mit der Überbringung eines Ultimatums beauftragt zu sein.

Mercurino und Cara hatten eine leidenschaftliche Antwort der Herzogin erwartet. Yolande hob sich plötzlich aus ihrer Nachdenklichkeit und sagte entschlossen:

»Ich muß Ihnen eine Mitteilung machen, meine Herren. Als der Herzog von Lausanne ausmarschierte, habe ich nach fünf Jahren zum ersten Male einen eigenhändigen Brief an meinen Bruder geschrieben.«

Bonnivards Stirn glättete sich. Er lehnte sich zurück, als brauche er, nun er dies erfahren hatte, von seinem abgenutzten Körper keine Anspannung mehr zu verlangen.

»Und der König? Die Majestät?« fragten Cara und Mercurino gierig.

Yolande lächelte. »Nun, Sie kennen ja seine Art, sich über Dinge zu äußern, die noch nicht reif sind.«

»Wenn ich recht verstehe, Madame, so werden Sie jetzt abermals schreiben?« fragte Bonnivard leise.

Yolande sah über die vorgeneigten Köpfe hinweg.

»Ich habe mit diesem Brief eine Notbrücke gebaut oder doch zu bauen begonnen«, antwortete sie endlich. »Wie schwer der Bau mich angekommen ist, weiß keiner von Ihnen. Verlangen Sie nicht, daß ich diese Brücke beschreite, solange irgendein anderer Weg noch gangbar bleibt.«
Cara saß den Erkerfenstern zunächst, durch die man rechts auf die Genfer, links auf die waadtländische Landstraße hinuntersah.
»Monseigneur!« sagte er plötzlich.
Ganz fern waren Reiter zu sehen, es mochten tausend Mann sein. Die Zahl minderte sich rasch, in jedem Dorf wurden Quartierabteilungen ausgeschieden.
Yolande lief dunkelrot die Freitreppe hinunter. Hinter ihr drängten sich die Kinder; dem vor Ermüdung taumelnden Olivier schienen es hundert zu sein.
Herzog Karl sprang leicht aus dem Sattel, den er seit dreißig Stunden kaum verlassen hatte. Er küßte Yolande die Hand und sagte raunend: »Gott hat mich mit dem Glanz eines großen Unglücks gesegnet.«
Ich kann ihn nicht lassen, ich kann ihn nicht lassen, dachte die Herzogin.
Karl verlangte nichts als ein Glas Wasser. Dann ging er mit Yolande in ihr Arbeitskabinett. Es war ihm keine Erschöpfung anzumerken. Erstaunt, fast zweifelnd, fand Yolande plötzlich das schöne Knabenlächeln aus früheren Jahren wieder.
»Sie müssen alles vergessen, was Sie bisher von mir wußten, Madame.« Er ergriff eifrig, mit zutraulicher Bitte, ihre Hände. »Ich muß Ihnen etwas erzählen. Als Kind habe ich mich einmal sehr erschreckt, in Dijon. Ich war meiner Aufsicht entlaufen, wie, weiß ich nicht mehr. Genug, ich geriet endlich in die Schloßküche. Denken Sie sich einen hohen, gewölbten Raum von der Größe eines Kapitelsaales, ungeheure offene Kamine mit lodernden Flammen, weiße Männer huschen umher, schwarze schüren die roten Feuer mit langen Riesenstangen. Ich habe geschrien, ich habe nächtelang davon geträumt, ich habe es nicht glauben wollen, daß alle Süßigkeit im Schrecknis bereitet wird. Aber es ist so, bei Gott, heute weiß ich es.«
»Alles Schrecknis stammt aus der Süße«, flüsterte Yolande verzweifelt. »Das Leben wäre ohne Schrecken, wenn wir mit der Liebe zur Bitterkeit geboren wären.«

»Ich habe nicht gewußt, wie man leben muß!« fuhr Karl fort, ohne sie gehört zu haben. »Ich war in der Aussonderung, ich hatte nicht teil, wie alle anderen Menschen teilhaben. Ich war ja kein Mensch, ich war nur ein Erdenker, ein Täter und Erträger. Meine Genugtuungen gehörten mir allein. Vielleicht war ich ein leerer Harnisch. Nun ist ein wunderbares Unglück gekommen.«

Worüber redet er? Warum spricht er nur von sich? Nur von sich? dachte Yolande geängstigt.

Sie hob ihr Gesicht zu dem seinen, sie erkannte durch einen Tränennebel dies schöne, bleich leuchtende Antlitz, und dieser eine Blick genügte, um ihn zu rechtfertigen. Ja, er war wichtig, es gab nichts Wichtigeres als ihn!

Endlich fand er zum Staatenschicksal zurück. Als seien es Nebendinge, entwickelte er ihr die unterwegs erdachten Pläne. Über die Ursachen des Unglücks ging er rasch hinweg. »Ich habe meinen Adel verwöhnt, darum versagte er. Von jetzt an werde ich mit italienischen Soldtruppen fechten.«

Yolande erschrak bei diesen Worten. Der Adel verwöhnt, der durch ein kostspieliges Hofleben ruiniert und drei Jahre lang kaum aus dem Sattel gekommen war?

»Ich werde von meinen Ständen den dritten Mann und den dritten Taler verlangen. Das neue Heer stelle ich in Hochburgund auf. Und denken Sie, die große Geldsendung, mit der ich die Soldrückstände von drei Monaten tilgen wollte, ist noch unterwegs. Wäre sie eher gekommen, so hätte sie den Schweizern die Habersäcke gefüllt. Ich lerne die Langsamkeit preisen.«

Er sprang auf und ging rasch durchs Zimmer. Seine Sätze kamen in kurzen Stößen:

»Wir haben einmal daran gedacht, unsere Kinder zu verheiraten. Das ist vorbei. Ich will teilhaben, Madame. Sie werden mich nach Burgund begleiten, Madame. Sie werden mich nicht allein lassen. Ich weiß das. Ich werde mich an den Heiligen Vater wenden. Er wird meine Ehe für ungültig erklären. Sie werden mir Söhne schenken, Yolande.«

Die Herzogin wiederholte erstickt: »Ich werde Ihnen Söhne schenken, Karl.«

Ich heiße Savoyen

Am Nachmittag schlief Karl einige Stunden. Erwacht, genoß er die fremdartige Beglückung einer gelassenen Heiterkeit. Er ließ sich ankleiden und trat tief atmend ans Fenster. Häuser, Mauern, Wege und Steine leuchteten in bleichem Weiß. Die weiße, bergab gegen Genf führende Straße verschwand zwischen Weiden, Heckenzügen und Obstbäumen. Der See und die Alpenkette lagen in blassem Dunst. Plötzlich schwebte ein zackiger Gipfel, rosig hingehaucht, in der Luft. Zwischen seinem unteren Rande und dem Horizont war nichts. Karl erkannte den Montblanc, den er bei klarem Wetter auch von seinem Holzhaus vor Murten hatte sehen können. Die Welt war so leicht und klar geworden, fühlte er, daß selbst Berge zu schweben vermochten.

Hart unterhalb seines Fensters lag der Garten, aus dem einfache und holdselige Sommergerüche kamen.

Zwischen den Sträuchern um die Gartenbank sah er Yolandes vorgeneigten Kopf, darunter als kleine Flecken von Violett und Gelb ihr vom Gebüsch fast ganz verdecktes Kleid.

»Yolande!« rief er glücklich mit gedämpfter Stimme, ungewiß, ob sie es hören konnte.

Ihr Kopf bewegte sich nicht.

Yolande? dachte sie ohne Hoffnung. Ich heiße Savoyen.

Neben ihr, von Karl ungesehen, saß Bonnivard und las ihr murmelnd eine Adresse der Stände von Piemont vor: die Herzogin möge nach Turin zurückkehren, ihre Stände gelobten, sie gegen jeden Feind zu schützen, welchen Geblütes er auch sei.

Bonnivard wiederholte: »Welchen Geblütes er auch sei.«

Er sprach leise und gleichmäßig, und diese Eintönigkeit verstärkte die Bohrkraft seiner Beweisgründe.

Ohne zu drängen, fragte er endlich mit seiner gütigen Stimme: »Und die Brücke, Madame? Die Notbrücke? Werden Sie die Brücke betreten?«

Yolande senkte den Blick und schwieg. Nach einer Weile schüttelte sie stumm den Kopf.

Bonnivard verzog keine Miene, er hatte in Jahrzehnten Geduld gelernt. Für den Augenblick genügte es ihm, daß seine Herrin sich zur Rückkehr nach Turin bereit erklärt, ja, mit andeutenden Worten ihm zugesichert hatte, die Absicht vor Herzog Karl verhohlen zu halten. In diesen Entschlüssen erblickte er den ersten, hart bis an die Notbrücke heranführenden Schritt; er mußte den zweiten im Gefolge haben, mit welchem die Notbrücke betreten wurde. Doch schien es Bonnivard richtig, Herzog Karls Aufbruch abzuwarten, ehe er Yolande vor die unausweichliche Notwendigkeit dieses zweiten und endgültigen Schrittes stellte.

Karl wollte zu Yolande in den Garten. Aber vor seiner Zimmertür stand wartend der soeben angelangte Romont. Er hatte Artillerie und Gepäck verloren, aber den größten Teil seines Korps gerettet, weil es ihm gelungen war, den allgemeinen Flucht- und Verfolgungsweg zu umgehen. Karl kehrte mit ihm in das Zimmer zurück.

Kaum waren die dringendsten Heeresangelegenheiten beredet, als Romont anfing, von der Herzogin zu sprechen. »Meine Schwägerin darf nicht ihrem französischen Blut und Männern wie Bonnivard überlassen bleiben. Vermutlich denkt sie daran, nach Turin zurückzukehren. Vergessen Sie nicht, Monseigneur, daß sie die Alpenpässe hat! Riegelt sie sie ab, so bekommen Sie keinen einzigen Söldner aus Italien mehr zu sehen. Ich flehe Sie an, nehmen Sie Yolande mit nach Burgund. Vor allem aber den Erbprinzen! Haben Sie Philibert bei sich, so sind Sie Savoyens sicher, nur dann.«

Karl hörte ihm geduldig zu. »Ich denke, die Frau von Savoyen wird mir die Liebe tun, mich zu begleiten«, sagte er freundlich und entließ den Grafen.

Am nächsten Morgen hörten sie, kurz nach Sonnenaufgang, miteinander die Frühmesse. Bevor sie die Schloßkapelle betraten, hatte Yolande, alle Kraft ihrer Seele aufbietend, dem Herzog auseinandergesetzt, daß sie einstweilen das savoyische Gebiet noch nicht verlassen könne.

Mit ihren Kindern begleitete sie Karl in den Schloßhof, bis zu seinem Pferde. Sie bekreuzte ihn, bevor er in den Sattel stieg. Romont stand dabei wie ein schläfriger Leopard.

»Gott schütze Sie, Monseigneur«, sagte sie stockend und stützte sich auf die Schulter des neben ihr stehenden Erbprinzen. »Ich danke Ihnen, mehr noch als für alles andere, für die Güte, mit der Sie meine und Savoyens Lage würdigen.«

Karl schrieb das Leiden, das sich in diesen sonst so kraftvoll und beherrscht erscheinenden Zügen ausprägte, der Trennung zu.

»Es ist ein Abschied für kurze Zeit«, sagte er tröstend. »Sie haben mir einen Schmerz getan, aber niemand versteht es besser als ich, daß Sie Savoyen nicht verlassen können, solange noch die Möglichkeit eines Marsches der Schweizer gegen Süden besteht. Ich denke dafür zu sorgen, daß diese Möglichkeit nicht mehr lange bestehenbleibt. Dann darf ich Sie bei mir erwarten.«

Yolande schwieg. Karl küßte ihre Hand, dann küßte er jedes der Kinder. Schon im Sattel, griff er ein letztes Mal nach der Hand der Herzogin. Noch mehrfach sich umwendend und winkend, so ritt er in den funkelnden Sommermorgen, auf die rauchblaue Mauer der Juraberge zu, als sei er wieder der junge, noch von keinem Unheil geschlagene Graf von Charolais.

Yolande sah dem Zuge nach, bis der letzte Reiter hinter einem Obstgarten verschwunden war. Mit jeder Minute spürte sie, wie Karl ihr weiter und weiter entglitt, davongeführt in ein Land der Unzugänglichkeit. Sie hatte ihm nachreisen wollen? Wohin, wohin?

Als sie sich umwandte, sah sie Bonnivard wartend auf der Treppe stehen, eine Mappe unter dem Arm. Sein weißes Haar leuchtete fast unerträglich im Sonnenschein.

Yolande stockte noch einen Augenblick. Dann ging sie entschlossen auf ihn zu. »Kommen Sie«, sagte sie. »Wir haben wohl noch manches zu besprechen.«

Die Nacht in St. Laurent

Für Herzog Karl war in St. Claude das erste Nachtquartier vorbereitet, in St. Laurent, einer öden dörflichen Ortschaft, das zweite. Karl saß spätabends noch am Schreibtisch und redigierte Befehle zur Sammlung der Truppen.

Romont trat ein und legte ein Schriftstück auf den Tisch.

»Ich möchte Sie bitten, Monseigneur, von diesem Brief Kenntnis zu nehmen.«

Er bemühte sich, ruhig zu sein, aber der haßvolle Triumph, den seine Miene verhehlte, wurde im Klang seiner Stimme vernehmlich.

Karl erkannte Ludwigs Schrift. »Meine liebe Frau Schwester«, las er, »ich sehe Veranlassung, und das insbesondere nach den letzten Geschehnissen, noch einmal auf Ihren Brief zurückzukommen, der mich nach langen Jahren zum ersten Male wieder Ihrer schwesterlichen Gesinnung nicht weniger als Ihrer politischen Einsicht versicherte. Es wird Ihren Wünschen entsprechen, wenn ich meine beiden Parlamentsräte, den Kammerherrn Jean de Paris und Maître Marrazin, mit zweckdienlichen Vollmachten zu Ihnen schicke...«

»Was soll das? Woher haben Sie diesen Brief?« fragte Karl heftig.

»Wenn ich Wert darauf lege, über die Korrespondenz meiner Schwägerin unterrichtet zu sein«, antwortete Romont, »so habe ich dabei nicht nur Savoyens Interesse im Auge, sondern auch das Ihre, Monseigneur.«

»Ist dieser Brief zur Kenntnis der Herzogin gekommen?«

»Nein, Monseigneur, der Bote wurde vorher abgefangen.«

Karl lehnte sich zurück und preßte die Hände um die Armlehnen, als wollte er sie zerbrechen. »Mein Großmarschall«, sagte er und bediente sich damit der förmlichen Anrede, die er sonst unter vier Augen nicht zu gebrauchen pflegte, »mein Großmarschall, was beweist dieser Brief? Vielleicht nichts anderes, als daß der König von Frankreich seine Schwester und mich entzweit sehen möchte. Halten Sie das für eine Neuigkeit? Ich wenigstens weiß das seit Jahren. Erinnern Sie sich nicht mehr der Art, in welcher König Ludwig mir damals vor Neuß den Grafen Campobasso verdächtig machen wollte?«

»Monseigneur!« rief Romont fast drohend. »Ist es schwer, sich nach diesem Briefe vorzustellen, in welchem Sinne meine Schwägerin an ihren Bruder geschrieben hat?«

»Ich werde der Herzogin den Brief zuschicken und sie um eine Aufklärung bitten. Oder besser, ich werde ihn ihr selber geben, wenn sie zu mir kommt.«

»Sind Sie ihres Kommens so gewiß, Monseigneur?« fragte Romont mit Schärfe.

Karl antwortete nicht. Für eine Weile schloß er die Augen. Endlich sah er Romont kalt an und sagte: »Ich danke Ihnen, mein Großmarschall. Es ist spät geworden. Ich will Sie Ihrer Ruhe nicht länger entziehen.«

Die Nacht war wüst und ohne Ende. Karl warf sich mehrere Male auf sein Bett, aber er vermochte seinen erregten Gedanken nicht zu gebieten. Mehrere Male löschte er das Licht und zündete es wieder an. Er trat ans Fenster und stieß den Laden auf, aber nichts wollte das Näherrücken des Morgens anzeigen. Ein Hund schlug

an, die Schritte eines Postens verhallten, ein Hahn krähte, doch kein anderer Hahnenruf gab ihm Antwort und Bestätigung. Karl blätterte in seinem Stundenbuch und flüsterte: »Adrian hat mich verlassen. Es ist nicht wahr, daß Yolande mich auch verlassen kann.«
Gegen Morgen erschien Romont wiederum.
»Monseigneur, ich habe Ihnen abermals eine Nachricht zu überbringen, die sich auf meine Schwägerin bezieht. Soeben erhalte ich ein Schreiben aus Gex, es sind in der Umgebung meiner Schwägerin immer noch loyale Männer, die mit mir Verbindung halten. Monseigneur, meine Schwägerin schickt sich an, mit dem Erbprinzen und den übrigen Kindern Gex zu verlassen. Die Reise geht nach Turin!«
Karl machte eine zuckende Bewegung mit den Schultern. Romont wartete auf eine Äußerung. Allein, Karl schwieg.
Nach einer geringen Pause fuhr Romont mit gleichmütiger Stimme fort: »Diese Reise erhält ihre rechte Beleuchtung durch eine weitere Tatsache, die gleichzeitig zu meiner Kenntnis gekommen ist. Eine Gesandtschaft, an deren Spitze Mercurino steht, wird in diesem Augenblick bereits die französische Grenze überschritten haben. Sie hat den Auftrag, eine Versöhnung der Herzogin mit ihrem Bruder herbeizuführen. König Ludwig wird gebeten, zwischen Savoyen und den Eidgenossen zu vermitteln.«
Karl beherrschte sein Gesicht. Seine Stimme vermochte er nicht zu beherrschen. Sie klang heiser und widerspenstig, als er fragte: »Von wem haben Sie die Nachricht?«
»Mein Gewährsmann ist Mercurinos Sekretär, ein rechtsgelehrter Mann von bestem savoyischem Adel, dessen Redlichkeit ich hundertmal erprobt habe. Er hat mich in Jahren so verlässig bedient, daß ich keine Bedenken habe, mich für die Richtigkeit seiner Mitteilungen mit meinem Eide zu verbürgen. Wenn Sie seinen Bericht selbst zu lesen wünschen, Monseigneur – bitte.«
Karl nahm das Schriftstück entgegen. Aber die Buchstaben verschwammen vor seinen Augen. Dennoch hielt er den Blick eine längere Weile unverwandt auf dies Papier geheftet.
Romont berichtete Einzelheiten über die Reisevorbereitungen der Herzogin. Er sprach vom Zeitpunkt des Aufbruchs, vom Gefolge, vom einzuschlagenden Wege, von den vorgesehenen Rastorten. Er enthielt sich jeder Meinungsäußerung, er gab keinen Rat, und er machte keinen Vorschlag, er forderte den Herzog nicht zur Ent-

rüstung auf. Diese Verstellung kam ihn als einen unverfeinerten und geradwegigen Menschen schwer an. Aber er war überzeugt, hiermit die richtige Verfahrensweise gewählt zu haben.

Karl hörte ihn unbeweglich an. In diesen Augenblicken verachtete er den Grafen so sehr, daß es ihm unmöglich schien, ihn zum Mitwisser seiner Empfindungen zu machen. Halblaut, mit gefrorener Stimme, stellte er einige Fragen.

Als er Romont entließ, reichte er ihm mit abgewandtem Gesicht die Hand und sagte, plötzlich von einem durchaus neuen Einfall erfaßt: »Ich danke Ihnen, Graf. Ja, vielleicht schulde ich Ihnen mehr Dank, als Sie ermessen können. Vielleicht haben Sie mir die äußerste Vergewaltigung meiner Natur erspart.«

Romont verbeugte sich, sehr zufrieden, aber weit entfernt, den Sinn dieser Worte verstanden zu haben.

Als er gegangen war, überließ Karl sich einem Ausbruch der Bitterkeit und Verzweiflung, der ihn schüttelte, wie der Sturm einen wehrlosen Baum schüttelt. – Was habe ich denn gewollt? War es nicht dasselbe, das jedem anderen gegönnt ist, bis hinunter zum letzten Tagelöhner? Ich wollte ein Mensch sein, und ich wollte teilhaben! Wie kann Gott zulassen, daß ich abermals ausgestoßen werde, zurück in die Absonderung? – Er stöhnte und tobte. Endlich zog er sich auf jenen Gedanken zurück, den er, halb gegen den eigenen Willen, Romont gegenüber hatte laut werden lassen.

Diese Frau wollte ich zu mir nehmen, mit dieser Frau habe ich Söhne gewinnen wollen! Vielleicht muß ich in der Tat Romont danken, vielleicht hat er mir die äußerste Vergewaltigung meiner Natur erspart.

Mehrere Male wiederholte er diese Worte.

Es war schon taghell, als er Olivier rufen ließ. Mit knappen Worten teilte er ihm das Geschehene mit und gab ihm den Befehl, mit ausgesuchten Reitern aufzubrechen und sich der Herzogin und ihres Sohnes mächtig zu machen.

Olivier starrte ihn an wie ein Betäubter.

»Die Frau von Savoyen aufheben?« rief er dann entsetzt. »Monseigneur, erlassen Sie es mir!« Seine Stimme zitterte.

Karl hatte eine böse Lust daran, gerade Olivier mit diesem Auftrag zu betrauen, Olivier, den ritterlichen, den ehrfurchtsvollen, von dem es hieß, er würde sich lieber die Hand abschlagen lassen, als daß er sie gegen eine Dame erhöbe.

Olivier warf sich auf die Knie. Noch einmal flehte er: »Erlassen Sie es mir, Monseigneur!«
Karl antwortete: »Ich kann es dir nicht erlassen, Olivier, sowenig ich einem von euch jenen Tod erlassen kann.«
»Welchen Tod, Monseigneur?«
»Jenen Tod, den er zuvor mir wird verzeihen müssen.«
Olivier ging hinaus, gramvoll und gehorsam. Karl rief ihm nach: »Vergiß nicht, daß dein Kopf haftet! Und wenn du unterwegs gefragt wirst, so sagst du, ich hätte dich zurückgeschickt, um Deserteure zu fangen.«

Madame la Bourguignonne

Der Kühle halber hatte Yolande die Nacht gewählt. Die Reisegesellschaft bestand aus der savoyischen Familie, einigen Damen und Herren des Hofstaates, unter denen der Prinzenerzieher Rivarola war, und der zugehörigen Dienerschaft. Es waren drei Wagen und zwei Dutzend Reiter.
Kurz vor Saconnex stießen Gebüschgruppen und hochhalmige Kornfelder bis hart an die von Gex nach Genf führende Straße. Es waren keine Häuser in der Nähe. Zwei Stunden lang hielt Olivier mit seinen Reitern sich verborgen. Die Nacht war mondlos und windstill. In der Ferne glommen rötliche Punkte. Olivier begriff schwermütig, daß es die Fackeln des Reisezuges waren.
Einer der Kutscher hörte einen Kommandoruf und stutzte. Gleich darauf prasselten Reiter von allen Seiten aus der Schwärze.
Von den sechs Fackeln waren fünf erloschen, eine schwelte am Boden. Es gab Aufschreie, Kinderweinen, Stöße und Schläge in der Dunkelheit.
»Pardon, Madame«, sagte Olivier flehend, als er die Herzogin auf sein Pferd hob.
Sie verließen die Straße. Olivier hatte vor Dunkelwerden sorgfältig alle Wege erkundet. Im ersten Walde wurde gehalten und Licht gemacht. Rivarola und der Erbprinz fehlten.
Yolande sah Olivier blaß werden und lachte wild. »Nehmen Sie uns mit!« rief sie triumphierend. »Was liegt daran, solange Sie meinen Sohn nicht haben!«
Es waren die ersten Worte, die seit dem Überfall von ihr gehört

wurden. Im zuckenden Fackellicht glaubte Olivier das Gesicht des Königs zu sehen.
Der Zug ging weiter, Olivier jagte mit einigen Leuten zurück. An der Überfallstelle fanden sie niedergetretenen Weizen, eine Gasse lief ins Feld hinein, dies mußte die Spur sein. Sie ritten ihr nach, das Feld hörte auf, die Spur verlor sich. Von der Stadt kam drohendes Hufgetrappel, es schienen Hunderte von Pferden. Olivier mußte umkehren.
Herzog Karl saß mit dem Großbastard auf der Gartenbank vor einem dörflichen Pfarrhause und musterte den Vorbeimarsch kleiner, leidlich geordneter Abteilungen. Hinter ihm stand gelangweilt der soeben aus den Niederlanden zurückgekehrte La Sarraz.
Olivier kletterte aus dem Sattel und ging kummervoll und alt auf den Herzog zu.
Karl sprang auf und rannte ihm entgegen. Der Großbastard folgte.
»Wo sind sie?« rief Karl.
»Unterwegs nach Rochefort, wie Monseigneur es befohlen hat«, antwortete Olivier und sah zu Boden. »Der Erbprinz ist entkommen«, flüsterte er.
»Aaah!« schrie der Herzog dunkelrot und schlug Olivier mit der Faust ins Gesicht.
Olivier stand still und grau. Es war ihm, als werde er von Augenblick zu Augenblick kleiner. Bald mußte er im Boden versunken sein. Er sah nicht, daß der Großbastard dem Herzog in den Arm gefallen war, daß er Olivier Zeichen gab, sich schnell zu entfernen. Er hörte nicht Karls Schrei: »Du hast mich um Savoyen gebracht!« Er sah nicht, daß der Großbastard endlich den keuchenden Herzog ins Haus führte. Er sah nur den staubigen, von Füßen und Hufen gekneteten Boden, in den er immer tiefer hineinglitt.
Yolande wurde, ranggemäß behandelt, zwischen hochburgundischen Schlössern umhergeschleppt. Den Herzog bekam sie nicht mehr zu Gesicht. Unterwegs gelang es ihr, eine Botschaft an den Bruder abzuschicken. Endlich führte man sie nach Rouvre.
Ludwig sandte einen Eilbefehl an Louis Bourbon, den Admiral von Frankreich. Bourbon verstand die Meinung seines Herrn: ohne Zweifel wäre es möglich gewesen, im Wege von Verhandlungen Yolandes Freilassung zu erlangen, aber Ludwig wünschte mit Hilfe eines dreisten Gewaltstreichs der Welt zu zeigen, wie gering er nach der Murtener Schlacht von den Mitteln und der Lage des

Herzogs von Burgund dachte. Bourbon ließ ein Dutzend Geschütze bespannen, Bourbon ließ aufsitzen, Bourbon hielt mit zweitausend Reitern vor Rouvre. Der erschrockene Kommandant erbat sich zwei Stunden Bedenkfrist und erklärte dann, seinen erlauchten Gast mit Bedauern scheiden zu sehen.

Sie kamen in die vertraute Touraine, sie hielten vor dem Schlosse Plessis-les-Tours, das durch die Schottengarde, durch unendliches Mauerwerk, durch Gräben, Gruben, Fußangeln und Wolfseisen tückisch geschützt war. König Ludwig stand vor dem geöffneten inneren Schloßtor, die Hände in den Taschen seines schäbigen Rocks, behaglich wie ein Geschäftsmann vor dem Eingang seines Marktgewölbes.

»Soyez la bienvenue, Madame la Bourguignonne!«

Yolande, schon außerhalb des Sattels, neigte den Kopf.

»Ich bin eine gute Französin und bereit, Eurer Majestät zu gehorchen.«

Sie schaute ihn an, sie suchte in dem schwammigen, durch Jahrzehnte nicht mehr gesehenen Gesicht die Züge des Knaben, der ihr als der Älteren vertraut hatte.

»Bruder!« rief sie und ließ den Kopf verzweifelt an seine schnaufende Brust fallen.

»Nun, nun«, sagte Ludwig und klopfte ihr den Rücken, »wir werden es schon richten, kleine Savoyerin!«

Freiburg

Maximilian brach plötzlich den Tiroler Jagdaufenthalt bei Herzog Sigmund ab und reiste in Gewaltritten nach Linz an der Donau, wo Kaiser Friedrich in jener Zeit seine Hofhaltung hatte.

»Vater!« rief er. »Du mußt ihm helfen. Du sollst nicht warten, bis er dich bittet. Er kann erst bitten, wenn es zu spät ist.«

»Lieber Max, der Herzog ist nicht von denen, welchen geholfen werden kann.«

»Du darfst ihn nicht hassen!«

»Ich habe es dir noch nie gesagt: ich liebe Karl!« antwortete der Kaiser flüsternd. »Ich liebe ihn, weil ich ihn erkenne. Du liebst ihn, weil er goldene Helme trägt. Ich liebe ihn, aber ich darf ihm nicht helfen. Es war genug, daß ich nach dem Neußer Frieden die Reichsstände von der Hilfeleistung gegen ihn abgemahnt habe.«

»Und Maria? Und Burgund?« fragte Max heftig.

Der Kaiser lächelte. »Eine neue Versuchung? Ich kann nicht mehr versucht werden. In dem Augenblick, da die Erblande deiner Braut bedroht sind, wird es mir um den letzten Mann und den letzten Kreuzer nicht leid tun. Aber vorher? Wer bin ich denn, daß ich der Zeit in den Arm fallen dürfte, wenn die gewährende einmal nehmen will?«

Das war, während Karl in dem düsteren Salins seinen hochburgundischen Ständen flammend zuredete und Olivier, der geschlagene Olivier, sie mit Ansprachen und Verbeugungen beschwor; während in Savoyen der neue, von Ludwig bestellte Regentschaftsrat vereidigt wurde; während die lothringischen Aufständischen die Städte Epinal und Lunéville nahmen; während der Schäferkönig René von der Provence die Verträge mit Burgund kündigte und ein Testament zugunsten der Krone Frankreichs unterzeichnete; und während im Bischofsschloß zu Freiburg im Üchtlande die Eidgenossen und ihre Verbündeten miteinander, mit französischen und savoyischen Abgesandten verhandelten.

Drei Wochen lang, drei heiße, laute, stolze Spätsommerwochen lang beherbergte Freiburg einen Glanz, dessen seine reichsten Tuchmacher sich nicht versehen hatten. Drei Wochen lang war es der Vorort aller Alpenlande. Drei Wochen lang warben hier glückwünschende Prunkgesandtschaften namens ihrer Souveräne um die Bündnisgunst der Sieger.

Die Eidgenossen hatten René aus der Murtener Beute fast die gesamte burgundische Artillerie überlassen. Außer dieser hatte er nichts begehrt als fünf Saphire von bescheidenem Umfange, aber von schöner Leuchtkraft, einen für seine Mutter, einen für seine Frau, einen für seine Schwester, einen für seine Tochter; und den fünften dachte er der Umrahmung eines Heiligenbildes einzufügen, das seine Großmutter für die Schloßkirche Joinville gestiftet hatte. Mit den Kanonen, unter denen er manches lothringische Stück erkannt hatte, ließ er den größten Teil seiner Leute nach Lothringen aufbrechen. Er selbst aber blieb in Freiburg und dauerte bei Dankgottesdiensten, Festessen und Beratungen geduldig aus. Für die Schweizer war der Feldzug beendet, für Lothringen blieb das meiste noch zu tun; René wußte ja, daß in Luxemburg ungeheure Mengen an Kriegsbedarf aufgestapelt lagen und daß in Karls niederländischen Provinzen allenthalben junge Leute zum Kriegsdienst ausgehoben und neue Truppenabteilungen aufgestellt wurden. Er klammerte sich zäh an jeden einzelnen der einflußreichen schweizerischen Ortsvertreter und begriff mühsam, daß Lothringen für niemanden mehr eine Wichtigkeit hatte als für ihn. Wie in Luxemburg empfand er ein Verlangen, sich in allem Zutrauen an Bubenberg zu wenden, an den schweigsamen, vielgefeierten, von allen Gesandtschaften aufgesuchten Verteidiger von Murten; aber wie hätte er denn Bubenberg um Hilfe gegen Burgund anrufen können?

Mit grobem Freibauernhochmut gaben die Schwyzer und Urner Renés Abhängigkeit von ihrem guten Willen zu erkennen. Haßfurter fragte barsch; »Glauben Sie denn, wir sind nur Ihretwegen hier zusammengekommen?« Anderen, wie dem feurigen, selbstverliebten Zürcher Hans Waldmann, der von geringem Herkommen zur Ritterwürde aufgestiegen war, schmeichelte der Umgang mit einem hilfsbedürftigen Fürsten. Er zeigte sich gern mit René, nannte sich seinen Freund und machte seinen Dolmetscher. Aber eine wirksame Unterstützung konnte auch er ihm nicht zusagen, und von der Entsendung eines schweizerischen Hilfskorps auf den lothringischen Kriegsschauplatz wollte niemand etwas hören. In der zweiten Kongreßwoche hatte René jede Hoffnung verloren und war schon zur Abreise entschlossen, in der dritten wurde ihm wenigstens freie Söldnerwerbung auf eidgenössischem Boden zugestanden. »Meinen Sie, das sei nichts?« rief Haßfurter. »Andere Kriegsherren müssen sich damit begnügen, ihre Werbetrommeln jenseits unserer Grenzen zu schlagen!«

Als die savoyischen Friedensunterhändler Bonnivard und Cara eingeritten waren – die Neugierigen fanden sie selbstbewußter, als es Besiegten zustehe –, bat der Schultheiß Diesbach auf Bubenbergs Wunsch die Berner Herren zu sich in den Gasthof zum Engel.

Als Bubenberg aufstand, sahen sie erwartungsvoll in sein gesammeltes Gesicht. Er sprach langsam, ohne Schmuck, aber mit der Klarheit langjähriger Staatserfahrung und plötzlich auch mit der Hitze eines sparsam gewesenen Herzens, einer unabgenutzten Einbildungskraft.

»Dieser Krieg, der gegen meinen Willen begonnen und mit meinem Willen glücklich beendet worden ist, kann seinen Sinn erst

jetzt erhalten. Jeder weiß, daß der tote Diesbach nicht mein Freund war. Zum ersten Male spreche ich eine Forderung aus, von der ich gewiß bin, daß Diesbach sie mit aller Kraft und Leidenschaft seiner Artung erhoben hätte. Die alte Freundschaft mit Savoyen ist zerschlagen. Gut. Gegen seine neue Feindschaft wird ebenso vorzusorgen sein wie gegen Vergeltungswünsche des Herzogs von Burgund.«
Er schloß: »Und so bleibe Genf, so bleibe das ganze Waadtland mit den Jurapässen und Lausanne eidgenössischer Besitz. So finde die Größe des kriegerisch Getanen ihren Ausdruck auch im Raum. So entstehe ein Staatsgebilde, das aus eigenem dem Bedürfnis Genüge tut und nicht einen einzigen Bauernbuben mehr der Notwendigkeit überläßt, zum Solddienst über die Grenzen zu laufen.«
Die Wirkung dieser Rede war außerordentlich. Die Zuhörer sprangen auf und umdrängten den Altschultheißen. Sie fühlten das Vergangene gelöscht, die Versöhnung gültig, die Zukunft gewonnen. Und selbst wer bei dem Worte »Genf« nur an einen ertragreichen Weinberg am sonnigen Seeufer denken konnte, der empfand etwas von dem Gedanken des toten Diesbach, daß als des Menschen herrlichstes Erbteil der Entschluß eines Augenblicks den Gang der Jahrhunderte zu bestimmen vermag.
Allein, während die Männer von Bern sich noch in solchem Aufschwung der Herzen befanden, traf, um die Sieger zu beglückwünschen und mit ihnen freundschaftlich einige Unterhandlungen zu führen, in König Ludwigs Auftrag Louis Bourbon ein, der Admiral von Frankreich. Jeder wußte, daß dies der Mann war, der die Herzogin von Savoyen befreit und ihrem Bruder zugeführt hatte, und daß Ludwig gerade ihn nach Freiburg sandte, darin lag ein deutlicher Hinweis, daß er gesonnen war, am Schicksal Savoyens einen Anteil zu nehmen, der den Siegern von Murten nicht erwünscht sein konnte.
»Mein Gott, wie sie zäh sind, diese Bestien!« sagte Bourbon am zweiten Abend, erschöpft lachend, zu seinem Geheimschreiber. Es war nicht leicht, der Mißstimmung zu begegnen, mit der die stolz gewordenen Schweizer ihn empfingen. Der König habe sie im Stich gelassen, der König habe achtzigtausend Gulden Kriegskostenbeitrag zu zahlen. Sie hatten das geschickt aus einigen Punkten des Bündnisvertrages herausgerechnet.
»Schreiben Sie die Anweisung, Herr Admiral!« sagte Haßfurter

drängend und klopfte mit den breiten, eckigen Fingern auf die Tischplatte.
Der Admiral nahm die Schweizer einzeln auf die Seite.
»Eine solche Summe müßte es der Majestät unmöglich machen, die Pensionszahlungen in der bisherigen Höhe weiter zu leisten. Könnten wir uns auf eine bescheidenere Forderung einigen, so käme es der Majestät auf Gratifikationen nicht an.«
Vergnügt diktierte er den Brief an Ludwig, er sei mit den Schweizern auf zwanzigtausend eins geworden, wozu nur noch die sechstausend kämen, mit deren Hilfe einige einflußreiche Männer für diese Übereinkunft gewonnen worden seien. »Sehen Sie, mein Lieber«, sagte er zu seinem Sekretär, »jetzt noch die savoyische Geschichte, dann können wir nach Hause reiten, und die Majestät wird mit uns zufrieden sein.«
Mitten in der Nacht wurde Bubenberg geweckt. Diesbach setzte sich an sein Bett und griff nach seinen Händen.
»Wir kommen nicht los, Bubenberg«, sagte er erbittert, »wir haben einen Goldklotz an jedem Bein hängen.«
Der Admiral, der anfänglich eine noble Art gehabt hatte, die Geschlagenen der Großmut der Sieger zu empfehlen, war sehr nachdrücklich geworden, als er merkte, daß die Schweizer nicht bereit schienen, seine Andeutungen zu verstehen. Unumwunden erklärte er jetzt, die Herzogin von Savoyen stehe von nun an unter dem Schutz Frankreichs. Mit aller Entschiedenheit verlangte er milde Friedensbedingungen. Und es fiel auf, daß die savoyischen Unterhändler in seinem Quartier ein und aus gingen. Kurz, man hatte es plötzlich nicht mehr mit dem besiegten Savoyen zu tun, sondern mit dem König von Frankreich, der im Netze seiner Pensionszahlungen fast jeden der eidgenössischen Staatsmänner und Heerführer gefangenhielt.
»Ich habe die Hauptpensionäre zu mir gebeten«, berichtete Diesbach. »Jeder hat sich gewöhnt, mit den Pensionen zu rechnen. Sie haben Bergwerke gepachtet, Aufträge vergeben, sie lassen bauen, sie spekulieren in Orientgewürzen und Pretiosen, sie haben die Pensionen auf Jahre hinaus beliehen. Einer hat Land gekauft, einer einen Ritter für seine Tochter gefunden. Alle haben sie Anzahlungen gemacht, Pachtgeld, Kaufgeld, Mitgift, nächste Rate bei der nächsten Pensionszahlung! Lasse die Pensionen fallen, und wir haben allein in Bern hundert Bankerotte an einem Tage!«

Bubenberg stand schweigend auf. Diesbach sah betroffen, welch hageren und wenig athletischen Körper dieser Geist sich gesucht hatte.
Sie gingen nebeneinander im Zimmer auf und ab, der Halbbekleidete und der Mann mit dem kostbaren, marderbesetzten Atlasrock. Sie beschworen jede Möglichkeit, sie erwogen den gänzlichen Bruch mit Frankreich und erkannten, daß niemand ihnen folgen würde. Bubenberg versagte sich jedes Wort des Vorwurfs, jeden Hinweis darauf, wie sehr er recht behalten, jede Erinnerung daran, wie heftig er, als das französische Gold in Bern einzuströmen begann, die Strenge des Gesetzes anzurufen versucht hatte.
Die Nacht ging hin, sie hörten die Vögel in den Gärten schmettern, sie sahen es hell werden und löschten das Licht. Sie trennten sich schwermütig, aber in Herzlichkeit.
»Wir werden nicht der Staat sein, von dem wir gesprochen haben«, sagte Bubenberg beim Abschied. »Wir werden der Werbeplatz für andere bleiben. Nun, auch das kann seine Ehre haben.«
Wir, dachte Diesbach, als er auf die kühle, noch menschenleere Gasse hinaustrat. Wir – vor ein paar Tagen noch hätte er »ihr« gesagt. Und er empfand eine neue und überraschende Freude.
Einmal noch wurde Bubenberg von Zorn und Scham unterjocht. In der feierlichen Schlußsitzung, als der Friede schon unterzeichnet war, der Savoyen eine kleine Kriegsentschädigung und die Abtretung unbedeutender Grenzstriche auflegte, während von Genf und Lausanne, vom Waadtland und von den Jurapässen nicht mehr die Rede war, erhob Bubenberg sich plötzlich und ging um den langen Tisch herum bis zu René, der ziemlich unbeachtet in seinem Armstuhl saß und an die lothringische Weizenernte dachte. Er schrak auf, als Bubenberg seine Hand ergriff und küßte. Bubenberg sagte: »Herr Herzog, ich ehre den einzigen Mann hier im Saal, der ein reines Herz hat.«
Er hatte deutsch gesprochen, hastig und tief, und René hatte seine Worte nicht verstanden. Errötend, in aufgerichteter Haltung, sah er mit verlegener Frage in dies Gesicht, das ihm in Luxemburg jene kühle und strenge Verwunderung zu erkennen gegeben hatte und nun plötzlich in einer starken Empfindung gelöst schien.
Bubenberg sagte in französischer Sprache und so, als schäme er sich seiner Gefühlsäußerung: »Ich habe Ihnen für die Unterstützung danken wollen, Monseigneur, die Sie uns mit Ihrer Reiterei bei Murten geleistet haben.«

Hunde und Elefanten

Die Nancyer Besatzung hatte vom Geschützfeuer der Belagerer wenig zu leiden, da Herzog René, der aus der Schweiz zurückgekehrt, mit der erbeuteten Artillerie und mit eilig zusammengerafften Truppen Nancy eingeschlossen hatte, seine Hauptstadt zu schonen wünschte. Ein Schuß indessen tat viel Schaden: jener, welcher John Colpin tötete, den Hauptmann der englischen Soldtruppe.
Am nächsten Tage schon erschienen vier gewählte Vertrauensleute der Engländer im Schloß und verlangten Herrn von Bièvre zu sprechen, den Statthalter Lothringens, der über nichts mehr zu gebieten hatte als über die umschlossene Stadt Nancy.
Bièvre überlegte matt, ob er sie festnehmen und aufhängen lassen sollte. Endlich ging er zu ihnen ins Vorzimmer.
»Was wollt ihr?« fragte er unsicher.
»Wir wollen gar nichts Ungesetzliches«, sagte der Sprecher, ein narbiger Mensch, der das Gesicht auch jetzt, im Oktober, voll Sommersprossen hatte. »Sie haben sich manchmal mit Colpin beraten, jetzt werden Sie mit uns vorliebnehmen müssen. Sie sollen uns nur sagen, ob wir auf Entsatz rechnen können oder ob wir hier in Ewigkeit Hundefleisch fressen sollen.«
»Es muß doch eine Vernunft sein in dem, was der Mensch tut«, setzte ein anderer entschuldigend hinzu.
»Richtig«, antwortete Bièvre. »Und darum werdet ihr begreifen, daß ich Nancy nicht übergeben kann, wenn ich genau weiß, daß der Graf Campobasso mit einem niederländischen Entsatzkorps von Norden anmarschiert und der Herzog selbst uns von Süden her zu Hilfe kommt.«
»Das haben wir eigentlich nicht hören wollen«, sagte der Lange mit den Sommersprossen. »Das haben wir schon recht oft gehört. Wir wollen jetzt hören: der Graf von Campobasso und der Herzog von Burgund werden in vier Tagen vor Nancy sein. Und wenn nicht, dann wird der Herr von Bièvre ein weißes Tuch hübsch sauber waschen und plätten lassen und damit einen von seinen Rittern zum Herzog René in die Johanniterkomturei schicken. Und von uns muß auch einer mitgehen, haben wir uns gedacht.«
Campobasso hat Bièvres Bitten um Beschleunigung erhalten. Aber

er hat auch Chiffrons Bitten um Vermeidung unnötiger Eile erhalten, und offenbar haben Chiffrons Bitten das größere Gewicht.
So sonderbar sind die Sachen der Welt verhäkelt: Weil Chiffron, der kleine, heitere, mäßige Gemüseesser, einen Brief an den Grafen mit den gelben Pferdezähnen schreibt, darum muß James Doornail aus Coventry Tag für Tag Hundefleisch essen, und dabei hat James Doornail aus Coventry weder den Sir Chiffron noch den Count of Campobasso je zu Gesicht bekommen. Und weil James Doornail aus Coventry Hundefleisch essen muß, darum kann er es nicht verstehen, daß Herzog Karl in Hochburgund an andere Dinge denken will als an den Unterschied zwischen Hundefleisch und Rindfleisch.
Herzog Karl in Hochburgund will an seine Kanonen denken, die überall aus Kirchenglocken gegossen werden, an seine Kriegssteuern und Aushebungen und daran, durch welchen Paß er seinen neuen Zug gegen die Schweizer tun wird. Allein, es sind ja die Gedanken dem Willen des Menschen nicht so untertan wie seine Bewegungen – und selbst diesen ist nicht leicht zu gebieten –, und so gehen des Herzogs Gedanken weit hinaus über die Grenzen, die er ihnen gesetzt hat. Er hat viel zu bedenken.
Im Anfang haben sich seine Gedanken nicht von Yolande lösen können, und es sind Gedanken des Leides und Gedanken des Zornes gewesen; dann aber haben sich ihm Geheimnisse offenbart und haben seinem verzweifelten Grübeln ein Ende gesetzt. Zuerst hat er den Schatz dieser Geheimnisse noch gewaltsam aufrufen müssen als ein Palladium gegen den Schmerz, den Yolande ihm angetan hat. Darauf jedoch sind diese neuen Erkenntnisse gänzlich in seine Seele eingegangen, und nun weiß er, was ihm in Wirklichkeit geschehen ist. Er hat eine kleine Zeit der Verwirrung und Trübung erfahren müssen, eine kleine Zeit der Schwachmütigkeit, da er meinte, sich flüchten zu sollen in das gemeine Los der Menschen, und da er als Partnerin dieses Loses sich die Herzogin von Savoyen an seine Seite geträumt hat. Nun aber hat eine harte Gnade des Schicksals ihn gerettet; gerettet »vor der äußersten Vergewaltigung seiner Natur«, gerettet vor einem Untersinken in der Gewöhnlichkeit, da Menschen und Tiere sich begegnen, gerettet zu fürstlicher Einsamkeit und fürstlicher Freiheit. Und nun erst ist er recht gerüstet und bereit zu den Taten, zu welchen er erwählt wurde von Geburt und Weltenbeginn an.

Jetzt denkt er wohl auch noch an Yolandes goldgefärbtes Haar, das unter der Klosterschere fällt und sich dem ihres Bruders mischt; aber dieser Gedanke hat keinen Vorrang mehr vor den übrigen, etwa vor dem Gedanken an die Huldigung im Berner Münster, bei welcher die geschlagenen Eidgenossen vor ihm knien werden. Allen voran kniet Adrian von Bubenberg, aber Karl geht auf ihn zu, küßt ihn auf die Stirn und hebt ihn auf; er vergibt ihm und bestellt ihn zu seinem Statthalter für alle eidgenössischen Lande. Ja, er nimmt ihn mit sich nach Köln zu Marias Hochzeitsfeier und läßt ihn unter seinen obersten Würdenträgern sitzen. Diese Hochzeit, war sie nicht auf den Sankt-Martins-Tag anberaumt? Nun, vielleicht war es gut, sie noch ein wenig zu verschieben, am Ende wäre sonst die Zeit nicht ausreichend für die Vorbereitung jenes ungeheuerlichen Glanzes, der sie umgeben sollte – mochten sein Kanzler und Olivier sich das durch den Kopf gehen lassen und nötigenfalls einen neuen Zeitpunkt vorschlagen. Aber ob er nicht gut täte, den Text für die Traurede des kölnischen Erzbischofs selber zu entwerfen?

Er wandert in den kühlen Herbstnächten unbegleitet durch die leeren langen Gassen von Salins, die so unendlich sind, weil die Stadt im engen Furieusetal sich nur nach einer Richtung hat dehnen können. Und die Häuser der am Salzhandel reich gewordenen Bürger konnten nur in die Höhe wachsen, Stockwerk hat sich auf Stockwerk getürmt, die Dachfirste sind nicht zu erkennen, stoßen oben zusammen, verwachsen mit düsteren Felsmassen, mit Wolken und Nebelballen. Es ist schwer, diese Schluchten zu durchschreiten ohne Gedanken an den Tod. Olivier, den das schmerzlich blendende Weiß von Gex an die Farbe sonnengedörrter Totenknochen mahnte, denkt in Salins an das Tal des Todesschattens, von dem der Psalmist gesungen hat.

Der Herzog aber hat andere Gedanken; und diese Gedanken haben Yolande, Bern, die Hochzeit schon weit hinter sich gelassen.

Der Zug ins Morgenland, daher Jason das Goldene Vlies gewann, wird durch des Kaisers Erblande gehen. Max nehme ich mit, ich will ihn die Kriegskunst lehren, dann bleibt er in Konstantinopel als mein Vikar, wenn ich den neuen Alexanderzug tue, ins indische Goldland...

Er bleibt stehen und sieht sich erwachend um. Der Fluß rauscht, die Brunnen rauschen, das Sägewerk, welches die Juratannen zu

Wagenbrettern für die Armee schneidet, muß die ganze Nacht hindurch summen.

Herzog Karl rennt in sein Quartier, er darf nichts verlieren von seinem Einfall, er wirft sich über den Schreibtisch, er zeichnet, streicht aus, zerreißt, zeichnet von neuem. Ja, so müssen sie konstruiert sein, die Panzertürmchen auf den Elefantenrücken! Von den Türmen zweigen die Stahlplatten ab, die der Elefanten einzige verletzbare Stellen schirmen, Augen und Ohren. Vier Feldschlangen auf jedem, nein, zwei Feldschlangen, zwei Kanoniere, zwei Bolzenschützen.

Zweihundert Kriegselefanten in Front aufmarschiert. Herzog Hannibal gibt das Zeichen. Zweihundert graue Bollwerke mit Panzertürmen und Geschützen trotten los. Sie fallen in Galopp, sie brüllen. Wie sie brüllen, wie sie brüllen! Harsthörner, Stier und Kuh mögen blasen, kein Blasen gibt Laut, wenn die Elefanten trompeten. In Sekunden ist das Spießviereck zertreten.

Nein, das ist nicht richtig, da hat er etwas verwechselt. Die Elefanten werden ja seine Siege in Indien entscheiden, nicht die über die Schweizer. Das wird später sein, und die Schweizer sind vorher niederzuwerfen, diesen Herbst noch.

Karl wurde in seinen Gedanken durch den Eintritt des Großbastards unterbrochen. Der Großbastard war durch einen Boten geweckt worden. Bièvre hatte es möglich gemacht, einen Boten aus Nancy zu schicken, einen Boten mit einem flehentlichen Brief.

Diesen Brief las der Großbastard vor, dringlich betonend. Karl sah ihn ohne Verständnis an.

Der Großbastard begann noch einmal. Karl fiel ihm ins Wort: »Ich selbst habe Wochen gebraucht, um Nancy zu nehmen. Da wird Bièvre es wohl gegen den kleinen Bauernherzog halten können.«

Was redete man ihm nur von Nancy? Nancy helfe sich selbst, Nancy erwarte den Entsatz von Norden her, das ist Campobassos Sache, nicht die seine, er hat ja den neuen Marsch gegen die Schweizer vorzubereiten!

Der Großbastard wollte bleiben, aber Karls entlassende Gebärde konnte er unmöglich mißverstehen. Er ging. Es war nicht sehr viel nachgeblieben von seiner Heiterkeit.

Der Herzog wollte sich wieder zu seinen Plänen und Zeichnungen setzen. Allein, nun fand er den Weg zu den Elefanten nicht mehr.

Plötzlich verlangte er nach Olivier. Seit der Begegnung vor dem Pfarrhause hatte er noch kein Wort mit ihm gesprochen.
»Ich höre, du bist viel mit den Ständevertretern zusammen«, sagte er, ohne Olivier anzusehen, der dankbar, gerührt, glücklich war, weil des Herzogs Stimme wieder ihm gegolten hatte... »Glaubst du, daß sie meine Nachforderungen bewilligen werden?«
Olivier berichtete eifrig.
»Es ist nicht viel, was sie anbieten, ein Viertel des Verlangten, immerhin sind sie willig. Und in aller Ehrfurcht möchten sie eine Bitte aussprechen: Monseigneur wolle nicht mehr die eigene kostbare Person den Gefahren des Schlachtfeldes aussetzen, sondern den Krieg durch erfahrene Hauptleute führen lassen.«
Es gelang Karl, den Sinn dieser Bitte mißzuverstehen.
»Solange ich selber keine Sorge um meine Person habe, so lange brauchen auch meine getreuen Stände... Ach, diese Hochburgunder! Aber die Stände der niederländischen Provinzen, Olivier, ich kenne sie ja! Sie geben mir das Letzte für den Ruhm, den ich ihnen erfechte, für den Ruhm, Olivier!«
Karl träumte von den Holländern, den Pikarden, Brabantern und Luxemburgern. Ihrer meinte er sicher zu sein, es war nur arg, daß er nicht wußte, ob seine Boten und Befehle sie erreichten, daß er ihre Antworten nicht vernahm. Nein, er bedurfte dieser Antworten nicht, er wußte ja, daß alles nach seinem Willen geschah. Er wußte, daß sich in Luxemburg die Waffen häuften, das Geld, das Schießpulver, die Kanonen, Zelte, Fuhrwerke, Pferde, Mannschaften, ein unerschöpflicher Schatz für alle kommenden Feldzüge, er wußte, daß Campobasso mit der Nordarmee sich in Bewegung gesetzt hatte oder doch in kurzem marschieren würde. Dieser Mann mit dem prächtigen Gebiß, dem gesunden Appetit, den lebhaften Gebärden und dem kräftigen Lachen, dieser Mann, der ihn nie mit Bedenklichkeiten peinigte, dieser Mann war eine Bürgschaft für jedes Gelingen, eine Bürgschaft dafür, daß auch im kleinen noch alles an seinem rechten Ort stand und in seiner rechten Ordnung. Wahrhaftig, er brauchte Campobassos Gegenwart, er brauchte die Vereinigung mit der Nordarmee, die Verbindung mit dem großen Waffenplatz Luxemburg! Lothringen mußte frei gemacht, Nancy mußte entsetzt werden, mit Vorbereitungen und Ständeverhandlungen war keine Zeit mehr zu vertun! Der Großbastard mußte einsehen, daß es nichts Wichtigeres gab als die Ver-

bindung mit dem Norden, und das hieß: als den Entsatz Nancys! Karl war nicht in der Lage, sich zuzugeben, daß ja der Großbastard nichts anderes verlangt hatte als den beschleunigten Marsch nach Lothringen und den Entsatz der Stadt Nancy.

»Rufe mir den Großbastard, Olivier! Nein, nicht nur den Großbastard! Alle sollen sie zum Kriegsrat kommen, diese Nacht noch, sofort! Nancy soll entsetzt werden.«

»Hören Sie auf, Monseigneur, es ist genug«, sagte Chiffron belustigt zu dem kauenden René.

Der Herzog schüttelte stumm den Kopf und aß gewissenhaft die Hafermehlpastete zu Ende, die in Roßtalg gebacken, mit Roßfleisch gefüllt und statt des Salzes mit Schießpulver gewürzt war. Bièvre hatte sie, um deutlich zu machen, daß er nur hungershalber kapitulierte, ihm bei Beginn der Verhandlungen übersandt, eine kuriose Aufmerksamkeit, die René mit Weißbrot, Rotwein und Wild erwidert hatte.

An einem blaugoldenen Herbstmorgen marschierte die Besatzung aus, mit Handwaffen und Gepäck, soweit es persönliches Eigentum war. René begrüßte Herrn von Bièvre, der mit blassem und nervösem Gesicht auf einer mager gewordenen Fuchsstute als erster aus dem Tor geritten kam und gebückt wie ein Kranker im Sattel saß.

»Ich danke Ihnen für alle Mühe, die Sie sich um Lothringen gegeben haben; ich weiß, daß Sie ihm ein wohlwollender Verweser waren. Wenn es Ihnen gefällig ist, bei mir zu bleiben, so sind Sie in Herzlichkeit willkommen.«

»Haben Sie Dank, Monseigneur, aber ich bin nicht mehr frei«, antwortete Bièvre melancholisch. »Ich habe wohl auch nicht mehr lange zu leben.«

René sah dem Vorübermarsch der gut geordneten, gleichmäßig bewaffneten Abteilungen zu und verglich sie einen beklommenen Augenblick lang mit der Scheckigkeit der eigenen Streitkräfte: er hatte lothringische Landesaufgebote, österreichische und straßburgische Hilfstruppen, lombardische Überläufer, eidgenössische, schwäbische, elsässische Söldner, Spanier und Gascogner. Sie waren unzufrieden mit der Kapitulation, sie hätten lieber gestürmt, um nach Kriegsrecht den Anspruch auf das Eigentum der Bürger zu haben. Es machte Mühe, Lothringen vor ihnen zu behüten.

»Hier hielt damals der Herzog, hier bin ich an ihm vorbeigeschlottert, es war nicht sehr hübsch«, sagte Chiffron lächelnd.
René drückte ihm die Hand.
»Chiffron, gleich dürfen wir einreiten«, sagte er aufgeregt.
Hart hinter den Truppen quollen lärmend die Leute von Nancy aus dem Tor. Renés Pferd konnte keinen Schritt tun. Sie rissen ihn aus dem Sattel und trugen ihn auf den Schultern, wie ein Gegenstand wurde er weitergegeben. Die Glocken begannen ihr Rufen, René erkannte jede einzelne am Klange. Bürgermeister Espolin stand mitten im Gedränge und redete. Niemand verstand ein Wort. Endlich wies er auf die zwei bleichen Pyramiden auf dem Platze von St. Epvre. Sie waren, Denkzeichen der Hungerszeit, aus den Schädeln von Pferden, Eseln, Hunden, Katzen und Ratten errichtet.
René winkte mit Händen und Hut. Er sah verschwommen durch die beiden Wasserkugeln in seinen Augen. Der Bäcker, auf dessen Nacken er saß, machte eine Bewegung, die Kugeln lösten sich und liefen in den Hohlraum zwischen Hals und Kragen.
Am selben Tage überschritt Herzog Karl mit zehntausend Mann die lothringische Südgrenze. Im Lande zwischen Mosel und Maas erfuhr er gleichmütig Nancys Fall. Er ließ Nancy einstweilen zur Rechten, marschierte moselabwärts und vereinigte sich, ein paar lästige Störungsversuche des kleinen Bauernherzogs abschüttelnd, mit Campobassos Nordarmee. Nicht lange danach war Nancy von burgundischen Streitkräften eingeschlossen.

Die Wiederkehr

»Alles wiederholt sich«, sagte La Sarraz gähnend zu Bièvre, als er ihm eines Tages in der nebligen Morgenkälte beim Kontrollieren der Lagerposten vor Nancy begegnete. »Voriges Jahr um diese Zeit hatte Herzog Hannibal genau wie heute sein Quartier in der Johanniterkomturei, und die Laufgräben waren genau da, wo sie heute sind. Selbst die gefrorenen Pferdepfützen sind die gleichen.«
»Nur die Leute, die bei Grandson und Murten totgeschlagen wurden, sind nicht mehr da«, bemerkte Bièvre.
»Sie verlangen eine zu pedantische Ähnlichkeit, Herr Statthalter«, antwortete La Sarraz. »Unser Hannibal trägt ja auch bescheidenere Juwelen als damals auf dem durchlauchtigsten Hut.«

Die Gespensterhaftigkeit der Wiederkehr empfand René, während er verzagt mit Chiffron und ein paar Begleitern durch den früh gefallenen Schnee der Vogesen ritt. Mühsam hatte er die Truppen, die sich in Nancy von den geringen Strapazen der Belagerung zu erholen dachten, gegen den Feind geführt. Nach mißglückten Gefechten forderten sie den ausstehenden Sold, dazu Schadenersatz für die ihnen entgangene Plünderung Nancys. Einen Tag war René der Gefangene von Meuterern, bis die Damen der Nachbarschlösser ihn mit Geschmeide auslösten. Jetzt stand, was verläßlich war, unter Gracian d'Aguerra im wieder belagerten Nancy. Und vor René lag abermals Straßburg, Basel, Bern, Luzern und Zürich, lag die Notwendigkeit des demütigenden Bittens, des demütigenden Wartens, des demütigenden Versprechens.

Von der tannenschwarzen Höhe kam Schneegestöber, der Ostwind kerbte die Haut, Chiffron schüttelte sich unter seinem Pelzrock.

Immer erlebe ich das gleiche, dachte René. Was habe ich denn falsch gemacht? Oder was hätte ich denn tun müssen, damit ich jetzt in einem geheizten Zimmer sitzen und meinem Kind Geschichten erzählen oder mit meiner Frau Schach spielen könnte, wie hunderttausend andere Menschen es dürfen?

Die Frage fand keine Antwort, allein, René wagte es nicht, daraus den Schluß zu ziehen, er habe eben einfach Unglück gehabt. Für eine Sekunde wurde er sich ahnend der geheimnisvollen Wechselwirkung zwischen Unglück und Unzulänglichkeit, zwischen Glück und Verdienst bewußt – jener Wechselwirkung, die den verdammten Menschen freispricht, den freigesprochenen verdammt. Dann verlor sich der unscharf gebliebene Gedanke vor den schärferen Gedanken an die Obliegenheiten der nächsten Wochen.

René wußte, daß eine einfache Söldnerwerbung nicht mehr möglich war, nachdem ein Teil seiner Mannschaft ihm ungelöhnt entlaufen war. Lothringen war ausgeleert, die Mutter hatte aus Joinville das Letzte geschickt, die großmütterlichen Erbgüter gaben nichts mehr her. Es mußten also die eidgenössischen Orte willig gemacht werden, zum Auszuge aufzurufen – jetzt, wo es zum Winter ging! – und ihren Leuten für den Sold gutzusagen.

René sah in Chiffrons verfrorenes Gesicht und sagte seufzend: »Werden wir etwas erreichen, Chiffron? Und wird es nun wirklich das letzte Mal sein?«

Chiffron winkte unwillig ab; er überrechnete grüblerisch, welche Staatseinkünfte den Eidgenossen verpfändet werden konnten und auf wie viele Jahre.

Der Empfang war in Basel lau, in Luzern kalt. Als René in Bern einritt, hatte er neben sich einen Bären, den er unterwegs einer Wandertruppe abgekauft hatte. Die Leute auf der Straße, unter denen viele Mitkämpfer von Murten waren, erkannten den Herzog, empfanden in dem Bären eine aufmerksame Huldigung für ihre Stadt und begrüßten René mit Zurufen. Jemand erkannte den Grauschimmel, den René bei Murten geritten hatte, und rief: »Das ist ja die ›Dame‹!« Handwerker hielten ihn an, gaben ihm die Hand, bedauerten ihn unbefangen und bewunderten den Bären.

Vor dem Lombachschen Gasthause sammelte sich viel Volk. René sah nach der Unterbingung der Pferde, dann trat er noch einmal mit dem Bären aus dem Hoftor und hängte ihm unter Beifallsgeschrei seine letzte goldene Kette um.

»Sagen Sie ihnen etwas«, flüsterte Chiffron.

René rief: »Der Berner Bär hat mir viel Freundschaft erwiesen. Wenn ich wieder in bessere Umstände komme, will ich der Stadt Bern einen Bärenzwinger bauen und aus Dankbarkeit eine Stiftung machen, daß darin für ewige Zeiten Bären gehalten werden.«

So etwas gefiel den Leuten auf der Straße, aber im Kleinen Rat wurde nach anderen Dingen gefragt. René ließ sich nicht von städtischen Festessen oder Musik vor den Gasthausfenstern täuschen.

In dieser argen Zeit wurde ein Brief König Ludwigs gebracht.

»Chiffron! Chiffron!« schrie René ins Nebenzimmer.

Chiffron sprang über die Schwelle und riß dem Herzog das Schreiben fast aus der Hand.

»Liebster Vetter, es ist mir eine Freude, in Erfüllung meiner Bundespflichten Ihnen als Beisteuer zu Ihren Kriegskosten zwanzigtausend Livres in Wechseln auf Lyon, Genf und Bern zu übersenden... Ich habe bekanntgegeben, daß ich einer Beurlaubung von Offizieren in Ihren Dienst keine Hindernisse in den Weg lege...«

Chiffron sagte: »Dieser Brief ist das Hundertfache des Betrages wert. Der König hat noch nie einen Sou in ein unsicheres Geschäft gesteckt, das weiß jeder. Ich werde den Brief dreißigmal abschreiben lassen und in alle Rathäuser schicken.«

Der Altschultheiß Bubenberg lebte wieder in seinem Stadthause, viel geehrt, wenig geliebt, von manchen gescheut wie das Gewissen. Man sprach davon, ihn auf Ostern wieder zum Schultheißen zu wählen, man rühmte mit Kühle seine Lauterkeit, und dennoch kam es niemandem in den Sinn, sich durch diese Lauterkeit beschämt zu fühlen. Die Stadt hatte ihm zum Dank eine der von Savoyen abgetretenen Herrschaften geschenkt und seine Schwierigkeiten damit gemehrt: denn die elend gewordenen Bauern brauchten Bauholz, Saatgut, Zuchtvieh, auch war der Grundherr gehalten, die zerstörte Kirche herzustellen.

Sein Sohn, der sich im Auftrage des Vaters um den neuen Besitz kümmerte, kam in der Adventszeit nach Bern. Er traf den Vater vor hochgetürmten Prozeßakten und Schuldforderungen am Schreibtisch.

Der Sohn berichtete mutlos und erbittert. Plötzlich brach er ab und machte eine Pause. Dann sagte er rasch:

»Aber ich bin nicht deswegen hergekommen. Ich möchte mit nach Lothringen. Der Herzog wird eine Offiziersstelle für mich haben.«

»Ich will dich nicht halten«, antwortete der Altschultheiß müde. »Vielleicht hast du Glück. Vielleicht kommt dir das letzte von den Goldgefäßen in die Hände, aus denen mein Vater und ich an der burgundischen Gästetafel getrunken haben. Warum fragst du mich?«

Der junge Adrian senkte beschämt den Kopf vor den Augen des Vaters und ging stumm hinaus. Er wiederholte sein Anliegen nicht; und es hätte dem neuen Verhältnis zum Vater nicht entsprochen, hätte er abermals auf eigene Faust das elterliche Haus verlassen.

Über Weihnachten blieb er daheim. Dann, ehe noch eine Nachricht vom ausmarschierten Heere nach Bern gekommen war, kehrte er zurück in seinen Kampf mit Bauleuten, Gutsvögten, Gläubigern und Lieferanten.

Chiffron

Es gibt an der Westseite von Nancy, unweit des Arsenals, eine weidenbestandene Gegend vor dem Stadtgraben, die so sumpfig ist, daß sie den Bau von Laufgräben nicht zuläßt. Jetzt, im Dezember, ist der Boden zwar nicht mehr sumpfig, aber so hart gefroren, daß er keinen Spatenstich leidet.

In dieser Gegend liegt eine der wenigen vorgeschobenen Bastionen, die noch in den Händen der Belagerten sind. Ortskundigen und sehr gewandten Männern kann es, wenn sie viel Glück haben, in mondlosen Nächten gelingen, hier in die Festung zu kommen. Durch diese Sumpfstelle sind die Boten ausgegangen, die Herzog René die jammervolle Lage der Stadt geschildert haben; durch diese Sumpfstelle sind sie zurückgekehrt und haben seine flehentlichen Bitten um Geduld mitgebracht und ab und zu auch einen Sack mit Schießpulver; und durch diese Sumpfstelle soll nun auch die Botschaft in die Stadt getragen werden, daß aus der Schweiz ein Entsatzheer kommen wird. Aber weil die Not in Nancy so sehr groß ist, daß man nicht mehr allen Hilfsversprechungen traut, darum, so meint Chiffron, muß der Bote ein Mann sein, der es versteht, Menschen mit Worten zu packen. Es muß ein Mann sein, der Geltung und Gehör hat, ein Mann, von dem jeder weiß, daß er zu des Herzogs allerengster Umgebung zählt. Kurz, Chiffron erbietet sich, selbst nach Nancy zu gehen und die drohende Kapitulation zu verhindern.

Zum Sammelplatz des Heeres ist Basel bestimmt worden. Von Basel bricht Chiffron auf, und beim Abschied hängt René ihm das kleine kupferne Niklaskreuzchen um, das die alte Frau ihm in der Wallfahrtskirche von St. Nicolas-du-Port geschenkt hat.

Bevor Chiffron sich auf den Weg nach Nancy macht, setzt er sich mit den einzelnen Streifscharen in Verbindung, welche die burgundischen Nachschübe und Zufuhren beunruhigen und manchmal Glück haben, manchmal Unglück.

Jetzt wissen es alle in Lothringen, daß der Herzog kommen wird, nur die Leute in Nancy wissen es noch nicht. Chiffron läßt sich vom Grafen von Bitsch und seinen Reitern durch den großen verschneiten Hagenwald geleiten bis zur Abtei Clairlieu, die vom burgundischen Lager nicht mehr sehr weit entfernt ist. Acht Freiwillige, die mit der Örtlichkeit vertraut sind, werden mit ihm gehen.

Alle haben sie Filzstiefel. Jeder hängt sich zwei Säcke mit Schießpulver um, dann bekreuzen sie sich und gehen. Chiffron findet, daß die Säcke reichlich schwer sind, schwerer noch als die schreckliche Eisenrüstung, in der er damals am Herzog von Burgund hat vorübermarschieren müssen. Er schwitzt, friert und hat Herzklopfen. Er findet es bewunderungswürdig, daß diese Bauernjungen sich so gut zurechtfinden, und es ist doch nichts zu sehen als die schwache Helligkeit der Stadt und die etwas stärkere Helligkeit des burgundischen Lagers.

Die Bauernjungen wissen genau, wo die Feldwachen stehen und wo und wann gewöhnlich patrouilliert wird. Läßt sich ein Geräusch hören, ein schläfriger Postenruf oder ein Schneeknirschen, so wird haltgemacht und gewartet, bis alles still ist. Das sind die kleinen Gefahren, die charmanten kleinen Gefahren, über die Chiffron so glücklich ist; denn dann kann er sich auf den harten Krustenschnee legen und seine beiden schweren Pulversäcke aufstützen und ein wenig Luft holen, der arme, atemlose, beladene Chiffron.

Wenn man die Vorschanze der Bastion erreicht hat, so muß man ein Kennwort rufen, das jedesmal geändert wird, sooft eine solche Änderung durch einen abgehenden Boten zur Kenntnis des Herzogs gebracht werden kann. Darauf rennt eine allnächtliche bereitstehende Abteilung vor und hilft einem über das Verhau; es muß sehr schnell gehen, denn die burgundischen Posten sind in der Nähe, wenn sie sich nicht gerade vor der beißenden Nachtkälte, gleich nach dem Revisionsgang des Wachtoffiziers, in die Lagerzelte oder in eins der halbzerstörten Vorstadthäuser geflüchtet haben.

Es trifft sich, daß in dieser Nacht beim Herzog in der Johanniterkomturei der Kriegsrat versammelt ist. In solchen Nächten sind die Wachen sehr aufmerksam, weil die Anführer auf dem Rückwege vom Herzog manchmal noch die Posten kontrollieren.

Herzog Karl eröffnete den Kriegsrat, indem er den Großbastard aufforderte, die aus Basel eingegangenen Agentenmeldungen zu verlesen, in denen recht genaue Angaben über Renés Feldzugsvorbereitungen und das von ihm zusammengebrachte Heer enthalten waren. Danach fragte er als ersten den Grafen von Campobasso um seine Ansicht. Die übrigen Herren fanden, Campobasso hätte in den Niederlanden mehr erreichen und auch zu Nancys Entsatz schneller zur Stelle sein können; Karl aber war ihm dankbar, daß er im Herbst mit den niederländischen Ständen verhandelt und frische Mannschaft zusammengebracht hatte, der das Brüllen des Stiers von Uri noch nicht in die Ohren gefallen war.

Campobasso richtete sich kriegerisch auf. Die Kugelaugen rotierten. Er erklärte mit Zuversicht:

»Es duldet keinen Zweifel, daß die Belagerung bis zum Falle der Stadt fortzuführen ist. Einem von Süden über Lunéville und St. Nicolas-du-Port anrückenden Entsatzheer ist in offener Feldschlacht beiderseits der Straße zu begegnen.«

Campobasso blieb mit dieser Meinung allein. Die übrigen Herren gaben die Verluste ihrer Abteilungen an Menschen und Pferden an; Getötete und Verwundete – das waren wenige; dienstunfähig Gewordene infolge Erfrierens von Gliedmaßen und infolge sonstiger Krankheiten – das waren sehr viele. Außer dem Herzog wußte jeder, daß unter den sonstigen Krankheiten die Desertionen verstanden werden mußten.

Sie waren alle einig: die Belagerung wird aufgehoben, die kleineren Plätze der Umgegend bleiben besetzt, das Gros bezieht Winterquartiere an der Mosel und wird mit Hilfe der in Luxemburg lagernden Vorräte an Geld, Kriegsbedarf und Lebensmitteln schlagfertig gemacht und durch neue niederländische Zuzüge ergänzt.

»Ich kenne die Schweizer, Monseigneur«, sagte Romont. »Sie sind nicht lange im Felde zu halten, wenn nichts vorfällt. Herzog René wird Nancy verproviantieren, aber dann wird sein Heer sich rasch vermindern. Den Rest jagen wir im Frühling auseinander.«

»Monseigneur, Sie vergeben sich damit nichts«, erklärte der Großbastard. »Sie haben ohnehin den Ruhm, der einzige Kriegsherr der Welt zu sein, der ein Heer den Winter über beisammenhalten kann.«

»Es ist mir kein Geheimnis, daß die Herren lieber in Quartieren liegen als im Felde stehen«, erwiderte Karl. »Aber ich werde ein Ende machen. Die Hochzeit der Prinzessin wird noch vor Lichtmeß sein. Ich habe sie schon einmal verschieben müssen, weil Ihre Abteilungen, meine Herren, es nicht fertigbrachten, eine Stadt zu nehmen, die nicht einmal dem Herzog von Lothringen Widerstand leisten konnte.«

Bièvre, der gedrückt im Schatten saß, schloß leidend die Augen.

»Es ist mir lieb, den Schweizern zu begegnen«, fuhr der Herzog fort, »ohne erst in ihre Berge klettern zu müssen.«

Dann sprach er vom Schlachtgelände. Er war mit jedem Graben, jeder Senkung, jeder Gebüschgruppe vertraut. Plötzlich verstummte er. – Ich habe die Elefanten nicht berücksichtigt, dachte er. Er schüttelte den Kopf, als sei er in einen Fliegenschwarm geraten. Er lächelte über seinen Elefantentraum, gütig und mit Nachsicht, wie man über den vorzeitigen Eifer eines Kindes lächelt. Dieses selten gewordene Lächeln nahmen die Herren mit, als sie entlassen wurden.

Während sie gingen – nur Campobasso war noch im Zimmer – kam La Sarraz herein. Karl hatte Gefallen an ihm. – Noch ein Dutzend Jahre, und ich gebe ihm eine Befehlshaberstelle, dachte er.
»Was bringen Sie?«
»Beim Versuch, sich mit zwei Säcken Pulver in die Stadt zu schleichen, ist ein Mann gefangen worden, Monseigneur.«
Er hielt es nicht für klug, zu erwähnen, daß als einziger von einer ganzen Anzahl Leute dieser kleine, schwächliche Mann ergriffen worden war, der mit seiner Last nicht schnell genug über die Palisaden gelangte.
»Gut. Lassen Sie ihn hängen. Sie kennen ja das Reglement«, sagte der Herzog.
La Sarraz ging. Campobasso wurde zurückbehalten. Nach einer Viertelstunde meldete der Kammerherr vom Dienst abermals Herrn von La Sarraz.
»Haben Sie wieder einen?« fragte Karl freundlich.
»Der Gefangene von vorhin bittet, Monseigneur sprechen zu dürfen. Er habe Eröffnungen zu machen, die für Monseigneur von Wert seien.«
»Das hat jeder, der hängen soll. Wer ist es?«
La Sarraz nannte den südfranzösischen Adelsnamen, den Chiffron ihm angegeben hatte, weil ja auf seinen Kopf ein Preis gesetzt war.
»Ich will nicht ungerecht sein«, sagte der Herzog. »Gehen Sie zu ihm, Graf, und fragen Sie ihn aus. Schicken Sie mir meinen Vorleser, La Sarraz.«
Campobasso wurde in den Keller eines Hauses geführt, dessen Erd- und Obergeschoß nicht mehr standen. Der Gefangene hockte mit gefesselten Händen in der Ecke und zitterte vor Kälte. Pelzrock und Filzstiefel hatten ihm die Soldaten ausgezogen.
Campobasso erkannte ihn. Er nahm dem Posten, der ihn begleitet hatte, die Fackel ab und schickte ihn hinaus.
»Mein Gott, Sie sind es?«
Chiffron nickte.
»Können Sie mir forthelfen?«
»Vielleicht. Ich weiß nicht«, antwortete der Graf. Dann fragte er zögernd: »Was haben Sie dem Herzog eröffnen wollen, mein Herr?«
»Meinen Namen«, sagte Chiffron. »Erfährt ihn jemand anderes, so schlägt er mich tot, um das Kopfgeld zu verdienen. Erfährt ihn der

Herzog allein, so kann er mich am Leben lassen. Mein Herzog wird ihm jedes Lösegeld zahlen. Er wird meinethalben hundert gefangene Burgunder freigeben.«

Campobasso hielt die Hände auf dem Rücken und den Kopf geduckt. Es sah aus, als wäre auch er gefesselt. Die Fackel hatte er in den Wandring gesteckt.

»War das alles, mein Herr, was Sie dem Herzog erzählen wollten?« fragte er drohend.

»Alles«, erwiderte Chiffron. »Glauben Sie vielleicht, ich gäbe ein Geheimnis preis, das für meinen Herzog von solcher Wichtigkeit ist? Verschaffen Sie mir eine Unterredung mit Herzog Karl! Ich biete Ihnen meinen Eid an, ich werde kein Wort von unsern Beziehungen sagen. Ich will nur einen Vorschlag auf Auswechslung machen.«

Campobasso sah auf den schmutzigen Lehmboden.

»Ich werde mich bedenken, mein Herr, wie ich Ihnen helfen kann«, sagte er und ging. Draußen blieb er stehen und atmete tief wie ein Mann, der einer großen Gefahr entgangen ist.

Er ließ sich einen der Unterbefehlshaber kommen und sagte: »Richten Sie es ein, daß das Urteil durch Leute vollstreckt wird, die kein Französisch verstehen. Der Delinquent könnte dummes Zeug reden, und Monseigneur wünscht nicht, daß dergleichen zu den Ohren der Mannschaften kommt.«

Chiffron wurde von vier Soldaten abgeholt. Es waren Männer aus Westfriesland, keiner verstand ein Wort Französisch. Sie führten ihn durch das stille Lager. Der Schnee knirschte unter ihren Füßen. Der Himmel war bedeckt, und kein einziger Stern ließ sich wahrnehmen.

Vom Fackellicht angesprüht, hob sich ein dunkles Gerüst undeutlich zur Höhe. Chiffron begriff, daß dies der Feldgalgen war.

Der Profoßknecht wartete schon.

»Du kannst dir ein schönes Stück Geld mit meinem Kopf verdienen. Ich bin Chiffron«, sagte der Gefangene.

Allein, auch der Profoßknecht verstand kein Französisch.

Campobasso kam zum Herzog. Karl wartete, bis der Vorleser seinen Satz beendet hatte, und fragte gleichgültig: »Nun?«

»Ein Querulant«, antwortete der Graf.

»Fahren Sie fort«, sagte der Herzog zu seinem Vorleser.

Campobasso

Die Flüsse strömten farblos zwischen zugefrorenen Rändern. Um die Mittagszeit erschien die Sonne, und nun schmolzen die Eiskristalle, die sich an den Fesselloden der Pferde, an den Rädern der Karren und Geschütze angesetzt hatten. Es gab sonderbare Farben, rote Baumstämme warfen blaue Schatten auf den Schnee. Abends kam Sturm auf, nun wurden weiße dichte Schleier vom Wind über die Hänge gehetzt. René ging zu Fuß unter den Schweizern, eine Hellebarde über der Schulter. Gab es irgendwo eine Stockung, so rannte er hin. Blieb ein Geschütz im Schnee stecken, so griff er selbst mit an. Alte Reisläufer lachten gutmütig über seinen Eifer.
Der Marsch ging von Basel die Rheinebene hinab, von Schlettstadt über die Vogesen, dann auf lothringischem Boden am rechten Ufer der Meurthe entlang. Banden schlossen sich an, als erster war der Graf von Bitsch zur Stelle.
Auf der Hochfläche von Varangeville stand bei Renés Ankunft im dünnen, wäßrigen Schneefall das große Aufgebot der lothringischen Ritterschaft, mehrere Tausend Pferde stark. Die Adelsvertreter ritten René zur Begrüßung auf der Straße entgegen, Johann Wisse, Vinstingen, Lützelstein und Haussonville. Des Rheingrafen von Salm langer weißer Bart bewegte sich prächtig vor der bläulichen Rüstung. Salm hielt die Willkommensansprache, in welcher viel von Lothringen, von Gut und Blut die Rede war. René spürte anfangs eine kleine Rührung. Aber je länger der Rheingraf sprach, um so reichlicher flossen dem Herzog die Erinnerungen zu.
Er antwortete: »Ich verstehe, Sie sind bereit, mit all Ihren Dienstleuten nach Würden und Rang unter Ihren Wappenschilden für Lothringen zu Felde zu reiten und meinetwegen auch zu sterben. Aber ich, ich habe etwas anderes getan. Ich habe für Lothringen gebettelt und queruliert, ich habe meine Füße unter Tische gestreckt, an denen man mir jeden Bissen Brot mißgönnte. Ich habe für dieses Land Demütigungen gefressen, wie sie keiner von Ihnen für seinen Vater oder Sohn oder Bruder hinuntergeschluckt hätte. Gehen Sie jetzt an Ihre Plätze, meine Herren, und tun Sie Ihre Schuldigkeit, wie Sie sie begreifen. Sie werden einen gnädigen Herzog an mir haben, aber reden Sie zu mir nicht mehr von Lothringen.«
Wer von Süden auf Nancy marschiert, muß die große Meurthe-

brücke überschreiten, die von Varangeville nach St. Nicolas-du-Port führt. Die Brücke war besetzt, die Stadt St. Nicolas war besetzt.
Das Herz noch voll Zorn, ritt René zur Vorhut, stieg von seinem Grauschimmel, ließ sich eine Hellebarde geben und rannte mit den ersten gegen die Brückenverschanzung. Die Kanonen kamen nur einmal zum Schuß.
Am großen Turm von St. Nicolas, in der Dreijungferngasse und bei den Benediktinern versuchten die Flamen noch einmal Widerstand zu leisten. Aber es waren junge Leute, die das Blutgeschrei der Schweizer zum erstenmal hörten.
Wiederkehr, Wiederkehr, dachte René, als er die Wallfahrtskirche betrat und vor Sankt Niklaus betete, dem bärtigen Bischof mit dem mächtigen goldenen Brustkreuz, dem Patron Lothringens, dem Patron all derer, die weite und gefährliche Reisen vorhaben. Die Kirche füllte sich rasch. René ging suchend durch die Reihen. Die alte Frau fand er nicht. René zweifelte an seiner Erinnerung. Endlich war er geneigt, sie für einen der Engel seines Landes zu halten.
In der Kirche erhob sich ein Lärm. Hinter dem Hochaltar, so hieß es, war ein flämischer Schütze entdeckt worden, der sich dort eine Zuflucht gesucht hatte, ein waffenloser Bursche von vielleicht siebzehn Jahren. René wollte zu ihm, aber das Menschengedränge stand wie eine Mauer. Undeutlich gewahrte er einen Augenblick lang ein bleiches Gesicht, einen Augenblick lang scholl das schrille Flehen einer noch kindlichen Stimme durch die Kirche, dann waren die Schweizer mit dem Schützen draußen.
Es dunkelte schnell. Auf den Türmen brannten Feuer und meldeten der Besatzung von Nancy den Anmarsch. Alle Häuser von St. Nicolas-du-Port waren voll von dem dumpfen Schlaf müdemarschierter Männer. Viertausend Schweizer schnarchten aneinandergepreßt in der Kornhalle.
Die burgundischen Feldwachen hörten verwundert ein Pferdegetrappel in ihrem Rücken.
»Die Losung?«
»Gent und Sankt Andreas«, wurde gerufen.
Die Posten gaben den Weg frei, die Schattenwesen trabten vorüber, zu vieren geordnet. Sie verschwanden auf den Feldwegen, die abseits der Straße, über Vandœuvre und Fléville, nach St. Nicolas-du-Port führen.

Herzog Karl hatte zur Nachtruhe seine Bedienung entlassen. Auf dem Tisch brannte das silberne römische Henkellämpchen, das ein Trierer Winzer einmal aus seinem Wingert gegraben hatte. Karl saß, weit zurückgelehnt, in seinem Stuhl, die Arme hingen unfürstlich, wie leblose Gegenstände, zu beiden Seiten hinab. Er war allein, so überließ er sich allen Zufallsbewegungen, zu denen das Kochen in seinem Leibe seine Glieder drängte.

Von allen verborgenen Leiden, die Gott mir auferlegte, ist vielleicht keins ärger gewesen, als daß ich so oft den Schlafenden habe spielen müssen ... Das ist das fürstliche Geheimnis: die Menschen so zu täuschen, daß sie daraus Mut gewinnen, grübelte er. Sie glauben an mich, weil sie das sehen, was sie meine eiserne Natur nennen. Sie wissen nichts von meinen Pulvern, meinen Schmerzen, meinen Durchfällen. Sie bewundern es, daß ich immer und überall schlafen kann, auf gefrorenem Boden, bei Geschrei und Kanonenlärm.

Er lachte voller Verachtung. Er dachte an die Maske des Schlafes, die er vor seiner Umgebung trug, während sein Herzschlag flatterte, während Feuerameisen durch seine Glieder liefen, während er kein anderes Verlangen spürte als aufzuspringen, zu schreien, zu laufen und bei aller Müdigkeit nicht einmal mehr die Begierde nach Schlaf zu empfinden vermochte.

»Und was für Leute sind es, für die ich solche Leiden ertrage, ohne daß sie es wissen? Träge Fleischmassen, Behagensanbeter, Neunstundenschläfer – Neunstundenschläfer!« flüsterte er erbittert. »Sie haben alles, alles, was Gottes Härte mir versagt ...«

Im Vorraum gab es Geräusch. Karl richtete sich auf wie ein Erwachender und sah den hereinstürzenden Olivier mit mißbilligendem Erstaunen an.

Olivier überschrie sich: »Monseigneur! Monseigneur! Campobasso hat mit den Lombarden das Lager verlassen!«

»Campobasso?« fragte der Herzog unbeteiligt.

»Der Sohn mit ihm! Zweitausend Mann! Monseigneur, wußten Sie? Monseigneur, hat er einen Befehl von Ihnen?«

Karl sieht ihn starr an und scheint doch über ihn hinwegzusehen. Diese Art seines Blickes ist seit Lausanne allen vertraut.

Er nickt abwesend. Campobasso also ist fort. Das sind zweitausend Mann, zweitausend Panzerpferde, viertausend Arme, achttausend beschlagene Hufe. Befehl? Befehl? Ja, einen Befehl muß er wohl gegeben haben, sonst hätte Campobasso doch nicht abreiten können. Nur im Augenblick kann er sich nicht auf diesen Befehl besinnen.

»Geh schlafen, Olivier«, sagte er, gütig lächelnd. »Es ist alles in Ordnung, du wirst morgen einen ausgeschlafenen Körper brauchen.«

Olivier steht regungslos, dann stürzt er vor, fällt auf die Knie, reißt Karls hängende Hand an seinen Mund.

»Monseigneur! Monseigneur! Verlassen Sie mich nicht!« schreit er.

»Verlassen Sie sich selber nicht!«

Karl streicht ihm über das dünne Haar. »Geh schlafen, mein Alter, geh schlafen.«

Eine halbe Stunde darauf schlug der Herzog an das silberne Lärmbecken.

Ins Zimmer sprang der Page vom Dienst, ein langer schwarzhaariger Junge mit finnigem Gesicht.

»Wie heißt du?« fragte Karl.

Den Pagen setzte die Frage nicht in Verwunderung, er hatte sie oft beantworten müssen; er kannte ja diese neue Art des Herzogs, dazwischen einen Menschen seiner alltäglichen Umgebung so anzusehen, als erblicke er ihn zum ersten Male.

»Colonna, Monseigneur«, antwortete er. Das Wort »Monseigneur« sprach er in italienischer Weise aus.

»Richtig: Colonna. Graf Campobasso soll sofort zu mir kommen.«

»Zu Befehl, Monseigneur«, sagte Colonna bestürzt und ging.

»Halt! Der Sohn auch!«

Colonnas verstörtes Gesicht erschien noch einmal in der Spalte des Teppichvorhangs.

»Zu Befehl, Monseigneur.«

»Colonna!«

»Monseigneur?«

»Colonna, hast du einen Menschen, der dir lieb ist? Einen Bruder? Ein Mädchen?«

Der Page errötete.

»Gut, gut. Du bist nicht geschaffen, einsame Leidenschaften zu ertragen.«

Colonna ging.

»Halt! Halt! Es ist nicht nötig«, rief Karl ihm nach.

Colonna antwortete: »Zu Befehl, Monseigneur.«

René saß mit seinen Heerführern in der Herrenstube des Gasthauses zum Einhorn, in welchem er im Sommer übernachtet hatte. Damals waren ihm Blumen durchs Fenster geworfen worden. Jetzt war es Winter, aber nun bedurfte ja René keiner heimlichen Blumengaben mehr.

In diese Stube brachte ein atemloser Meldereiter von der Vorpostenkette die erstaunliche Nachricht, der Graf von Campobasso habe das burgundische Lager verlassen und stelle sich mit seinen lombardischen Panzerreitern dem Herzog von Lothringen zur Verfügung. Die Aufregung war groß. Alle redeten sie durcheinander, mit viel Leidenschaft und mit lauten Stimmen.

Endlich wurden die beiden Grafen von Campobasso hereingeführt, der Vater und der Sohn. Sie traten ein wie lange erwartete Gäste. Auf den Ärmeln trugen sie bereits die gelben lothringischen Doppelkreuze.

»Da sind wir, Monseigneur«, sagte Nicolo, der Vater, unbefangen, und sein fröhliches Lächeln entblößte die gelben Pferdezähne. »Meine Lombarden halten vor der Stadt. Schicken Sie gleich jemanden hin, damit sie keine Händel mit den Schweizern bekommen.«
Beide schüttelten sie René die Hand, beide sprachen sie laut, munter, gebärdenreich.

»Einen großen Teil der Bagage haben wir zurücklassen müssen«, erklärte Angelo. »Aber mein Vater hat den Leuten dafür gutgesagt, daß sie wieder zu dem Ihrigen gelangen.«

»Ich verlasse mich hierin auf Ihre Courtoisie, Monseigneur«, fügte Nicolo hinzu.

René dankte den beiden für ihr Kommen und dachte mit Sehnsucht an Chiffron, der die Kunst wußte, jede Peinlichkeit auf gute Art zu enden.

Für die beiden Ankömmlinge aber schien die Lage nichts Peinliches zu haben. »Es war eine dumme Geschichte, damals in Joinville«, sagte Angelo zu René. »Mir hat es selbst leid getan. Nun, es ist hübsch von Ihnen, Monseigneur, daß Sie mir nichts nachtragen.« René nickte beklommen.

Währenddessen hatte Nicolo sich dem Grafen von Bitsch zugewandt. »Herzog Karl hat mir damals Ihre Besitzungen ohne mein Zutun verliehen, mein Herr. Da ist nichts, weshalb Sie mir zu grollen hätten. Wir werden uns leicht verständigen, Herzog René wird mich schon schadlos halten!«

»Ich denke, die Herren werden uns etwas über die feindliche Aufstellung sagen können«, meinte Graf Thierstein.
»Natürlich«, antwortete Nicolo Campobasso, »alles, was Sie wollen!« Lachend lehnte er sich gegen den Kamin und rieb sich die Hände.
Die Schweizer steckten die Köpfe zusammen. Dann standen sie auf und gingen grußlos aus dem Zimmer.
René, Bitsch, Thierstein und ein paar andere Herren blieben mit den zweien allein.
Campobasso war mitten in seiner Schilderung, als Haßfurter hereinlahmte und den Herzog zu den Schweizern ins Nebenzimmer bat. René entschuldigte sich und ging. Er kam verlegen zurück.
»So dankbar ich Ihnen beiden bin, die eidgenössischen Herren machen mich auf die Empfindlichkeit ihrer Leute aufmerksam . . .« Er stockte einen Augenblick; er konnte den Campobassos doch nicht sagen, daß die Schweizer es abgelehnt hatten, an der Seite von Verrätern in einen Kampf einzutreten. »Sie haben bei Murten gegen uns gefochten, Ihr Herr Sohn ist überdies bei Grandson dabeigewesen . . .« Er schloß den unbeendet gebliebenen Satz mit einer höflichen Handbewegung.
Campobasso lachte ungekränkt. »Mein Sohn und ich haben Schlachten genug geschlagen. Ich versteige mich nicht auf die Teilnahme an dieser. Ich gehe an die Brücke von Bouxières-aux-Dames und sperre Karl die Rückzugsstraße nach Luxemburg. Meine Leute werden gute Lösegelder verdienen. Meinen Sohn lasse ich Ihnen zurück. Er weiß mit allem Bescheid.«
Dann rief er den Wirt und besprach das Nachtessen. Haßfurter hinkte vorbei, glotzte den beiden Campobassos dreist ins Gesicht und spuckte aus. Nicolo lächelte und fuhr fort, dem Wirt seine Wünsche auseinanderzusetzen.
»Sie haben kein Öl? Schließlich tut Butter es auch. Den Meerrettich bräunen Sie mir leicht an.«
Während er auf das Essen wartete, fuhr Campobasso in seinem Bericht fort. Einmal unterbrach René ihn mit einer Frage nach Chiffron.
Campobasso antwortete: »Es scheint in der Tat, Monseigneur, als seien unlängst wieder einige Ihrer Leute bei Nacht über den Sumpf nach Nancy gelangt.«
René holte tief Atem. Im Grunde, so meinte er jetzt, habe er ja nie daran gezweifelt, daß es Chiffron glücken werde.

Das Essen wurde gebracht. René sah stumm den Kauenden zu. Es war seine Sehnsucht, von Karl reden zu hören, allein, er verstand, daß er Karls Bild nicht aus diesen Händen empfangen konnte.

St. Niklaus

In der trägen Dämmerung des nächsten Morgens – es war ein Sonntag und der Tag vor Dreikönige – überwachte Herzog Karl auf seinem Rappen den Marsch des Heeres aus dem Lager in die Schlachtstellung zwischen der Stadt Nancy und dem Dorf Jarville, beiderseits der Landstraße von St. Nicolas-du-Port.
Der Morgen war schwer zu erwarten gewesen, schwer wie der Morgen jedes Gefechtstages. Begänne es doch bald, dies wundersame Zusammenspiel von Gedanken und Entschluß, Tat und Geschehnis, das nicht einmal für die Erinnerung an das Fegfeuer der öden Nacht einen Raum ließ!
Dreimal in der letzten Woche war die Stellung probeweise bezogen worden; jeder einzelne Führer und Unterführer kannte seinen Platz. In zwei Stunden war der Aufmarsch beendet. Karl galoppierte ins Lager, um unvermutet die zu dessen Schutz zurückgelassenen Truppen zu revidieren. Dann ritt er ein letztes Mal den ganzen Kreis des um die Stadt gelegten Grabensystems ab.
Es war hell geworden, aber es blieb eine trübe Helle. Aus dem grauen Himmel begann Schnee zu fallen.
Karl kehrte zum Standort seines Stabes und seiner Leibgarde zurück. Dieser befand sich beim Mittelhaufen, der nach Schweizer Art im Geviert gebildet war und sich links bis über die Landstraße zog. Dann kam der Hügel mit den Artilleriestellungen. Etwas weiter zurück, zwischen der Straße und der Meurthe, stand die Kavallerie des linken Flügels unter dem Großbastard. Vor dem Mittelhaufen zog sich eine lange Hecke von Dorngesträuch, die Karl durch Schanzwerk verstärkt hatte. Weiterhin, zwischen zwei Bächen auf offenem Felde, war Romont mit der Reiterei des rechten Flügels aufgestellt, deren Verstärkung durch die Lombarden der Schlachtplan vorgesehen hatte. Die Straße lag in Sicht und Feuerbereich der Artillerie, jeder aus dem Walde tretende Feind mußte augenblicks erkannt werden.
Niemand in der Umgebung des Herzogs wagte es, von Campo-

basso zu sprechen; aber man wußte, daß unter den Mannschaften allenthalben vom Auszug der Lombarden geredet wurde und daß die rasch ausgegebene Darstellung, Campobasso sei auf des Herzogs Befehl zu einem Umgehungsmanöver aufgebrochen, Zweifeln begegnete. Alle die Herren bemühten sich um zuversichtliche Mienen; aber Olivier und mancher andere sehnte den Augenblick herbei, da er im Angesicht des Feindes das Helmvisier würde herunterklappen dürfen: dann endlich konnte er seine Mienen vom Zwang des getrosten Lächelns erlösen.

Patrouillen meldeten dem Herzog den Aufbruch des Feindes von St. Nicolas-du-Port. Karl nickte und schloß die Augen. Wie ein Schachbrett sah er das Schlachtgelände vor sich. Er unterschied jede Einzelheit: die Belagerungsmannschaften in den Laufgräben, die Postenkette, die sie mit dem Lager verband, um jedes Anzeichen einer Ausfallabsicht ins Lager zu melden; die strümpfestopfenden Weiber in den Zelten; Romonts geduckten und hinterhältigen Sattelsitz; den Großbastard auf seinem schneefarbenen Hengst, den er nach seiner Gewohnheit unablässig vor der Front hin und her tänzeln ließ; die Kanoniere, die von einem Fuß auf den anderen traten, um sich zu erwärmen; den starrenden Spießwald des Pikenierhaufens; und fern auf der Straße, jenseits des Waldes, noch jenseits dreier Ortschaften, den in drei Kolonnen marschierenden Feind, dessen einzelne Banner er genau unterschied: Lothringen, Bitsch, Straßburg, Kolmar, Basel, Bern, Zürich, Luzern ... Ja, er sah noch mehr. Er sah das Luxemburger Schloß, das doch fünfzehn Meilen hinter Nancy liegt, über die Stadt hinausragen, und die Türme gleißten wie Gold. Aber das war nicht mehr jenes vertraute Schloß, in welchem er so oft hofgehalten hatte, und es war nicht mehr die bescheidene Stadt, die nur zur Zeit der Schobermesse jeden Glanz der Erde widerstrahlte: es war ein Ort, da Süße und Schrecknis sich zu einer neuen Freudigkeit verschmolzen, es war ein Zustand, der allen Unzulänglichkeiten der Welt zur Vollkommenheit verhalf. Dort mußten die Rosen im Garten auch jetzt in Blüte stehen, dort konnte kein Winter sein, denn es ist ja nicht erhört, daß indische Elefanten durch weißen Schnee stapfen müssen.

Dies alles, farbig und klar, sieht Herzog Karl hinter dem Vorhang seiner Lider. Allein, sobald er die Augen öffnet, sieht er nichts. Nichts als die drei, vier Männer, die ihm zunächst halten, und als den Teppich des Schneegestöbers, dichtgewebt, weißgewebt, ohne eingewirkte Farben und Goldfäden, ohne Alexanderschlachten und Cäsarentriumphe. Sehr schlicht ist dieser Schneeteppich, sehr sauber und bescheiden; man sieht es ihm nicht an, daß er ein kunstgerechtes Schachbrett zu einem Schauplatz von Zufälligkeiten machen kann.

Gestern nach der Einnahme von St. Nicolas-du-Port sind die Herren im Einhorn sich schlüssig geworden, den Frontalangriff von der Straße her zu wagen. Allein, dann sind die beiden neapolitanischen Grafen gekommen, und nun ist im Einhorn erwogen worden, ob es nicht eine bessere Art geben könne. Während aber die Herren im Einhorn ratschlagen, geschieht noch eine andere Ratschlagung, und sie geschieht im Schatten eines heiligen Baumes vor einem der zwölf Perlentore der himmlischen Stadt. Dort sind sie zusammengekommen, die heiligen Märtyrer, Bischöfe und Bekenner: Sankt Niklaus von Lothringen, Sankt Gervasius und Protasius von Breisach, Sankt Felix von Zürich, Sankt Aper von Nancy, Sankt Morandus vom Sundgau, Sankt Leodegar von Luzern, Sankt Meinrad von Einsiedeln, Sankt Vinzenz von Bern. Und ihnen allen ist niemand entgegengetreten als Sankt Andreas von Burgund und Sankt Georg von der Ritterschaft. Sie haben nicht miteinander gestritten, denn die lieben Heiligen streiten ja nicht wie die Menschen. Sie haben nur liebreich und ernsthaft miteinander geratschlagt, mit schöngesetzten Worten und holdseligen Gebärden.

Es ist nicht gewiß, wer den Ausschlag gegeben hat. Die einen sagen: Sankt Dionysius von Paris, die anderen aber meinen, er sei überhaupt nicht dabeigewesen, und Sankt Niklaus mit seinem großen Bart, seinem goldenen Brustkreuz und seinem mächtigen Bischofsstabe habe es zur Entscheidung gebracht. Und Sankt Niklaus ist ja auch Scharnachthals und des toten Diesbach und des Grafen von Campobasso Namenspatron, und der Graf ruft ihn täglich an, morgens und abends, und so ist er es wohl auch gewesen, der es dem Grafen ins Herz gegeben hat, mit zweitausend Pferden vor die Wunderstadt Saint Nicolas-du-Port zu reiten, in welcher ein Fingerglied des Heiligen so treu bewahrt und so gläubig verehrt wird. Kurz, es ist geschehen, daß Sankt Georg mit Kummer sein goldenes Schwert in die Scheide gesteckt und daß Sankt Andreas, der doch ein heiliger Zwölfbote ist, sein Angesicht verhüllt und gesprochen hat: »Liebe Brüder, so geschehe es denn nach eurem Gefallen.«

Und nun haben die Heiligen über dem lothringischen Lande den Himmel geöffnet und haben Wolken hinausgelassen, dunkelgraue Nebelwolken, die so prall mit Schnee gefüllt sind wie ein Habersack mit Habermehl.

Am Morgen, vor dem Ausmarsch, drängen sich die Kriegsleute in der Wallfahrtskirche, um den Heiligen Dank für das Schneegestöber zu sagen. Kopf an Kopf stehen sie am Portal und auf der Straße davor. René ist es nicht möglich, bis zu Sankt Niklaus vorzudringen. Nun wird unter freiem Himmel noch ein Kriegsrat gehalten, und weil die lieben Heiligen wollen, daß man dem Sünder verzeiht, so darf der junge Graf von Campobasso auch dabeisein; der Vater ist mit den Lombarden schon unterwegs nach der Brücke von Bouxières-aux-Dames.

Um jeden einzelnen der Marschierenden hängt der weiße Teppich. René sieht ein paar Pferde, ein paar Reiter. Dort links hinter dem Teppich ist die öde, beschneite Hochfläche, rechts muß die Meurthe an den Salzwerken vorbeifließen. – Ich hätte die Salinenpächter schärfer kontrollieren sollen, geht es René durch den Kopf, und alle Versäumnisse und Irrtümer seines Lebens fassen sich plötzlich in diesen einen Gedanken an die Salinenpächter zusammen.

Die Straße stieg. Jetzt hätte man schon die Höhen jenseits des Talkessels von Nancy sehen müssen, die Wälder von Maxéville, Malzéville, Bouxières-aux-Dames. – Sie sind unermeßlich, unerreichbar weit. Werde ich noch einmal in den Moselwäldern jagen, noch einmal in Bouxières-aux-Dames einkehren dürfen bei den behaglichen alten Klosterweiblein, die immer in Angst waren, ich äße zu wenig, die diese wunderbare Entenfüllung von Rosenäpfeln, Quitten, Nußpasta und Majoran machten?... Und kann es denn wirklich geschehen, daß ich einen Botenreiter nach Joinville schikken darf: »Nancy ist mein, komm heim«? – Er streichelte seinem Pferde den Hals und meinte seiner Tochter über das Haar zu fahren.

In dem langgestreckten Laneuveville wird gehalten. Hier soll die neue Gruppierung vorgenommen werden, die heute früh beschlossen wurde, weil doch Sankt Niklaus das gute Schneegestöber geschickt hat und das gute Getrappel von achttausend beschlagenen Pferdehufen, die aus dem burgundischen Lager nicht nur die Kampfkraft von viertausend Armen herübertrugen, sondern auch die Kenntnisse von unterrichteten Hirnen: die Kenntnis jeder Feldwachenpostierung und jedes Geschützes und jeder starken und schwachen Stelle in der Heckenverschanzung, kurz, die Kenntnis all der Dinge, die man im Schneegestöber nicht wahrnehmen kann und die zu wissen so sehr nötig ist. Zuvor aber zeichnet jeder mit dem Pikenschaft oder mit der Schwertscheide vor sich ein Kreuz in den Schnee, kniet nieder und küßt es.

René stand neben seinem Pferde vor der kleinen Kirche, die von ihrem klotzigen Turm in den beschneiten Boden gedrückt wurde. Die eidgenössischen Hauptleute traten geschlossen zu ihm, ein wenig feierlich. Waldmann wollte schonungsvoll und weltmännisch den Sprecher machen, aber Haßfurter schob sich grob vor:

»Herr Herzog, es ist nun alles beredet, und dieser Mann da« – er deutete mit dem Vierkantschädel auf Angelo Campobasso – »wird uns die Wege zeigen. Aber wir müssen Sie jetzt bitten, zu den Bannern zu gehen, die alle zusammen in der Mitte des Gewalthaufens getragen werden sollen. Da mögen Sie auf Ordnung schauen, sonst aber sollen Sie sich aller Befehle enthalten und es uns überlassen. Wir werden alles so machen, daß Sie zufrieden sein sollen.«

René wurde blaß vor Schrecken. Er wünschte Chiffron herbei. Er blickte in die breiten, von der Winterluft geröteten Gesichter, von deren Bärten das Schneewasser lief. Einige grinsten, einige sahen aus, als hätten sie ein kleines Mitleid. Endlich senkte er den Kopf und sagte: »Ich bin einverstanden.«

Das ist die letzte Demütigung, dachte er, morgen bin ich in Wahrheit Herzog oder tot.

Luxemburg

Herzog Karl vom Mittelhaufen, Romont und der Großbastard von den Flügeln schickten Patrouillen aus. Manche kehrten nicht wieder, es blieb ungewiß, ob sie im Schneetreiben die Richtung verloren hatten, ob sie gefangen oder übergelaufen waren. Endlich ritt der Herzog selbst auf der Straße zur Rekognoszierung vor. Noch diesseits des Dorfes Jarville erhielt er Handbüchsenfeuer aus dem rieselnden Vorhang und kehrte um. Die Fühlung mit dem Feinde war hergestellt.

Aber warum blasen sie denn nicht, warum schreien sie nicht, warum wollen sie nicht angreifen? Warum schicken sie nur ab und zu kleine, schattenhafte Plänklertrupps vor? Offenbar wollen sie ihn zum Angriff reizen, er soll seine Stellung verlassen, jetzt, in einem Wetter, das nicht auf zehn Schritte Sicht gewährt. Oder sie wollen den Angriff verschieben, bis das Schneetreiben aufgehört hat. Oder sie sind noch nicht vollzählig. Schweizer müssen ja immer warten, bis sie vollzählig sind.

Dies sind Karls Gedanken, und dies sind auch die Gedanken all der erfahrenen Männer seiner Umgebung. Dies sind auch Nicod de la Sarraz' Gedanken, den Herzog Karl zu seinem Stabe befohlen hat. Denn das wissen sie ja nicht, daß sie nur die Leute vom Troß vor sich haben, die dort reden und lärmen und durcheinanderlaufen müssen, und daß die paar Männer, die auf Herzog Karl geschossen haben und dazwischen in kleinen Trupps vorgehen und nach ein paar Schüssen wieder umkehren, tatsächlich die ganze Kampfkraft dieses Haufens darstellen.

Die anderen aber, die Ritter und Rittersknechte und die schweizerischen Spießträger, haben sich in zwei Kolonnen geteilt und bei Laneuveville die Straße verlassen, eine rechts, die andere links. Und unter dem Schneemantel des heiligen Niklaus machen sie den mühseligen Flankenmarsch, der linke Haufen um die Waldhügel von Malgrange herum, der rechte hart an der Meurthe entlang, fast im Schußbereich der burgundischen Geschütze, und es ist den Leuten bei Todesstrafe jedes Wort verboten.

Plötzlich hörten Herzog Karl und sein Stab, seine Leibgarde und alle Mannschaften des Mittelhaufens von links her Schießen und Geschrei. Der Großbastard war angegriffen worden.

»La Sarraz!« rief der Herzog. »Sie reiten auf den rechten Flügel, lassen sich vom Grafen Romont eine Reiterkompanie geben und führen sie dem Großbastard zu.«

La Sarraz folgte dem Lauf des Baches. Später würde er halbrechts über das Feld reiten. Lauter feuchte weiße Tücher hingen um ihn. Plötzlich glaubte er eine Veränderung zu gewahren. Der Vorhang wetzte sich ab, durch den mürben Stoff schimmerten schwache Helligkeiten, er wurde löcherig, dann kam der Augenblick, da er zerriß. Auf dem Weiß standen ein paar kahle Bäume wie in der Verkrümmung schmerzlich erstarrte Menschenleiber.

La Sarraz verließ den Bach, galoppierte eine kleine Kuppe hinan und machte halt, um sich umzusehen. Das erste, was er erblickte, waren zwei breite dunkle Rauchsäulen, die in der Richtung des

Lagers senkrecht in die immer heller werdende Luft aufstiegen. Jetzt, da der Lärm vom linken Flügel nicht mehr so laut zu hören war, meinte La Sarraz vom Lager her Geschrei zu vernehmen. – Der Ausfall aus Nancy, dachte er überrascht und mit Unbehagen.

Aber viel, viel wichtiger war ein näherer Lärm. La Sarraz erkannte Romonts Reiterei schräg jenseits des Feldes im Zustande der Bewegung. Sie ritt im Trabe vor, gegen den Waldrand an La Sarraz' linker Seite, gegen diesen Waldrand, der plötzlich Gebrüll, Schüsse und Reiter auswarf.

La Sarraz' Erschrecken wurde von dem Gedanken abgelöst, daß es unter diesen Umständen nicht leicht sein werde, dem Grafen Romont eine Kompanie abzunehmen. Er jagte los und schlug gleich darauf einen Haken, um nicht vom Aufeinanderprall der Kolonnen erdrückt zu werden. Um ihn her pfiffen die ersten Bolzen und Handbüchsenkugeln, von beiden Seiten wurde geschrien.

Eine Sekunde lang hatte La Sarraz das Gefühl, sein Pferd müsse gegen ein unsichtbares Hindernis geprallt sein. Eine Sekunde lang schien es still zu stehen mitten in einem Galoppsprung. La Sarraz spürte einen Glutstrahl durch seinen Körper laufen, er wollte das rechte Bein über die Kruppe werfen, um abzuspringen, aber diese Bewegung wurde ihm nicht mehr gestattet, denn er lag am Boden, und eine furchtbare, eine nicht zu verrückende Last hatte sich auf ihn gelegt.

Aus einer Bewußtseinstrübung riß ihn das Schmerzgefühl des Druckes, der unerbittlich auf sein eingeklemmtes rechtes Bein wirkte. La Sarraz war im Finstern. Der Helm hatte sich im Sturz verschoben, so daß die Visierlöcher nicht mehr über den Augen lagen. La Sarraz wollte den Arm heben, um den Helm zu rücken, allein, es kam ihm in den Sinn, daß diese Bewegung ihn als Lebenden verraten konnte. Um ihn wurde geschossen, gerufen, dröhnend aufgeprallt. La Sarraz hatte jedes Richtungsgefühl verloren und bemühte sich auch nicht mehr, sie aus dem Lärm zu erraten. Er hatte nur den Gedanken: Das nächste ist der Spieß.

Spieß, Spieß, Spieß, das ganze Leben war nichts als dieses Wort.

Dann kam ihm ins Bewußtsein, daß es vielleicht Lothringer oder Österreicher waren. – Es dürfen nicht Schweizer sein, es kommt alles darauf an, daß es nicht Schweizer sind.

Das Bewußtsein der Zeit kam ihm abhanden. Er hörte einen Schuß

rollen, es schien ihm, dieser Schuß ginge ihn mehr an als anderen Schüsse, er wußte nicht warum. – Spieß, Spieß, fiel ihm ein. Er stöhnte vor Schmerzen und Kälte, er konnte es sich nicht verwehren; genug, daß er sein Stöhnen so leise hielt, daß es innerhalb der schwarzen Helmkammer blieb. – Wahrhaftig, alles mögliche, daß ich mich nicht bewege.
Er begann zu zählen. Diesem mechanischen Aufreihen von Zahlen schien eine schützende Kraft innezuwohnen. – Komme ich bis achthundert, dann geschieht mir nichts.
Der Lärm war dicht um ihn, er entfernte sich und kehrte zurück. Einhundertvierunddreißig ... einhundertfünfunddreißig ... halt, ich habe ja die Zwanziger ausgelassen, einhunderteinundzwanzig ... ich habe die Siebziger doppelt gezählt, das wird mich verderben.
Es wurde stiller. Jemand stieß ihn an.
Spieß, Spieß, Spieß, siebenhunderteinundsiebzig, Spieß, Spieß ...
»Leben Sie noch, Messire? Ergeben Sie sich?«
»Ach was, ergeben«, rief La Sarraz ungeduldig. »Räumen Sie mir dies ekelhafte Pferd weg, nachher mögen Sie mich verhökern, so hoch Sie wollen.«
Er schob hastig den Helm zurecht.
Es war ein untersetzter Mann mit einem grauen Knebelbart. La Sarraz sah am Feldzeichen, daß er zur Gefolgschaft des Bitscher Grafenhauses gehörte.
Der Mann stöhnte und fluchte über der mühseligen Arbeit, dann rief er einen anderen zu Hilfe. La Sarraz schrie auf, als die Last ihre Druckpunkte verschob. Endlich war er frei, sie richteten ihn empor und hoben ihn in einen Sattel, er selbst war unvermögend, sich zu bewegen.
»Sie haben doch sicher jemanden, der Sie auslösen wird, Messire?« fragte der Alte besorgt.
La Sarraz nickte. – Der Herzog wird mich auslösen, dachte er. Plötzlich erschrak er beim Gedanken an den Herzog. – Und wenn die Welt in Stücke gegangen ist, Maria wird mich auslösen, Maria, Maria ...
Er wunderte sich über den hellblauen Himmel und die Sonne. Sie stand tief. – Habe ich mich um Tausende verzählt? Habe ich Stunden im dunklen Helm gelegen?
Verendende Pferde schnauften. Im glitzernden Schnee lagen Tote

wie vergessene Gegenstände. In der Ferne, weit hinter La Sarraz'
Rücken, wurde noch geschossen und geschrien.
Er konnte sich nicht umdrehen, er saß eingespannt in die Arme des
hinter ihm hockenden Mannes.
»Wie steht die Schlacht?« fragte er.
»Da wird wohl nicht mehr viel sein«, antwortete der Alte gleichgültig.
Nach einer Weile sprach La Sarraz die Frage aus, die an diesem Tage
jeder Mann im burgundischen Heer bedacht hatte, nur einer nicht.
»Weißt du, wo der Graf von Campobasso ist?«
»Ich kenne mich mit den großen Herren nicht aus. Wie heißen *Sie*
denn, Messire?«
Einmal, als der Alte abstieg, um einen Helm mit Silberverzierungen aufzuheben, wandte La Sarraz sich mühsam im Sattel. Ganz
fern sah er strahlende, blanke Menschenknäuel, sie bewegten sich,
die Sonnenreflexe wechselten von Sekunde zu Sekunde, La Sarraz
mußte die schmerzenden Augen abwenden. Es war schwer zu
glauben, daß in diesem glorreichen Strahlenbündel verzweifelten
Menschen ihr unersetzbares Leben fortgenommen wurde.
La Sarraz erriet, daß dies der abgedrängte, seiner Flügel beraubte
Mittelhaufen sein mußte.
In diesem herrlichen, blitzenden Menschenknäuel verstand Herzog
Karl es zum erstenmal, daß zwischen ihm und dem Tode nichts
mehr war als eine dünne Stahlwand. Gegen diese Stahlwand
schmetterte ein Wurfhammer. Der Helm barst, der Herzog ließ
die Zügel fahren.
Bièvre beugte sich aus dem Sattel herüber, Bièvre hielt den Schwankenden mit beiden Armen umfaßt, Augenblicke hindurch, lange
Augenblicke hindurch, während deren Schlag auf Schlag über
Bièvres Kopf niederging. Von links deckte Olivier den Herzog,
bis er die Vorderbeine seines Pferdes unter sich schwinden fühlte.
Er gewahrte noch, wie Karl sich wieder im Sattel aufrichtete, wie
seine Linke abermals nach den hängenden Zügeln griff und wie
sein rechter Arm die silberbeschlagene Doppelaxt hob.
Karl sah Bièvre nicht sterben, Olivier nicht stürzen. Karl war aus
den Augenblicken der Schwärze und Betäubung in eine niegekannte leuchtende Freudigkeit versetzt worden. Er wußte ja, daß
ihm gnadenvoll die große Zuflucht offenstand, zu der allzufrüh die
Kleinmütigen geraten hatten: Luxemburg, Luxemburg!

»Nach Luxemburg!« schrie er mit seiner klingenden Stimme. Sie scholl ihm selbst wie ein Angriffssignal reisiger Himmelsheere. Die langen Goldsporen hieben in das zuckende, blutausspritzende Fleisch des Rappen.

Alle Herrlichkeit Luxemburgs flammte aus dem Gefunkel um ihn her: Rosen im Garten, Gold in den Gewölben, Kanonen im Zeughaus, die Hunderttausende der neuen Armee – wie sie blitzten, wie sie blitzten, diese Hunderttausende! Zweihundert silbergeschirrte Elefanten stehen aufmarschiert, blanke Panzertürme auf den Rücken. Über dem blauen Sommerhimmel leuchtet riesig das Vlies. Adrian erwartet ihn in Luxemburg, und auch Yolande ist zur Stelle, ihr Goldhaar schimmert, und auf dem Söller steht, mit Juwelen geschmückt, in der Ordenstracht der Ritter vom Goldenen Vlies ein schlanker, schwarzhaariger Jüngling. Karl erkennt ihn, das Herz wallt ihm auf: dies ist sein Sohn, sein und Yolandes Sohn, der Erbe Burgunds und der Erbe zweier Kaiserreiche.

Jeder Galoppsprung trägt ihn Luxemburg näher, jeder Axthieb legt eine Straße nach Luxemburg frei. Wie Klingen, die in der Morgensonne gleißen, so liegen goldene Straßen vor ihm.

Erst am Abend des Dreikönigstages, dreißig Stunden nach der Schlacht, wurde bei Fackelschein die Leiche des Herzogs gefunden. Sie war eingefroren in die geborstenen Eisschollen eines Tümpels, zur Hälfte nackt, von Hunden und Wölfen benagt. Sie hatte Lanzenstiche in den Schenkeln und einen Hellebardenhieb über Schädel und Gesicht. Sie wäre nicht erkannt worden, hätten nicht Gefangene aus Karls Umgebung an der Suche teilgenommen, Olivier, an zwei Krücken humpelnd, La Sarraz, auf den Arm eines lothringischen Knechts gestützt, Karls Leibarzt, der Page Colonna.

Der Leichnam wurde in der großen ungeheizten Wohnstube eines Nancyer Bürgerhauses aufgebahrt. Das zerschlagene und zerfressene Gesicht war nicht mehr das des Herzogs, darum blieb es verhüllt.

René, der sich nun endlich seiner Liebe überlassen durfte, ohne schuldig zu werden, küßte die schlanke farblose Hand, die nach Essenzen roch. Er sagte halblaut wie ein Beschämter: »Gott habe Ihre Seele, lieber Vetter. Sie hat uns viel Arbeit und Mühe gemacht.« Ich möchte noch einmal sein Lächeln sehen, dachte er. Es würde mich über meinen Sieg trösten.

Aber er wußte, daß dieses schwarze Tuch mit den Goldfransen

weder ein Lächeln noch ein Gesicht mehr bedeckte. Er empfand eine ängstigende Leere, und er verstand, daß es vieler Ernten bedürfen würde, um sie zu füllen.

Die Tür zum Nebenzimmer war entfernt worden. In diesem lag Chiffrons Leiche, welche der Frost bewahrt hatte. Auch dieses Gesicht lächelte nicht. Auf der Schwelle stehend, hielt der Herzog beiden die Totenwacht.

Die fünf Vokale

König Ludwig ließ in der Schloßkapelle von Plessis-les-Tours ein feierliches Tedeum singen. Versteinten Gesichts saß Yolande von Savoyen neben ihm, schon zur Heimreise nach Turin gerüstet.

Durch die Straßen von Joinville zog bei strengem Frost die Dankprozession. Über den Gesang der Hunderte hob sich hell und scharf Drosselchens Stimme. Dazwischen stieß Drosselchen die neben ihr gehende Jeanne mit dem Ellbogen an, um sie zum Mitsingen zu ermuntern. Aber Jeanne schwieg. Über ihr Gesicht liefen die Tränen, und sie war nur des einen Gedankens fähig: künftigen Sonntag kommt René und holt uns zu sich nach Nancy. Hinter den beiden trippelte an der Hand der jüngeren Yolande Renés Tochter in ihrem weißen Pelzchen. Sie ermüdete bald und mußte von einer Kinderfrau auf den Arm genommen werden.

In Lothringen läuten die Glocken, in schweizerischen Kirchen werden Kerzen angezündet, in flandrischen Städten lärmende Bankette hinter verschlossenen Türen gehalten.

Die Schiffer auf dem Rhein, die Winzer der Côte d'Or, die Bauern von Brabant, die Fischer von Seeland wissen es besser. Es ist nicht gut, Grundstücke zu verkaufen oder Erbverträge zu machen. Niemand weiß, ob nicht alle Rechtsgeschäfte, die man in des Herzogs Abwesenheit schließt, eines Tages für ungültig erklärt werden. Niemand weiß, wo der Herzog ist. Die einen sagen: im Heiligen Lande, die anderen reden von einem Kloster in der Verborgenheit. Aber das wissen sie alle, daß er wiederkehren wird nach sieben Jahren der Buße. Er wird wiederkehren, er wird die Herren erschrecken und die Welt mit Gerechtigkeit satt machen.

Der Kaiser hatte der feierlichen Seelenmesse beigewohnt, die er für den Herzog von Burgund hatte lesen lassen. Danach saß er im Schreibkabinett seines Linzer Schlosses und unterzeichnete, Blatt

um Blatt bedächtig prüfend, die Erlässe an die Stände aller burgundischen Länder und die Dekrete, welche Trauungszeremoniell, Hofstaat und Rechte des Paares regelten.
Einige sonderte er zu späterer Beschlußfassung aus. Dann schob er langsam die Blätter beiseite, erhob sich und trug seinen riesigen Körper mit geduldigen Schritten in den Wintergarten.